스토리텔링성경 2

스토리텔링 성경

출애굽기

스토리텔링 성경

2 출애굽기: 출애굽과 시내산

초판 6쇄 2024년 7월 31일

지은이 김영진, 강정훈, 천종수
발행처 (유) 성서원
일러스트 김천정
출판등록 1997년 7월 8일 (제300-1997-79호)
창업일 1972년 2월 1일
주 소 경기도 고양시 덕양구 덕은로 60-12 우) 10541
전 화 (02)765-0011~17
팩 스 (02)743-6811
성서원 홈페이지 www.biblehouse.co.kr
페이스북 E-mail saebut-9106@hanmail.net

ISBN 978-89-360-2268-6 03230

스토리텔링성경
2

성경 전 장章을 이야기로 풀어 쓴

스토리텔링 성경

지은이
김영진 강정훈 천종수

출애굽기

출애굽과 시내산

성서원

차례

1
이스라엘의 번성

허리 한 번 못 펴고 종일 시달리는
가련한 이스라엘 백성을 보아라
진흙 이겨 벽돌을 굽는 중노동에도
이스라엘 백성은 나날이 번성하네

야곱의 후손이 이집트 땅에서 크게 번창하다 (1:1-7)

서늘한 강바람이 불어왔다. 기분 좋게 살갗을 간질이는 미풍이다. 무성한 종려나무와 대추야자나무, 여러 종류가 엉켜 있는 덤불들을 감싸며 그 사이로 나일강이 유유히 흐르고 있다. 아프리카의 빅토리아호(湖)에서 발원하여 북동쪽으로 이집트를 지나 지중해로 흘러드는, 인류의 문명을 탄생시킨 유서 깊은 강이다. 길이는 약 6,671 km로 세계에서 가장 길다.

나일강 지역은 해마다 6월에서 10월까지 정기적으로 비가 내린다. 홍수가 나서 큰 피해를 주는 강이 적지 않지만, 이집트 사람들은 범람하는 나일강을 두려워하지 않았다. 나일강 지역의 홍수는 예측이 가능하기 때문이다. 호우로 갑자기 물이 불어나는 것이 아니라, 7월부터 서서히 물이 불어나 10월에 최고조에 달한 후 점차 줄어든다. 사람들은 물이 불어날 때에는 피해 있다가 물이 빠지면 돌아온다. 매년의 홍수가 비옥한 땅을 형성해 주기에 이집트 사람들에게 나일강은 어머니 같은 생명의 강이다.

이집트. 이 풍성한 땅에 언제부터 사람이 살았을까. 대략 기원전 3,200년경, 이집트 남부에서 함족이 나일강 유역에 정착하면서 고대 이집트 문명이 탄생했다. 강물의 범람을 극복하기 위한 치수를 계산하다 보니 천문학과 수학이 발달되었다. 기름진 흙은 함족에게 거대한 농경지를 만들어 주었고 어부들에게는 풍성한 물고기를 제공했다. 풍족한 농산물을 그리스와 로마 등지로 수출할 수 있었던 것도 '어머니의 강' 나일강이 가져다준 자연의 선물이었다. 그 결과 강안(江岸)에서 세계 4대 문명의 하나인 고대 이집트 문명이 탄생하게 된다.

그런 이집트 안에 특히 비옥한 땅이 있다. 고센 땅! 나일강 삼각주 남동 지역으로 하(下)이집트에 속한 땅이다. 다른 이름으로는 '소안 들'로 불렸다. '땅의 언덕'이란 뜻의 '고센'은 비옥하고 풀이 많아 목축에 알맞은 땅이다. 요셉 당시의 파라오는 고센 땅을 일컬어 이집트 영토 중에서 가장 비옥한 땅이라고 말한 바 있다.

▲ 출애굽기의 무대 및 오늘날의 국가

고센 땅에 오래 전에 한 부족이 자리를 잡았다(주전 1876년경). 아브라함과 이삭과 야곱의 후손인 히브리 부족이다. 벌써 수백 년 전, 이제는 전설처럼 들리지만 '요셉'이라는 노예 신분의 한 히브리인이 이집트의 전국 총리로 등용되면서 그의 아버지 야곱과 그 가족을 불러들였다. 유능한 요셉 총리는 이집트에 정착한 자기 부족에게 두 가지 선물을 주었다. 번영과 보존이다.

우선 고센 땅은 이집트 변방의 기름진 목초지다. 요셉 당시의 파라오는 왕실 소유의 가축을 관리하라는 명목으로 고센 목축지를 가나안 땅의 이주자들에게 내준다. 이렇게 비옥한 땅을 야곱 일행에게 선뜻 내줄 수 있었던 것은 목축을 가증하게 여기는 이집트 사람들의 관습과 심리 때문이다.

전통적으로 농경민이던 이집트 사람들에게 목자들은 교양 없고 거칠며 야만적이라는 강한 편견이 있었다. 이집트 역사 초기에 유목 민족에게 침공을 당한 뼈저린 경험에서 기인된 피해 의식, 자신들이 신성하게 여기는 짐승들을 함부로 죽이는 데 대한 경멸감 등이 복합적으로 작용하여 목축업을 기피해 왔다. 그래서 히브리 부족에게 광활한 목축지 고센 땅을 내주었는데, 오히려 히브리인들에게는 짧은 기간에 엄청난 번영을 이룰 수 있는 행운을 안겨주었다.

고센 땅이 가져다준 또 하나의 유익은 히브리 민족의 혈통과 언약 신앙의 보존이다. 야곱 자손들은 이집트 사람들과 멀찍이 구별된 땅에서 살았기에, 히브리 공동체의 종교와 문화를 지켜낼 수 있었다. 이집트 사람들은 목자들의 무례함을 싫어했기에 아예 고센 땅에 들어오려고 하지 않았다. 이집트 문화가 저절로 차단되는 효과가 나타났다. 그래서 히브리 유목민들은 고센 땅에서 하나님을 예배하고 그분의 약속을 기대하며 조상 대대로 이어져온 선민의식을 지켜낼 수 있었다. 이집트 사람들과의 왕래가 자유로운 곳에 있었더라면, 아마도 야곱 자손들은 하나님의 언약 백성이라는 민족의 정체성을 잃었을지도 모른다.

이렇게 야곱의 자손인 히브리 민족은 이집트 사람들과 거의 상종이 없다시피 그 땅에 정착했다. 그 기름진 땅에서 대단한 출산율로 빠른 시일 내에 씨족에서 부족으로, 부족에서 민족으로 자리매김을 하여 한 국가의 규모로 번성하게 된 것이다.

이런 히브리 민족이 이집트 원주민들에게는 굴러온 돌과 같은 존재였다. 이집트 총리가 된 요셉의 초청으로 가나안 땅의 헤브론을 떠나 이집트 고센으로 이주할 때 야곱의 식솔들은 70명에 불과했다. 야곱 족장을 비롯하여 그의 12아들과 두 딸, 51명의 손자와 4명의 증손자를 포함한 숫자였다.

그런데 이 70명이란 숫자에는 야곱의 아내와 소실들과 며느리들이 포함되지 않았다. 딸들도 단지 '디나'와 '세라'만 포함되었다. 일부러 칠십(70)이란 숫자에 맞춘 것인데, 그것은 '칠십'이 갖는 상징성 때문이다. 성경에서 칠(7)은 하나님의 거룩한 사역을 뜻하는 신성한 숫자이고, 십(10)은 '완전'이나 '완성'을 상징하는 숫자다. 따라서 이집트로 이주한 야곱 일행 70명은 하나님의 신성한 구속사의 사역을 이루기 위해 이집트로 내려간 완전한 선민(選民)의 숫자를 상징한다.

70명 가운데 야곱의 12아들의 이름은 나이 순서대로 이러하다. ① 장남 르우벤 ② 차남 시므온 ③ 3남 레위 ④ 4남 유다 ⑤ 5남 단 ⑥ 6남 납달리 ⑦ 7남 갓 ⑧ 8남 아셀 ⑨ 9남 잇사갈 ⑩ 10남 스불론 ⑪ 11남 요셉 ⑫ 막내 베냐민. 이 12명의 이름은 매우 중요하다. 그 이유는, 출애굽기부터는 아브라함, 이삭, 야곱, 요셉으로 이어지는 족장 시대를 마감하고 야곱의 12아들을 조상으로 하는 이스라엘 12지파의 역사가 본격적으로 전개되기 때문이다.

언약 가문의 후사(後嗣)인 야곱이 자기 아들들과 딸들과 손주들을 전부 데리고 이집트로 내려간 때는 그가 130세 되던 해였다(주전 1876년경). 그때 이집트 총리가 된 요셉의 나이는 39세였다. 나일강 삼각지대인 북부 이집트의 고센 땅에 정착한 야곱은, 그곳에서 17년을 더 살다가 향년 147세에 죽었다. 부친 야곱이 죽은 후 요셉도 54년을 더 살다가 향년 110세에 죽었다(주전 1805년경). 그리고 세월은 흘러 요셉의 다른 형제들도 다 죽고, 야곱을 따라 이집트로 내려간 사람들도 전부 죽었다.

그렇게 야곱이 식솔을 모두 이끌고 이집트 땅에 내려간 때로부터 약 350년의 세월이 흘렀다(주전 1526년경). 그동안 야곱의 자손은 엄청나게 불어났다. 고센 땅 전역에 가득 찰 정도였다. 출애굽 당시(주전 1446년경), 20세 이상의 장정만 대략 60만 명이었다. 따라서 장정 외의 남녀노소를 포함하면 전체 수효는 2백만 명을 훌쩍 넘었다. 이처럼 이스라엘의 인구가 급속도로 번창하게 된 것은, 하나님이 언약의 후사인 아브라함과 이삭과 야곱에게 후손의 번성에 대해 약속하신 대로 복을 주신 결과였다.

이스라엘 백성이 이집트 땅에서 핍박받다 (1:8-22)

그 사이에 이집트 왕조에 큰 변화가 생겼다. 요셉이 총리로 있던 시대는 강력한 이집트 중왕국의 12왕조 시대였다(주전 1991~1785년경). 그 뒤로 점차 쇠약해진 이집트의 13-14왕조를 셈계통의 이민족(異民族)인 힉소스 왕조가 무너뜨리고 이후 15-17왕조까지 약 150년 동안 통치했다.

힉소스 왕조는 다양한 셈어를 사용했다. 히브리어도 그 중의 하나다. 히브리 민족이 이집트로 들어온 때는 힉소스 왕조 시절이었다. 히브리 출신 요셉이 이집트 총리로 전격 등용될 수 있었던 것도 같은 셈어를 사용하는 힉소스 왕조가 정권을 잡고 있었기에 가능했다. 힉소스 왕조는 히브리 민족에 대해 우호적이었다. 요셉의 부친과 형제들은 힉소스 왕실이 제공한 마차를 타고 이집트로 이주했다. 그들을 광활한 목축지 고센 땅에 정착하게 해준 것도 힉소스 왕조의 파라오였다.

하지만 나일강 상류의 남부 이집트에서 세력을 키운 본토 함족 계통의 아하모스는 나일강 하류를 지배하던 북부 이집트의 힉소스 왕조를 축출하고 마침내 이집트 전역을 통일한 뒤에 강력한 신(新) 왕조인 이집트 제18왕조를 세웠다. 그런 와중에 힉소스 족속은 이집트를 떠났고, 히브리인 부족은 이집트 정착 400년 후에 출애굽할 것이라는 옛 조상들의 예언을 믿고 그냥 남았다.

여기에서부터 히브리 민족의 고난은 시작된다. 이집트 전역을 새롭게 통일한 함족 계통의 이집트 제18왕조는 이전 이민족이 세운 왕조들이나 이민족 관료들의 치적을 의도적으로 무시하고 말살하는 정책을 펼쳤다. 히브리 민족은 힉소스 왕조에 적극적으로 협력한 역사를 지니고 있었다. 이민족이 이집트로 쳐들어오게 되면 히브리 민족이 언제 다시 그들과 힘을 합쳐 이집트에 대항할지 모를 일이었다. 이런 경계심에서 히브리인 요셉 총리의 훌륭한 치적도 철저히 말살되고, 그의 후손인 히브리 민족도 노예화시키는 강력한 억압 정책을 실시했다. 이 같은 대(對) 히브리 민족 억압정책은 아하모스와 그의 아들 아멘호텝 1세를 거쳐, 제18왕조의 세 번째 왕이자 아하모스의 손자인 투트모세 1세에 이르러 한층 심화되었다.

때는 투트모세 1세가 이집트를 통치하던 시기(주전 1526년경), 그러니까 히브리 민족(이스라엘)의 출애굽이 있기 80년 전이다. 이집트 왕궁 파라오의 집무실, 날씨는 후덥지근했다. 파라오 투트모세를 비롯하여 총리와 고위 관리들이 뭔가를 논의하기 위해 심각한 얼굴로 모여 있다. 날로 세력을 더해가는 히브리 민족에 관한 문제였다.

"경들은 들으시오. 지금 고센 땅의 히브리 부족이 엄청나게 불어나고 있다는 보고를 받고 있소. 도대체 그 인구가 얼마나 되는지 아시오?"

신하들 중 한 명이 서류를 살펴보며 아뢴다.

"20세 이상 장정들의 수효가 대략 40만 명이고, 여자와 아이들까지 전부 합치면 150만 명은 족히 넘을 것입니다."

"뭐, 뭐라? 150만 명이 넘는다고? 아니, 히브리인들이 이집트에 정착한 지가 얼마나 되었다고 그렇게 큰 부족이 되었다는 것이오?"

"그들의 말로는, 그들이 믿는 신이 약속한 대로 성취된 결과라고 합니다. 물론 그들의 주장이지만 번식력만큼은 대단합니다. 소수 민족 중에서 출산율이 가장 높습니다."

고센은 비옥한 목초지일 뿐만 아니라 이집트와 시내 반도 사이의 중요한 국경지대다. 경제적 측면보다 군사적인 중요도가 더한 전략 요충지다. 이들을 제대로 관리하지 못한다면 국경지대의 다른 부족들과 연합하여 언제 다시 이집트에 대적할지도 모른다. 파라오의 얼굴이 조금 찌푸려졌다.

"이스라엘 백성들을 이대로 두었다가는 우리가 큰 낭패를 당하겠소. 적들과 한패라도 된다면 큰일이잖소?"

"그렇습니다, 폐하!"

"그들의 세력을 약화시키지 않으면 안 되겠소. 무슨 좋은 방책이 없겠소?"

그러자 신하들 중 한 명이 아뢰었다.

"폐하, 비록 그들이 본토인은 아니더라도 지혜롭게 다루어야 합니다. 폐하의 말씀처럼 그들의 수효가 더 이상 불어나지 않게 해야 하고, 만일 전쟁이 나면 우리의 적들과 합세하여 내부에서 우리와 싸우지 않도록 빈틈없이 관리해야 합니다."

"그러니 어떻게 그들을 관리하면 좋을지 지금 묻고 있지 않소?"

잠시 침묵이 흘렀다. 좀 전에 말했던 그 신하가 말을 이었다.

"히브리 부족은 우리에게 큰 노동력을 제공하므로 반드시 붙들어 두어 이 땅에서 떠나가지 않도록 해야 합니다."

맞는 말이다. 만약 150만 명에 달하는 히브리 부족이 하루아침에 빠져 버린다면 이집트의 경제는 엄청난 타격을 받을 것이다.

"그러니까 날로 확장되는 히브리인들을 어떻게 관리할 것인가 하는 대책을 묻고 있지 않소!"

왕의 목소리에는 노기가 서려 있었다. 이때 한 신하가 새로운 의견을 내놓았다.

“폐하, 이스라엘 백성들에게 한층 힘든 노동을 시키시옵소서.”

“지금보다 더 힘든 노동을 시키라니, 그러다가 이집트 탈출 운동이라도 일어나면 어쩌려고 그러오?”

“절대 그럴 일은 없을 것입니다. 그들에게 힘든 임무를 주어 죽도록 일하게 만들면 매일의 노동에 지쳐 탈출할 엄두조차 내지 못할 것입니다.”

“그렇다고 해도 해마다 불어나는 인구수는 어떻게 하면 좋겠소?”

“그건 염려하지 않으셔도 좋을 듯합니다.”

“왜 그런가?”

“출산과 양육이란 돈이 있고 시간이 있어야 가능합니다. 힘든 노동을 시키면 일에 지쳐 아기를 낳고 키울 생각은 아예 하지 않을 것입니다.”

“맞는 말인 것 같습니다. 강력한 노동정책으로 저들을 몰아붙이면 아기를 만들 엄두도 내지 못할 것이고, 더 이상 인구가 불어나지 않을 것입니다. 그러면 딴마음을 품는 일도 없을 것입니다.”

이곳저곳에서 여러 신하들이 맞장구를 쳤다. 파라오도 엷은 미소를 띠며 고개를 끄떡였다.

“그럴 듯한 방책이로다. 그렇다면 히브리인들의 왕성한 출산을 억제할 수 있는 좋은 노동 정책을 제시해 보도록 하시오.”

“폐하, 히브리인들이 집단적으로 거주하는 고센 지역에 대대적인 성읍 공사를 실시하면 어떻겠습니까?”

“성읍 건축 공사라니, 자세히 말해 보시오!”

“고센 땅에 국고성을 건축하자는 것입니다. 히브리인들의 노동력을 끌어들여 국고성을 건축하게 하면서, 그들을 노동 감독관의 철저한 통제 하에 관리하는 것이 여러 가지로 좋을 듯하옵니다.”

국고성(國庫城)은 국경지대에 설치되어 전쟁이 일어날 때 군량이나 병장기를 현지에서 신속히 조달할 수 있도록 미리 비축해 두는 창고를 말한다. 전쟁이 없는 평탄한 해에는 무역이나 기근에 대비해 타작한 곡식을 보관했다. 요셉이 총리였을 때 7년 연속 대풍년의 농산물을 쌓아두려고 이곳저곳에 많은 국고성을 건축한 역사가 있었다.

이집트 파라오 투트모세 1세의 얼굴에 비로소 웃음기가 돌았다.

"그것 참 좋은 생각이오! 경들의 생각은 어떠시오?"

"대단히 좋은 정책이옵니다!"

모두가 한목소리로 화답했다. 왕도 기분이 좋았다.

"좋소! 그러면 국고성을 건축할 장소는 어디가 적당할지 생각해 둔 지역이 있소?"

그러자 총리가 대답했다.

"두 지역을 물색해 두었습니다."

"두 지역이라, 말해 보구려!"

"우선 비돔 성이 어떤가 하옵니다."

고센 땅에 비돔 성은 나일강과 아라비아만을 연결하는 운하 연안지역에 있다. 그곳에 국고성을 건축하고 해안을 이용하여 전쟁 물자나 무역을 하면 아주 원활하게 수송이 가능한 장소다.

"흠, 내 생각에도 비돔 성이 좋을 것 같소! 다음은 어느 곳이오?"

총리는 잠시 뜸을 들였다가 신중하게 입을 열어 아뢰었다.

"라암셋이옵니다."

"라암셋이라면 고센 땅의…?"

"그렇습니다. 국경 경비를 위해서라도 요새화하는 데 알맞은 땅입니다. 마침 히브리인들이 많이 거주하는 땅이어서 노동자들을 동원하는 데도 별 어려움이 없을 것입니다."

다른 신하들 역시 좋다고 이구동성으로 머리를 조아렸다. 왕은 즉석에서 두 장소의 국고성 건축을 명령했다.

"좋다. 당장 시행토록 하라!"

신하들은 왕실을 빠져나갔다. 파라오는 서둘러 사라지는 신하들의 뒷모습을 보면서 무언가 정체 모를 불안감에 젖었다. 과연 히브리 부족이 순순히 통제당하게 될까? 파라오는 혼자 남아 시름에 잠겼다.

파라오의 엄명이 떨어지자 이집트 관료들은 이스라엘 백성들에게 힘든 노동을 시킬 이집트인 노예 감독관들부터 많이 세웠다. 그런 뒤 노예 감독관들을 앞세워 이스라엘 백성들을 대공사 건축 현장에 끌고 나가 파라오를 위한 식량 창고인 비돔과 라암셋 성읍을 짓게 했다. 잘게 짚을 써는 사람들, 짐마차로 흙을 실어 오는 사람들, 벽돌에 쓸 물을 나르는 사람들…. 그런 후에는 발로 자근자근 밟아 짚을 진흙에 개어 벽돌 모양을 만든 다음 햇볕에 말렸다.

상(上)이집트에서 배로 운반된 돌들을 네모지게 깎아내는 사람들의 작업 소리도 시끄러웠다. 종일 쉬지 않고 땀을 흘리며 노동했지만 십장들은 채찍을 휘두르는 일이 다반사였다. 십장(什長)은 감독관들이 세운 작업반장이다. 주로 이집트 사람들이 맡았지만, 히브리인들 중에서도 더러 뽑히는 경우가 있었다.

"뭐얏! 빨리 빨리 움직이라고. 이 느려터진 굼벵이 같은 것들아!"

이집트 십장들은 이스라엘 백성이 조금이라도 쉬는 듯한 기미가 보이면 사정없이 채찍을 휘두르며 채근했다. 히브리인들은 허리 한 번 제대로 펴지 못하고 가혹한 고역에 시달렸다. 해가 져서 어둑해진 후에야 집으로 돌아갔다. 태양이 올라오면 또 작업 현장에 끌려 나가 흙벽돌을 만드는 일을 계속했다. 히브리인들이 당하는 고생은 이루 말할 수가 없었다.

이집트 고위 관리들은 히브리인들에 대한 감시 감독과 조사를 게을리하지 않았다. 이집트가 성을 쌓는 이유는 히브리인들을 고생시켜 출산율을 떨어뜨리려 한 것이다. 노동을 하느라 힘들면 언제 아기를 갖겠으며 또 키우겠는가. 지금까지는 편안하니까 쑥쑥 아기들을 출산한 것이라고 생각했다.

몇 해가 흘렀지만 히브리 부족의 수효는 웬일인지 조금도 줄어들지 않았다. 줄어들기는커녕 이집트 감독관들과 십장들이 이스라엘 백성들을 압제하면 할수록 그들의 수효는 더 불어나고 번성했다. 하(下)이집트에서 벌어지는 일들은 즉각 상(上)이집트 파라오의 귀에 들어갔다.

"뭐라고? 그게 정말이냐? 참으로 걱정이로다. 도대체 저 히브리 민족은 어째서 자꾸만 수효가 불어나느냐? 감독관들을 채근하여 지금보다 더욱 혹독하게 다루도록 하라."

파라오는 계속 불어나는 이스라엘 백성들 때문에 짜증이 나고 불안했다. 파라오의 지엄한 명령이 떨어지자 건축 현장의 감독관들과 십장들은 더욱 미친 듯이 이스라엘 백성을 혹독하게 부렸다. 그들이 휘두르는 채찍 소리가 종일 그치지 않았다. 이스라엘 백성들의 비명소리 또한 그치지 않았다.

"야, 너희들! 꾸물대지 말고 어서 부지런히 일하란 말이닷!"

철썩! 십장들의 채찍질이 히브리인들의 등을 길게 할퀴고 지나갔다.

"으아악!"

이집트 노예 감독관들과 십장들은 온갖 힘든 일로 히브리인들을 가혹하게 부렸다. 그런데도 히브리인들은 줄어들기는커녕 하루가 다르게 늘어났다.

"보시오! 경들은 대체 뭘 하는 사람들이오? 경들의 의견에 따라 히브리 민족에게 고역(苦役) 정책을 시행했지만 아무런 효과를 보지 못하고 있소. 히브리 민족의 수효를 억제할 수 있는 보다 직접적인 방법은 없느냔 말이오?"

파라오가 답답하다는 듯 신하들을 왕궁으로 불러들여 크게 질책했다. 그러자 신하들 중 하나가 색다른 의견을 내놓았다.

"폐하, 히브리 산파(産婆)들을 이용하면 어떠하실는지요?"

"그게 무슨 말이냐? 자세히 말해 보라."

"그러니까 그게…."

"뜸 들이지 말고 얼른 말하라."

신하는 자신이 내놓는 제안이 아무래도 마음에 걸리는 모양이지만, 파라오의 짜증스러운 채근을 받고 나서야 입을 연다.

"히브리 산파들을 매수하여 히브리 여인이 해산할 때 산모를 도우는 척하면서 사내아이가 나오면 죽게 하고 계집아이가 나오면 살리게 하는 것입니다."

순간 파라오는 자신의 귀를 의심했다. '갓 태어난 사내아이들을 다 죽인다…?' 만일 이런 정책이 세상에 알려지면 이집트 제국은 명예가 땅에 떨어질 것이다. 파라오는 난색을 표했다.

"그건 아무래도 좀 과하지 않소? 어떻게 멀쩡한 아기들을 살해한단 말이오?"

신하는 물러서지 않았다.

"폐하, 지금 더운밥 찬밥 가릴 때가 아닙니다. 무슨 방법을 써서라도 그들의 숫자를 줄이는 것이 우리의 목표가 아니겠습니까?"

"그건 그렇다만…."

"소인의 제안대로 하시옵소서! 그리하시면 아무런 흔적도 남기지 않고 히브리 민족을 깨끗하게 말살할 수 있을 것이옵니다."

신하의 제안에 소름이 끼쳤지만, 그것이 히브리 부족을 점차 소수 부족으로 만들고 마침내는 아예 없애기 위한 최고의 방법인 것이 분명했다. 히브리 민족의 사내아이들은 장차 장정이 되면 군사가 되어 이집트에 위협 세력이 될 수 있지만, 계집아이는 위협이 되지 않고 노동력만 제공한다. 더군다나 세월이 흐르면 히브리 민족의 딸들은 자연히 이집트 남자들에게 시집을 오게 된다. 결국 히브리 민족은 말살될 것이다.

파라오는 결심을 굳혔다.

“좋다, 그리 하겠다! 당장 히브리 산파들을 불러오라.”

히브리 산파 두 명이 파라오의 궁으로 불려왔다. 한 사람의 이름은 ‘십브라’였고, 다른 한 사람의 이름은 ‘부아’였다. 히브리 산파들은 왕의 부름에 응하여 허겁지겁 달려오는 내내 자신들이 도대체 왜 불려가는지 종잡을 수 없었다.

“잘 들어라. 너희는 히브리 여인들의 해산을 도우면서 태어난 아기를 잘 살펴보아라. 만일 아들이면 그 사내아이를 반드시 죽여야 한다. 그러나 딸이면 살려주어라. 알겠느냐?”

그 순간 십브라와 부아는 심장이 멎는 줄 알았다.

‘히브리 부족의 사내아이들의 명줄을 끊으라고? 세상에 이런 무지막지한 명령이 또 있을까?’

두 산파는 온몸이 부들부들 떨렸다. 선뜻 대답하지 못했다. 그러자 옆에서 신하가 호통을 쳤다.

“지금 폐하께서 명령하시지 않느냐? 속히 대답하거라!”

“네, 폐…, 폐하! 부…, 분부대로 시행하겠습니다.”

얼굴이 사색이 된 산파들은 파라오 앞에서 그리하겠다고 대답했다. 하지만 왕궁을 빠져나오는 발걸음은 비틀거렸다.

“아, 우리가 지금 도대체 무슨 명령을 받은 거야?”

“파라오는 미쳤어! 갓 태어난 사내아이들을 어떻게 죽이란 말이야?”

“그렇지만 미쳐도 파라오는 파라오야! 사내아이들을 죽이지 않으면 우리가 죽어! 우리가 죽고 사내아이들을 살릴 수만 있다면 우리의 목숨이 아깝지 않지만, 결국은 우리 동족의 사내아이들은 모조리 죽고 말 거야.”

“그래, 우리가 하나님과 동족에게 죄를 저지를 수는 없는 일이야. 어린것들을 어떻게 죽게 한단 말인가?”

두 산파는 두려움으로 덜덜 떨었다. 처음으로 산파라는 직업이 원망스러웠다.

'아, 어떻게 그런 큰 죄를 저지를 수 있단 말인가? 하나님의 징벌이 두려워 도무지 그리할 수는 없는 노릇이야. 어떡하면 좋지…? 무슨 좋은 방안이 없을까?'

결국 히브리 산파들은 이집트 왕이 명령한 대로 따르지 않고 히브리 사내아이들의 목숨을 살려주었다. 얼마 후, 파라오가 즉각 그 산파들을 다시 불러 엄히 추궁했다.

"이런 고약한 것들 같으니라고! 감히 내 명령을 어기다니! 너희는 무슨 까닭으로 내 명을 따르지 않고 히브리 사내아이들의 목숨을 살려 주었느냐? 정녕 죽고 싶은 게로구나."

산파들이 벌벌 떨며 파라오에게 대답했다.

"폐하, 그게… 그게 아니옵니다. 히브리 여인들은 이집트 여인들과는 그 체질이 다릅니다. 히브리 여인들은 힘이 넘쳐 저희가 도착하기도 전에 이미 아이를 낳아 버립니다. 그래서 어찌 손을 써볼 도리가 없었습니다. 폐하, 제발 목숨을 살려 주옵소서."

"뭐라? 그게 정말이렷다?"

이때 하나님이 그 산파들을 보살펴 주셨다. 그래서 파라오의 손에서 목숨을 건져주셨다. 뿐만 아니라 파라오보다 하나님을 더욱 두려워하는 그녀들에게 하나님은 복을 주셔서 그녀들의 집안이 잘 되도록 일으켜 세우셨다.

파라오의 압제 정책에도 불구하고 이스라엘 백성들의 수효가 계속 불어났고 세력이 더욱 강해졌다. 마침내 파라오는 그보다 더욱 무시무시하고 극단적인 방법으로 히브리 민족 말살정책을 폈다. 하루는 파라오가 이집트의 모든 군사들과 백성들에게 칙령을 내렸다.

"이집트의 모든 군사들과 백성들은 들어라. 너희는 갓 태어나는 히브리인 사내아이를 보거든 예외 없이 나일강에 집어던져라. 단지 여자아이는 살려두어라."

예로부터 나일강에는 악어 떼가 자주 출몰했다. 이곳에 아이를 던지면 익사하거나 악어 밥이 되거나 물에 빠져 죽을 것이 불 보듯 뻔했다. 이집트 파라오의 명령은 무시무시했지만 고대세계의 전제 군주국가에서는 왕명이 곧 법이었다.

훗날, 주전 4세기경의 팔레스타인 통치자 헤롯 대왕은 아기 예수를 죽이기 위해 그 아기가 태어난 베들레헴 성읍과 인근 지역에서 두 살 아래 사내아이들을 전부 죽이라는 명령을 내렸고, 그것은 그대로 시행되었다. 혀를 내두를 일이지만, 이처럼 고대세계에서 왕의 명령은 곧 하늘의 법이었다.

이제 야곱의 후손인 이스라엘 백성은 민족 말살의 큰 위기에 놓였다. 때는 그들이 가나안 땅을 떠나 이집트 땅에 내려온 지 350년째 되던 해였다(주전 1526년경).

하지만 히브리 민족에 대한 이집트 사람들의 이 같은 가혹한 핍박은 사실 오래전에 예언된 일이었다. 그러니까 이때로부터 대략 550년 전, 하나님은 '횃불 언약'을 통해 이스라엘의 조상인 아브라함에게 그의 후손이 이집트 땅에서 400년 동안 종살이한다고 말씀하신 바가 있었다. 그러니까 한 치의 오차 없이 하나님의 구속사 경륜대로 역사가 착착 진행되고 있는 것이다.

2
모세의 출생과 도피

갈대숲에 웬 상자가 놓여 있구나
이집트 공주가 강에 목욕하러 왔다가
상자를 열어 보니 아기가 있어
물에서 건졌다고 모세라 부르네

모세가 나일강에서 건짐 받다 (2:1-10)

이스라엘 백성들이 사는 고센 지역에 한 아이가 태어났다. 사내아이였다. 아버지는 레위 지파 소속의 아므람, 어머니 역시 레위 집안사람인 요게벳이다. 아므람과 요게벳에게는 이미 딸과 아들 하나가 있었다. '미리암'과 '아론'이다.

아므람 부부는 아론에 이어 둘째 아들을 낳고도 기쁨보다는 깊은 시름에 빠졌다. 히브리 민족 가운데서 사내아이가 태어나면 무조건 나일강에 던져 죽이라는 파라오의 엄명이 이집트의 군사들과 백성들에게 내려진 살벌한 상황이었기 때문이다. 아므람은 출산의 고통을 치르고 사내아이를 얻은 아내를 환한 얼굴로 축하하지 못하고 침울한 목소리로 말했다.

"여보, 수고했소. 사내아이군요. 참으로 잘생긴 아이요."

마음이 복잡하고 심란한 것은 요게벳도 마찬가지였다. 그녀 역시 아기의 운명을 잘 알고 있었기 때문이다.

"여보, 이를 어쩌면 좋죠? 이 사실을 이집트 군사들이 알면 이 아이는 꼼짝없이 나일강에 던져질 텐데요."

"여보, 너무 걱정하지 말아요. 어떡하든 살려서 키워 봅시다. 주께서 이 아이를 잘 보살펴주시길 바랄 뿐이오."

아므람과 요게벳 부부는 감시인들에게 들키지 않도록 극도로 조심하면서 아무도 모르게 아들을 키웠다. 아이는 하루가 다르게 쑥쑥 자라났다. 누가 보아도 용모가 준수하고 빼어났다. 그렇게 몰래 키운 지 석 달이 지났다.

"으앙~ 으앙~"

아기의 울음소리가 날로 우렁찼다. 아무리 조심한다고 해도 아이의 존재가 집 밖으로 새어나갈 판이었다. 아므람은 여러 날을 고민하다 비통한 얼굴로 아내에게 자기 생각을 말했다.

"여보, 아기를 숨겨서 키우는 일은 이제 어려울 것 같소."

"그러면… 어떡하면 좋지요?"

"아기를 살리려다 우리 가족 모두가 화를 당할 것이오. 우리야 자식을 보호하느라 부모로서 어려움을 당해도 되지만, 미리암과 아론은 그 시련을 어떻게 감당하겠소?"

"저도 일찍부터 그런 염려는 하고 있었지만 방법이 없잖아요?"

"그래서 결심했소."

요게벳은 남편이 무엇을 결심했는지 알아들었다. 아이를 나일강에 버리는 일 외에는 달리 방법이 없었다. 벌써 수많은 히브리 혈통의 아기들이 나일강에 버려졌다. 물속에 빠져 죽거나 갈대밭에 사는 짐승들의 먹이가 되었다. 당시 나일강은 바람 소리와 물결 소리보다 숨죽여 흐느끼는 히브리인들의 한숨과 애통해하는 소리로 채워졌다.

"결코 포기하지 맙시다. 우리 아기가 주님의 사명을 갖고 태어났다면 주님께서 반드시 지켜주실 것이오.”

“우리 아기가 죽는다는 생각은 한 번도 한 적이 없어요.”

“나도 그렇소. 주님의 뜻과 섭리를 믿고 아이를 나일강으로 떠내려 보냅시다.”

“그러면 우리 아기가 죽어요. 나는 그렇게는 못해요.”

요게벳은 아기를 나일강에 버릴 수 없다고 끝까지 고집을 꺾지 않았다. 하지만 언제까지고 마냥 그럴 수도 없었다. 아기는 하루가 다르게 자랐고 울음소리도 커져 갔다. 우는 소리를 들을 때마다 아므람 부부는 가슴이 조마조마했다.

며칠이 더 지났다. 더는 숨길 수 없었다. 마침내 요게벳이 결단을 내렸다. 아기의 운명을 주님의 손길에 맡기기로 한 것이다. 아므람 부부는 먼저 갈대를 구했다. 갈대는 나일 강변에서 많이 자라는 파피루스(papyrus)를 가리킨다. 다량의 섬유질을 포함하고 있기에 종이나 배를 만드는 데 주로 사용한다. 요게벳은 갈대를 엮어 상자를 만든 뒤, 거기에 물이 스며들지 않도록 역청과 송진을 단단히 칠했다.

갈대 상자가 완성되는 모습을 아론과 미리암이 물끄러미 지켜보았다. 당시 아론은 세 살배기였고, 미리암은 아론의 누이로 그보다 열 살 정도 많았다. 생기발랄한 소녀였다. 요게벳이 일찍 철이 든 미리암에게 말했다.

“미리암, 아빠와 엄마가 지금 무슨 일을 하려는지 알겠지?”

“네, 알아요. 동생을 나일강에 떠내려 보내려고 하시잖아요?”

“그래, 맞다! 우리도 어쩔 수 없구나.”

“우리 동생 불쌍해서 어떻게 해요? 악어들의 밥이 될 거예요.”

요게벳은 침묵했다. 현실적으로 강물에 내던져 살아난 히브리인 아기들은 없었다. 모두 그 사실을 알고 있다. 요게벳 대신 아므람이 입을 열었다.

"미리암, 너무 실망하지 마라. 기적이라는 것도 있다. 주님께서 살려주시면 네 동생은 죽지 않고 다시 돌아올 수 있을 것이다."

미리암의 얼굴에서 주르르 눈물이 흘러내렸다. 요게벳의 두 눈도 붉어져 있었다. 역시 아버지인 아므람은 강했다. 노예 신세로 전락한 히브리인 남자들은 강해야만 살아남을 수 있다는 것을 일찍 깨우치고 있었다.

새벽녘이다. 아직 강은 깨어나지 않았다. 물이 천천히 아래로 흘러내렸다. 어디선가 향나무 냄새가 났다. 역병을 물리친다는 향나무였다. 아므람 가족은 사랑스런 아기와의 이별을 위해 나일강으로 몰래 나왔다. 아직은 이름조차 없는 아기였다.

'불쌍한 우리 아기, 석 달이라도 견딜 줄 알았다면 이름이라도 지어 보낼 텐데….'

요게벳은 누가 빼앗아가기라도 할까 봐 품에 꼭 안고 있던 아기를 서서히 내려놓았다. 아므람은 등에 지고 있던 갈대 상자의 뚜껑을 열어 그 안에 아기를 넣고는 조용히 강물 위에 내려놓았다. 아므람 부부는 눈물이 터지려는 걸 억지로 참고 또 참았다.

"주여, 이 아이를 주님 손길에 맡기오니 부디 보살펴주소서."

요게벳은 작은 목소리로 간절히 기도했다. 갈대 상자가 물결을 따라 움직였다. 그때 요게벳이 미리암에게 말했다.

"얘야, 네가 따라가 보렴!"

미리암은 엄마의 그 말을 기다렸다는 듯 갈대 상자와 같은 방향으로 강둑을 따라 움직였다. 뒤에서 엄마 목소리가 들려왔다.

"미리암, 갈대 상자를 잘 지켜보고 있어야 한다. 상자 안에 네 동생이 들어 있으니 잠시도 한눈팔지 말고 잘 지켜봐."

"알겠어요, 엄마! 제가 동생을 지켜주겠어요."

"무슨 일이 있거든 얼른 돌아와서 알려라."

"네, 엄마!"

미리암은 뒤도 돌아보지 않았다. 대단한 사명감을 지닌 전사처럼 강둑을 따라가며 줄곧 그 갈대 상자를 지켜보았다. 13세의 소녀 미리암은 책임감 있고 매우 영리한 아이였다. 갈대 상자는 느릿느릿 갈대숲 사이로 흐르는 강물을 따라 아래로 아래로 흘러 내려갔다.

미리암은 내내 가슴이 조마조마했다. 상자가 갈대에 걸려 엎어지면 동생의 목숨은 끝장나는 것이다. 갈대숲에는 악어뿐만 아니라 각종 들짐승이 떼 지어 살고 있었다. 미리암은 간절한 심정으로 기도했다.

'주님, 내 동생을 지켜주세요. 제발 내 동생을 지켜주세요!'

해가 높이 올라왔다. 어부들은 강물에 배를 띄우고, 강변 사람들은 점심에 먹을 생선을 얻기 위해 그물을 던지고 있었다. 그 즈음, 밤새도록 더위에 시달리던 파라오의 딸도 시녀들을 데리고 그곳에 나와 있었다.

"어머! 저게 뭐지?"

공주는 나일강에서 목욕을 하다가 둥둥 떠내려 오는 상자 하나를 발견했다. 그 공주 이름은 '핫셉수트.' 당시 이집트를 통치하던 투트모세 1세의 무남독녀다. 핫셉수트는 여자라서 왕위 계승권이 없었다. 그래서 어쩔 수 없이 파라오의 후궁 소생이자 이복동생인 투트모세 2세와 혼인했다.

핫셉수트와 투트모세 2세 사이에는 아기가 생기지 않았다. 당시 이집트 사람들은 신성한 나일강에서 목욕하면 출산의 복이 임한다고 믿었다. 그래서 공주는 그날도 시녀들을 데리고 목욕하러 나왔다가 이상한 상자 하나를 발견한 것이다.

"공주님, 갈대 상자 같은데요."

"그래? 무엇이 들어 있나 궁금하구나. 이리 가져오너라."

시녀들은 떠내려 오는 갈대 상자를 건져 올려 공주에게로 가져왔다. 공주는 조심스레 갈대 상자의 뚜껑을 열어 보았다. 갈대 상자 속에는 준수하게 생긴 어린 아기가 누워 있었다. 아기는 공주와 눈이 마주치는 순간 방긋 웃었다.

"히브리 사람들의 소행이에요."

"당연히 그렇겠지. 이렇게 예쁜 아기를 일부러 나일강에 버리는 무정한 부모가 어디 있겠어? 아기를 살리려고 갈대 상자 안에 넣어서 떠내려 보낸 거야."

방긋거리는 아기를 보는 순간 불현듯 공주에게 모성애가 일어났다. 사내아이는 잘생기고 기품이 있었다. 공주는 아기를 바라보며 불쌍한 마음이 들어 속으로 중얼거렸다.

'죽이기에는 너무나 사랑스럽다. 그렇다고 살려줄 수도 없고…. 아, 이를 어쩌지?'

공주는 망설였다. 히브리 혈통의 사내아이는 무조건 죽이라는 아버지 투트모세 1세의 지엄한 명령을 잘 알기 때문이다. 순간 아버지가 원망스러웠다. 아기들이 무슨 죄가 있다고…. 공주의 마음을 시녀들이 눈치챘다.

"공주님, 혹시라도 아기를 키울 생각일랑은 아예 하지 마세요. 폐하가 아시면 큰일 납니다."

공주는 계속 망설였다. 그러다가 마침내 마음을 굳히고 곁의 시녀에게 명령했다.

"아기를 거두어라. 내가 조용히 키우겠다."

시녀는 깜짝 놀라며 머뭇거렸다.

"왜, 무슨 할 말이라도 있느냐?"

"아기는 젖을 떼지 않은 것 같습니다. 공주님을 섬기는 시녀들은 모두 처녀의 몸이라 아무래도 젖엄마를 찾아야겠습니다."

"그래, 네 말이 맞다. 이 아기에게 젖엄마가 필요하겠구나. 네가 비밀리에 찾아보도록 하거라."

바로 그때였다. 시녀가 채 대답하기도 전에 어디에선가 한 소녀가 강둑에서 나타나 공주를 향해 소리쳤다.

"공주님, 공주님! 제가 아기에게 젖을 먹일 히브리인 유모를 구해 올까요?"

그 말을 듣는 순간, 공주는 더욱 마음을 굳혔다.

'그래, 이건 분명 나일강의 수호신이 내게 보내주신 아이임에 틀림없다. 내가 입양하여 내 아들로 키우리라.'

그 소녀는 미리암이다. 갈대 상자를 줄곧 따라가다 공주가 건져낼 때는 가슴이 콩닥콩닥 뛰었다. 하필이면 왕실의 공주에게 걸릴 게 뭐람. 동생은 아무래도 죽을 운명인가…? 그런데 웬걸, 공주가 아기를 건져낸 뒤 얼굴에 웃음이 도는 것이 아닌가? 그것은 곧 공주가 아기를 키울 생각이 있다는 뜻이었다. 미리암은 너무 좋아 펄쩍펄쩍 뛸 뻔했다. 어떻게 되나 계속 동태를 살피는데, 공주가 유모를 구하겠다는 말을 하는 게 아닌가? 미리암은 그 좋은 기회를 놓칠 수가 없었다.

"네가 유모를 구할 수 있다고? 너도 히브리인이냐?"

"그렇사옵니다."

"아기가 히브리인이니 잘 되었다. 지금 당장 유모를 데려올 수 있겠느냐?"

"네, 공주님. 제 어머니가 아기를 잘 돌봅니다."

"그래? 가서 얼른 네 엄마를 데려오도록 하라. 시간이 없으니 빨리 와야 한다."

미리암은 신이 나서 집으로 후다닥 달려갔다. 미리암에게서 자초지종을 전해들은 어머니 요게벳은 주님께 감사를 드리고는, 파라오의 딸에게로 즉시 달려왔다. 공주가 요게벳에게 말했다.

"이름이 어찌 되는가?"

"네, 요게벳이라 합니다."

"요게벳, 나 대신 이 아기에게 젖을 먹여 키워 줄 수 있겠느냐? 품삯은 넉넉히 주마."

"공주님. 분부대로 하겠습니다."

그날부터 요게벳은 아기를 데려가 젖을 먹여 키웠다. 이집트 공주의 보호 아래 히브리 사내아이는 친엄마의 품속에서 젖을 먹으며 이집트 공주의 양자로 무럭무럭 자라났다.

이처럼 아기는 히브리인 혈통이면서도 이집트 왕족으로 자라나게 된다. 신앙의 어머니인 요게벳의 품속에서 유아기를 보내는 동안, 그 아이는 알게 모르게 여호와 신앙과 히브리 민족의 정신에 깊이 젖어들었다.

아이가 자라나서 어느덧 엄마 젖을 뗄 때가 되었다. 히브리 사내아이들은 보통 세 살 정도에 젖을 뗐다. 세 살 정도가 되면 아이가 죽지 않고 무사히 자라난 것을 기념하여 잔치를 베풀었다. 당시에는 유아기 때 질병이나 기근 등의 이유로 목숨을 잃는 경우가 많았기 때문이다.

"공주님, 아이가 이제 젖을 뗐습니다."

친모이자 유모인 요게벳은 아이를 파라오의 딸에게 데려왔다.

"오, 아이가 아주 잘 자랐군. 오늘 다시 보니, 아이가 아주 준수하고 빼어나구나. 그동안 수고 많았다."

파라오의 딸은 매우 흡족해하면서 아이를 공식적으로 자기 양자로 삼았다.

"내가 이 아이를 물에서 건져내었다."

이렇게 말하면서 공주는 그 아이 이름을 '모세'라 지었다. 모세(Moses)는 '물에서 건져 낸 자'란 뜻이다.

이때부터 모세는 이집트 왕자의 신분으로 이집트 왕궁이 있는 테베에서 당대 최고의 학문과 예절과 무예 등을 본격적으로 익히기 시작했다. 당시 이집트 학문은 철자법, 문법, 역사, 산술, 의학, 기하학, 천문학

등을 망라했다. 히브리인으로 태어나 이집트 왕궁에서 왕자 교육을 받은 모세! 구속사의 맥락에서 바라보면, 장차 출애굽의 영도자로 키우기 위한 하나님의 오묘한 경륜이요 철저한 훈련이었다.

모세가 혈기로 이집트 사람을 쳐 죽이다 (2:11-14)

어느덧 40여 년이라는 세월이 흘렀다. 히브리인들의 혹독한 노예 생활은 계속되었다. 이집트는 왕을 우두머리로 국가를 통치하면서도 다신교(多神教)를 섬기는 체제였다. 종교 세력이 왕궁의 세력과 비슷했다. 그만큼 사제들의 영향력이 컸다. 왕과 사제들은 때로는 협력하고 때로는 경쟁하면서 이집트 왕국을 키워 나갔다.

그러다 보니 이집트는 신전 문화가 발달했다. 다신론 국가이기에 왕들은 자신이 숭배하는 신을 위해 신전을 건설했다. 파라오는 자신을 살아 있는 신으로 신격화하여 이집트 백성들에게서 영혼 불멸의 존재로 추앙받았다. 피라미드와 스핑크스를 건설하여 죽은 왕까지 신으로 숭배하게 했다.

파라오들의 통치 기간에 계속해서 대형 건축물이 세워졌다. 노동력은 당연히 노예들의 몫이었다. 건설 현장의 노동자들은 전쟁에서 잡아온 포로들, 그리고 400년 이상을 이집트에서 종살이하는 히브리인 노예들이었다. 국고성이나 신전 건축 현장에 동원된 히브리인 노예는 30~40만 명에 이르렀다.

히브리인 노예들에 대한 핍박은 계속되었다. 전에는 종족 번성을 억제하기 위해 핍박했다면, 지금은 업적을 남기기 위한 왕들의 욕심 때문에 채찍질을 일삼았다. 이래저래 이스라엘 백성들은 죽을 맛이었다. 당연히 이집트에서의 해방을 위해 자신들의 신에게 기도하게 되었다. 그들 중에는 민족의 신이 조상 아브라함에게 들려주었던 약속을 기억하는 경건한 사람들도 있었다.

오래전, 히브리인들의 신은 조상 아브라함에게 이집트에서 종살이를 하되, 씨족이 민족으로 커진 다음에야 다시 가나안 땅으로 돌아오게 된다는 약속을 하셨다. 그래서 대부분의 히브리인들은 이집트를 떠나 자유민이 되는 날만을 손꼽아 기다리며 기도했다.

하나님은 이스라엘 백성과 맺은 언약을 잊지 않았다. 400년이 흐르는 동안에 한 번도 직접 모습을 보인 적은 없었지만 한 번도 이스라엘 백성에게서 눈을 돌린 적도 없었다. 이스라엘은 하나님께서 선택하신 백성이기 때문이다. 하나님은 이스라엘의 이집트 탈출을 위한 계획은 아무도 눈치 채지 못하게 착착 진행되고 있었다.

모세는 이집트 왕자로서 잘 자랐다. 수려한 외모와 다부진 체격은 어디에서나 한눈에 드러났다. 게다가 총명하기까지 하여 온 이집트에서 촉망받는 왕자였다. 세월이 흘러 모세의 나이도 어언 40세(주전 1486년경), 어엿한 성년이 되었다.

어느 날 모세는 자기 동족들이 있는 고센 지역의 건설 현장으로 내려갔다. 이른 아침부터 히브리인들이 건축 공사장에서 땀을 뻘뻘 흘리고 있었다. 더위를 피해 웃통을 벗었는데도 땀으로 번들거렸다. 돌을 나르는 그들은 벌써 지쳐 있었다. 한 이집트 십장이 채찍으로 히브리인 노동자를 후려갈기는 장면이 모세의 눈에 들어왔다.

"야! 이 굼벵이 같은 놈아, 그따위로밖에 못 해? 더 빨리 움직이라고! 더 빨리 해!"

십장이 채찍을 내리칠 때마다 히브리인의 등짝에 흉터가 길게 남았다. 노동자는 고통을 견디지 못해 통사정했다.

"으아악! 살려줍쇼. 너무 지쳐 더는 어떻게 해 볼 도리가…."

"뭐얏! 이 게으른 녀석! 그렇다면 죽어야지."

철썩! 채찍의 끝은 거칠고 매서웠다. 채찍질이 스치고 지나가면 히브리인 노동자의 등은 빨갛게 핏줄이 불거졌다.

차마 눈뜨고 볼 수 없는 광경이었다. 그대로 두었다가는 채찍에 맞아 죽을 판이었다.

아니, 어떻게 저토록 무자비할 수가 있단 말인가. 모세는 크게 격분하여 십장에게로 다가갔다. 그의 눈은 분노로 이글거렸다.

"이봐, 왜 그렇게 무자비하게 채찍질을 하는 것인가?"

"아, 왕자님. 히브리 놈들은 잘 대해 주면 반역질이나 하려 듭니다. 그러니 채찍으로 다스려야 합니다. 얼마든지 채찍질해도 좋다는 것이 상부의 지시사항이고 명령입니다."

"상부에서 내려온 명령이라고? 당장 채찍질을 거두게."

"네? 아…, 알겠습니다."

이집트인 십장은 볼멘소리로 구시렁거리다 모세의 눈앞에서 비실비실 사라졌다. 그러나 이집트인 노동 감독관이나 십장 중에는 모세의 말에도 꿈쩍하지 않는 악질들이 있었다. 그날 건축 현장에서 만난 또 다른 작달막한 십장이 바로 그런 악질이었다. 그는 채찍질을 말리는 모세는 안중에도 없다는 듯 계속 채찍질을 하며 노동자들을 학대했다.

"이봐! 채찍은 사용하지 말라는 내 말 못 들었나?"

"그건 왕자님이 이곳 사정을 잘 몰라서 그럽니다. 여기는 채찍이 아니면 공사가 진행되지 않습니다."

그 이집트인 십장은 보란 듯이 채찍을 내리쳤다. 히브리인 노동자는 채찍에 맞아 비틀거렸다. 십장은 다시 한 번 더 내리쳤다. 이번 채찍은 모세에 대한 무언의 반항이었다. 모세는 모욕감을 느꼈다. 버럭 소리 질렀다.

"그만두지 못해?"

"공사가 급한데 채찍질을 하지 않으면 기한에 맞추지 못합니다. 그러면 왕자님도 책임을 면할 수 없습니다."

"내가 책임지겠다!"

"왕자님은 권한도 없잖습니까?"

'히브리인 출신 왕자가 무슨 힘이 있다고….'

악질 십장이 낮게 중얼거리는 소리를 모세가 듣고 말았다. 저들은 모세의 출신 성분을 알고 있었다. 건설 현장에서 이집트인 감독관들과 십장들이 모세를 은근히 무시한 이유였다. 모세는 화가 머리끝까지 났다.

'내 이놈을…!'

그 악질 십장을 그대로 둘 수 없었다. 모세는 주위를 둘러보았다. 모두가 자기 일에 바빠 그 광경을 지켜보는 사람은 없는 듯했다. 모세는 잠시 시간을 두고 동태를 살폈다. 얼마 후, 십장이 소변을 보려는지 외진 곳으로 걸어갔다. 모세는 소리 없이 뒤따라갔다. 상대방이 낌새를 알아차리기 전에 십장의 목덜미를 움켜잡았다. 십장은 기습적인 공격에 움찔 놀라며 본능적으로 채찍을 들었다. 모세는 뒤에서 그 채찍을 움켜잡았다.

"아니, 이건 또 뭐야? 감히 어떤 놈이 내 채찍을 잡아? 너도 죽으려고 환장을 한 놈…."

작달막한 이집트 악질 십장의 말이 채 끝나기도 전에 혈기에 가득 찬 모세의 성난 주먹이 그의 관자놀이를 세게 후려쳤다. 의도하지는 않았지만 급소를 가격한 것이다. 그러자 십장은 외마디 비명과 함께 푹 고꾸라지고 말았다. 십장은 미친 개처럼 헐떡거리다가 이내 숨이 끊어져 버렸다.

'아니? 죽었어? 이럴 수가….'

모세 왕자는 당황했다. 처음부터 죽일 생각은 없었다. 자기가 히브리인 출신이라는 것을 안 뒤로는 더욱 몸가짐을 조심하고 있던 터였다. 모세는 주위를 살폈다. 다행히 작업장에 벽돌 무더기가 높이 쌓여 있어서 보는 사람은 없었다. 얼른 그 이집트 사람의 시체를 모래 속에 파묻어 버렸다. 그를 파묻는 데는 오랜 시간이 걸리지 않았다. 그런 뒤 모세는 잽싸게 그 자리를 피했다. 뭔가 마음이 찜찜했다.

다음날 모세는 두통을 느끼며 일어났다. 어젯밤에는 이 생각 저 생각으로 잠을 제대로 이루지 못했다. 새벽에야 겨우 잠이 들었다. 아침이라 서늘한 바람이 불어왔다.

어찌 되었을까? 모세는 궁금하여 어제의 그 현장을 둘러보았다. 별로 달라진 것은 없었다. 시체를 묻은 모래땅도 어제 그대로였다. 아직은 비밀이 지켜지고 있었다. 모세가 채찍질을 싫어한다는 소문이 돌았기에 건설 현장의 감독관들과 십장들은 모세가 나타나면 눈치를 슬슬 살피고 채찍질을 삼갔다.

그런데 이번에는 엉뚱한 곳에서 사건이 터졌다. 동족인 히브리 사람 둘이서 심하게 싸우는 모습을 발견한 것이다. 지켜보고 있던 모세가 참지 못하고 나섰다. 두 사람 중 먼저 잘못을 저지른 듯한 사람에게 점잖게 타일렀다.

"보아하니 당신이 먼저 잘못한 것 같은데 왜 동족을 때리는 것이오? 상대방에게 사과하고 싸움을 끝내는 게 좋겠소."

"아니, 뭐라고요? 당신이 누군데 나보고 먼저 사과하라는 거요? 당신이 우리의 지도자요? 우리의 재판관이라도 된단 말이오?"

모세는 그 사람의 말을 듣는 순간 어처구니가 없었다. 분노보다는 실망이었다.

"뭐?… 지금 뭐라고 했느냐? 무엄하다!"

"흥! 어제는 이집트 사람을 때려죽이더니 오늘은 나도 그렇게 쳐서 죽일 참이오?"

먼저 잘못을 저지른 그 히브리인이 막무가내로 모세에게 대들었다. 그 소리에 모세는 덜컥 겁이 나서 속으로 중얼거렸다.

'아, 큰일이다. 어제의 그 일이 결국 들키고 말았구나. 이제 어쩐다?'

사태가 심각했다. 우선 어디론가 도망부터 쳐야 했다. 아니나 다를까, 이집트 제국의 파라오는 모세의 살인 사건을 보고받고는 이참에 모세를 제거하려 들었다. 즉각 이집트 전역에 모세 체포령을 내렸다.

"본래 히브리 출신인 모세가 동족을 구하려고 이집트 사람을 쳐서 죽였다. 누구든지 모세를 발견하는 자는 즉각 군사들에게 알리도록 하라. 모세를 체포하거나 체포에 협조한 자들에게는 후한 상을 내리겠노라."

이집트 왕자 신분인 모세가 말단 이집트 관리 하나를 쳐 죽인 일이 왜 이토록 큰 문제가 되어 모세의 목숨까지 위험한 지경에 처하게 되었을까. 이를 이해하기 위해서는 당시 이집트 왕실의 권력 지형에 대해 잠시 살펴볼 필요가 있다.

모세를 나일강에서 건져 올려 양자로 입양한 파라오의 딸은 투트모세 1세의 무남독녀 핫셉수트다. 그녀는 부왕의 왕위를 계승하여 여왕이 될 수도 있었다. 하지만 그녀는 그렇게 하지 않고 자신의 남편으로 하여금 부친의 왕위를 잇게 했다. 그 남편이 투트모세 2세다.

투트모세 2세와 핫셉수트 사이에는 자녀가 없어서 투트모세 2세는 궁녀의 몸에서 아들 하나를 얻었다. 그런 뒤 그는 그 아들이 자라기도 전에 일찍 죽고 말았다. 그 후로 20여 년 동안 핫셉수트가 죽은 남편을 대신해서 이집트를 다스리게 되었다. 이 기간에 모세는 핫셉수트의 전적인 후원 하에 이집트의 왕자 신분으로 왕실의 모든 군사와 학문을 마음껏 배울 수 있었다.

그러는 사이에 궁녀의 몸에서 태어난 그 아들도 성장하여 어른이 되었다. 바로 그가 이집트 혈통이라는 이유로 왕위를 계승받아 투트모세 3세가 되었다. 왕좌에 오른 투트모세 3세는 자신의 선왕(先王)이자 황태후인 핫셉수트의 보호 하에 있는 모세가 최대의 정적이었다. 항상 눈엣가시처럼 여겼다. 모세의 최대 약점인 히브리 혈통을 빌미 삼아 자신의 왕좌를 위협하는 그를 언젠가는 제거하려고 호시탐탐 벼르고 있었다.

그런 참에 히브리 민족의식에 눈뜬 모세가 동족을 위해 이집트 노예 감독관을 살해하는 사건이 벌어졌던 것이다. 투트모세 3세는 그 사건을 정략적으로 활용하여 모세를 완전히 제거하려 했던 것이다. 이때 모세는 40세였고, 투트모세 3세는 30세 안팎이었다(이 사건 이후 4년 뒤에 모세의 강력한 후원자인 핫셉수트마저 죽자, 투트모세 3세가 완전히 실권을 장악하게 된다.)

모세도 이 같은 정치적 상황을 누구보다 잘 알고 있었다. 그래서 자신의 범행이 들통 나자 자신을 제거하려는 파라오(투트모세 3세)의 칼을 피해 지체 없이 멀리 미디안 땅으로 도망친 것이다.

모세가 미디안 땅으로 도피하여 정착하다 (2:15-25)

미디안 땅은 팔레스타인 동남쪽에 있는 아카바 만(灣)의 동부 지역이다. 아라비아 광야가 그 중심이다. 하지만 모세가 도피한 곳은 아카바 만의 서쪽 지역인 시내산(Mt. Sinai) 부근이다.

▲ 모세가 미디안 땅으로 도피하다

구속사 관점에서 보면, 모세의 발걸음을 이곳으로 이끄신 분은 하나님이시다. 장차 출애굽 이후에 시내산에서 엄청난 일이 벌어질 것이므로 미리 그곳의 기후와 지형을 숙지

하도록 하기 위함이었다. 따라서 미디안 도피생활 역시 모세를 출애굽의 영도자로 길러 내기 위한 하나님의 연단 과정이었다.

모세는 몇 날, 몇 주를 밤낮 가리지 않고 정신없이 달리고 또 달렸다. 이집트 지역을 멀리 벗어난 모세는 어느 낯선 지점에 이르러 비로소 휴식을 취했다. 너른 들판의 우물가였다.

누워서 쉬고 있는 그에게 조잘거리는 처자들의 목소리가 들려왔다. 그녀들은 양 떼에게 물을 먹이기 위해 우물가로 나오는 중이었다. 미디안 땅의 제사장인 르우엘의 일곱 딸이다. 딸들은 양 떼에게 물을 먹이러 모세가 쉬는 우물가로 와서 구유에 물을 채웠다. 그런데 뒤늦게 우물가에 이른 다른 양치기 몇 명이 껄렁껄렁한 말투로 먼저 와서 물을 먹이고 있는 르우엘의 딸들을 쫓아내려 했다.

"처자들, 저리 비켜 보시지. 우리 양 떼부터 물을 먹인 다음에 처자들의 양 떼에게 먹이든지 말든지."

힘없는 처자들이라 얕잡아 본 것이다. 때마침 우물가에서 쉬고 있던 모세가 그 광경을 지켜보다가 끼어들었다.

"여보시오, 내가 쭉 지켜보니 처자들이 먼저 와서 물을 먹이고 있었는데 늦게 와서 그러면 되겠소? 처자들이 물을 다 먹이면 그 후에 먹이는 게 순서 아니겠소?"

"어라? 못 보던 녀석인데? 어디서 굴러먹다온 뼈다귀가 웬 참견이야, 참견이? 당신부터 혼 좀 나볼래?"

양치기 서너 명이 팔을 걷어붙이며 사뭇 위협조로 모세에게 다가왔다. 그러고는 양을 치는 지팡이로 모세를 가격하려 했다. 하지만 애초부터 싸움이 되지 않았다. 자기 힘만 믿고 마구 덤벼드는 시골뜨기 양치기들이 이집트 왕실에서 최고의 정규 무예를 배운 모세의 상대가 될 리 없었다. 모세는 자신을 가격하려고 달려드는 양치기의 지팡이를 잽싸게 낚아챈 후 그들을 한 명씩 상대하여 처치했다. 모세가 가볍게 몸을 날리는데도 여기저기 픽픽 나가떨어졌다.

“어쿠쿠, 보통 녀석이 아니다. 어디 다음에 두고 보자!”

양치기들은 잔뜩 겁에 질린 채 공연히 헛소리를 남발하며 서둘러 양 떼를 몰고 어디론가 사라졌다. 그러자 모세는 자리에서 일어나 그 일곱 처자를 도와 양 떼에게 물을 먹였다.

르우엘의 일곱 딸은 모세에게 거듭 고마움을 표했다.

“아니오. 당연히 해야 할 도리를 했을 뿐이오.”

모세는 손을 내저으며 친절과 겸양으로 그 처자들의 감사 인사를 받았다. 그렇게 그들은 헤어졌다. 모세는 특별히 갈 곳도 없어서 우물가에 그대로 앉아 있었다. 르우엘의 딸들은 집으로 초대하고 싶었지만 외간 남자를 함부로 데려갈 수도 없는 일이었다. 그녀들 역시 모세를 우물가에 두고 가면서도 마음이 편치 않았다. 마침 아버지 르우엘 제사장이 집에 있었다.

“얘들아, 오늘은 왜 이렇게 일찍 돌아왔느냐?”

“네, 아버지. 우리가 우물가에서 물을 먹이는데 껄렁껄렁한 양치기들이 나타나 먼저 물을 먹이겠다고 우리 양 떼가 물 먹는 것을 방해했어요.”

“맨날 그런 짓이나 하는 놈들이지.”

“그런데요, 우물가에 있던 어떤 이집트 사람이 우리 편이 되어 그 양치기들을 쫓아냈어요. 긴 여행에 지쳐 보였지만 잘생겼고 싸움도 무척 잘 했어요.”

제사장 아버지는 딸들의 재잘거리는 소리에 슬그머니 웃음이 나왔다. 모두들 그 남자에게 홀딱 반한 모양이었다. 그때 원래 말수 많은 넷째 딸이 신나게 말을 이어갔다.

“미디안 양치기들은 아예 상대가 되지 않았어요.”

셋째 딸도 거들었다.

“그 사람은 우리를 위해 물을 길어 양 떼에게 먹여 주기까지 했어요.

아주 친절하고 겸손했어요. 그 덕분에 오늘 일찍 돌아올 수 있었던 거예요."

사랑스러운 딸들 아니랄까 봐 일의 자초지종을 빠뜨리지 않고 돌아가며 조잘조잘 아버지께 일러바쳤다. 아버지도 도움을 준 나그네에게 관심을 보였다.

"그래? 그 사람은 지금 어디 있느냐? 그토록 고마운 분을 왜 집으로 모셔오지 않았느냐? 그분에게 마땅히 음식이라도 대접해야 하지 않겠느냐? 어서 우물가로 가 보아라."

그 말에 딸들은 경쟁이라도 하듯 후닥닥 달려 나갔다. 다행히 나그네 남자는 우물가에 그대로 있었다. 달리 갈 데도 없었기 때문이었다.

"저기요, 우리 아버님이 고맙다고 식사를 대접하겠대요."

모세는 미디안 양치기 처자들을 따라나섰다. 일곱 딸은 앞서거니 뒤서거니 하면서 낯선 남자를 자기네 집으로 모셔갔다.

"어이쿠, 참으로 고맙소이다. 그대의 도움이 없었다면 딸들이 큰 곤욕을 치를 뻔했소이다."

"별 말씀을요. 저는 당연히 해야 할 일을 했을 뿐입니다. 칭찬받을 일이 조금도 못 됩니다."

르우엘은 아내와 딸들을 시켜 급히 음식을 만들어 모세 앞에 내놓았다. 파라오의 군사들에게 붙잡힐까 봐 제대로 먹지도 쉬지도 못한 모세는 허기진 상태라 음식을 남김없이 맛있게 먹었다. 그런 모세를 지긋이 바라보던 르우엘이 입을 열었다.

"실례되지 않는다면, 어디로 가는 길인지 물어봐도 되는지요?"

행색은 비록 남루하지만 어딘지 귀족의 기품이 있는 나그네에게 르우엘은 조심스레 물었다. 양치기들을 일거에 물리치기까지 했다니, 범상치 않은 인물임에 틀림없다. 분명 무슨 사연이 있어서 떠돌아다니는 나그네로 보였다.

"그게… 실은… 아직은…."

모세가 말꼬리를 흐리자 르우엘이 재빨리 끼어들며 말했다.

"아, 됐습니다. 분명 무슨 사연이 있는 것 같소만 굳이 말씀하지 않으셔도 됩니다. 그나저나 어디 갈 곳이 없으시다면 당분간 우리와 지내는 것은 어떠신지요? 누추하지만 지낼 만한 방은 충분히 마련해 드릴 수 있습니다."

"아니, 괜찮습니다. 굳이 신경 쓰지 않으셔도…."

"아니오, 아니오. 보아하니 갈 곳이 마땅치 않은 것 같은데 사양치 마시고 당분간 우리와 지내도록 합시다. 머무는 동안 성심껏 보살펴 드리겠습니다."

"정 그러시다면 잠시 신세를 지도록 하겠습니다. 정말 고맙습니다."

"여기가 내 집이다 생각하시고 머무는 동안 편히 지내도록 하십시오."

그리하여 모세는 미디안 땅에서 그 지역의 제사장인 르우엘의 집에서 지내게 되었다. 잠시 동안만 머물 생각이었지만 도망자 신세로 갈 곳이 마땅치 않았던 모세는 한 해, 두 해를 보내며 계속 머물렀다. 공짜로 밥을 먹는 게 불편해서 르우엘 집안의 양 떼를 돌보게 되었다. 그리고 르우엘의 집에 머물러 지내던 중 첫 대면부터 모세에게 마음을 준 첫째 딸 십보라와 혼인을 하였다. 그리하여 모세는 이제 르우엘 집안의 일원이 되어 양 떼를 정성껏 돌보며 미디안 사람처럼 살아갔다.

때가 되자 모세의 아내 십보라가 아들을 낳았다. 그 아들에 대해 모세는 '내가 낯선 땅에서 나그네가 되었구나' 라고 말하며, 그 아들의 이름을 '게르솜'이라 지었다. 게르솜은 '나그네'란 뜻이다.

세월이 흘렀다. 모세가 미디안 땅으로 도피한 지도 어언 40년이 지났다. 40세에 이집트 땅에서 도피했으니, 어느새 80세가 된 것이다(주전 1446년경). 그때는 모세를 양자로 들인 핫셉수트는 물론이고(핫셉수트는 모세가 미디안 땅으로 도피한 지 4년 후쯤에 일찍 죽었다), 모세를 죽이려 했던 이집트 왕(투트모세 3세, 주전 1504-1448년경)도 세상을 떠나고, 그의 아들 아멘호텝 2세가 왕위를 물려받아 이집트를 통치하고 있었다. 당시 아멘호텝 2세는 20살을 갓 넘은 젊은 나이였다.

아멘호텝 2세 역시 앞선 18왕조의 이집트 왕들처럼 대(對) 히브리 적대정책과 말살정책을 강력하게 펼쳤다. 이스라엘 백성은 여전히 대공사의 건축 현장에 끌려 나가 고된 강제노동에 시달리며 신음하고 있었다. 하루하루 견디기 힘든 가혹한 노동과 고통으로 울부짖었다. 마침내 그들의 울부짖음이 하늘에 사무쳐 하나님께 닿았다.

'내 백성의 울부짖는 고통 소리가 이집트 온 땅에 가득하구나.'

하나님은 이스라엘 백성들의 신음소리와 울부짖는 고통 소리를 들으시고, 아브라함과 이삭과 야곱에게 하신 약속을 기억하셨다. 그들과 맺은 언약을 떠올리셨다. 하나님께서 일하실 때가 이른 것이다. 마침내 하나님은 신음하는 이스라엘 백성들을 돌보시려고 하늘 보좌에서 일어나셨다. 본격적으로 출애굽의 구원 사역을 펼칠 때가 온 것이다.

3
모세의 소명

양 떼 치던 모세가 호렙산에 가자
하나님이 그를 부르시네
떨기나무 불꽃 가운데서의 음성
그곳은 거룩한 곳이니 신발 벗어라

모세가 출애굽의 사명을 받다 (3:1-22)

목부(牧夫) 모세. 미디안 땅에서 지내는 40년 동안 모세는 장인 이드로의 양 떼를 치는 목자로 일했다. 모세의 장인의 본명이 르우엘이었지만 제사장이 되고 난 후 공식적으로 이드로라는 이름으로 불리게 되었다.

그날도 모세는 양 떼를 이끌고 멀리 시내 광야의 산지(山地) 쪽으로 나아갔다. 평평한 광야보다는 산비탈에 풀이 많기 때문이다. 그래서 호렙산 아래 산비탈까지 나가 양 떼에게 풀을 뜯겼다. 호렙산은 시내 광야의 산악지대에 있는 해발 2,290m에 이르는 높은 산으로, '시내산'으로도 불렸다.

모세는 호렙산 주변을 중심으로 40년 동안 양을 먹였다. 예전처럼 모세는 그리로 가서 양들이 먹을 만한 풀을 찾고 있었다. 그때였다! 모세의 눈길을 사로잡은 것이 있었다.

앗, 저게 무어지? 저쪽 떨기나무 한 그루에 불이 붙어 활활 타고 있었다. 그런데 신기하게도 계속 불타고만 있을 뿐 나무가 타서 없어지지는 않는 것이었다. 살랑거리는 바람에 불길이 춤을 추었다. 신기한 광경에 모세가 혼자 중얼거렸다.

'거 참, 이상하다. 왜 떨기나무가 불타 없어지지 않는 것일까? 어디 한번 가까이 가서 살펴보아야겠다.'

모세는 고개를 갸웃거리며 활활 불타는 떨기나무 가까이로 다가갔다. '떨기나무'는 시내 광야 도처에서 흔히 볼 수 있는 아카시아 과에 속하는 '가시나무 덤불'(Acasia Nilotica)이다. 온통 가시투성이인 이 나무는 작고 볼품없었지만, 불이 붙으니 어느 나무보다 아름답고 찬란했다.

떨기나무의 불꽃! 활활 타오르는 떨기나무의 불꽃은 하나님의 임재를 나타내는 초자연적인 영광의 불꽃이었다. 하나님이 모세를 만나시려고 떨기나무의 타오르는 불꽃 가운데 찾아오신 것이다.

하나님은 모세가 떨기나무 가까이로 다가오는 것을 보셨다. 모세가 더 가까이 이르자, 하나님은 떨기나무 불꽃 가운데서 모세를 부르셨다. 다정하고도 긴급한 부르심이었다.

"모세야, 모세야!"

"네, 제가 여기 있습니다."

모세는 깜짝 놀라 땅바닥에 엎드리면서 반사적으로 대답했다. 그러자 하나님이 모세에게 말씀하셨다.

"모세야, 이리로 가까이 오지 마라. 네가 서 있는 곳은 거룩한 땅이니라. 너는 즉시 신발을 벗으라. 나는 네 조상의 하나님이다. 아브라함의 하나님이고 이삭의 하나님이며 야곱의 하나님이다."

고대 중근동 사회에서 신발을 벗는 행위는 상대방에 대한 존경과 복종의 의미다. 그래서 당시 종들은 신발을 신지 않았다. 신발을 벗으라는 하나님의 명령은 너무나 당연한 것이었다. 하나님이 임하여 계시는 거룩한 곳에 세상의 온갖 더럽고 부정한 것들이 묻어 있는 신발을 어찌 신고 있을 수 있겠는가.

모세는 얼른 신발을 벗은 뒤 하나님 뵙기가 두려워 급히 얼굴을 가렸다. 그러고는 땅에 얼굴을 대고 두려워하며 엎드려 있었다. 그런 모세를 향해 하나님이 계속 말씀하셨다.

"모세야, 나는 내 백성의 고통을 보았고 그들의 신음소리를 들었다. 닦달하고 채찍질하는 노예 감독관들 때문에 이집트 땅에서 내 백성이 울부짖는 소리도 다 들었다."

아, 이집트…. 이제는 아득한 옛날 일이 되어 까맣게 잊어버렸다고 생각했는데 하나님의 말씀을 들으니 이집트 생활이 생생하게 되살아났다. 지금쯤 부모와 형제들은 어떻게 지내고 있을까. 하나님은 모세에게 계속 말씀하셨다.

"모세야, 이제 나는 이집트 파라오의 손에서 내 백성을 구하겠노라. 내 백성 이스라엘을 이집트에서 이끌어내어 그들을 젖과 꿀이 흐르는 가나안 땅으로 데려가겠노라. 지금 그 땅에는 가나안 사람, 헷 사람, 아모리 사람, 브리스 사람, 히위 사람, 여부스 사람이 살고 있느니라."

하나님께서 이스라엘 백성들을 데리고 가겠다는 가나안 땅은 일찍이 조상 아브라함에게 약속해 주신 땅이다. 모세도 문득문득 가나안 땅을 둘러보고 싶은 생각이 들었지만, 시간도 낼 수 없었고 엄두도 나지 않았다. 그는 홀몸이 아니라 이미 한 여인의 남편이고 두 아이의 아버지였다. 하나님은 계속 말씀하셨다.

"모세야! 내 말을 잘 듣고 있느냐?"

모세는 정신을 차리며 다시 하나님의 말씀 앞에 옷깃을 여미었다.

"네, 듣고 있습니다. 말씀하소서."

"너는 이집트에 있는 네 동족을 잊었느냐?"

"노예생활을 하고 있는 제 동족을 어찌 잊을 수 있겠습니까?"

"나도 잊은 적이 없다. 지금 이스라엘 백성들의 울부짖는 소리가 내 귀에 들려온다. 그러므로 이제 너는 가라. 내가 너를 파라오에게 보내겠노라. 너는 가서, 내 백성 이스라엘을 이집트 땅에서 이끌어내라."

위대한 출애굽의 사명이다. 이때로부터 640여 년 전에 하나님이 이스라엘의 조상 아브라함과 맺은 '횃불 언약'을 이제 실행하시겠다는 것이다. 옛적 하나님은 아브라함에게 약속하셨다. 그의 후손들이 400년 동안 이방 땅에서 가혹한 종살이를 하게 될 것인데, 기한이 되면 그들을 이끌어내어 가나안 땅을 기업으로 주시겠다고 약속하셨다. 하나님은 아브라함에게 그렇게 약속하신 후에, 아브라함이 하나님께 바치려고 진열해 놓은 고기 사이를 횃불 형상으로 지나감으로써 그 언약을 보증하셨다. 그래서 '횃불 언약'이다.

그 뒤 야곱 가족이 이집트로 내려간 후 모세가 호렙산 기슭에서 출애굽의 사명을 받기까지 430년의 세월이 흘렀다. 마침내 약속하신 출애굽의 때가 이른 것이다. 평소처럼 장인의 양 떼를 치던 중에 갑작스럽게 출애굽의 사명을 받게 된 모세는 몹시 당황하며 두려운 목소리로 하나님께 아뢰었다.

"오, 하나님! 하지만 저는 감당할 수 없습니다. 저 같은 것이 어찌 감히 파라오의 손에서 이스라엘 백성을 건져낼 수 있겠습니까? 제게 무슨 힘이 있어 그들을 이집트 땅에서 이끌어 낼 수 있겠습니까? 저는 할 수 없습니다."

"아니다, 모세야, 너는 능히 할 수 있다. 내가 너와 함께 하겠노라. 너는 내 백성을 이집트 땅에서 이끌어내라. 그 뒤 이 산에서 내게 예배를 드리게 될 것이니라."

"하나님, 심히 두렵습니다. 제가 히브리 동족에게로 가서 '하나님께서 나를 너희에게 보내셨다'라고 말하면, 그들은 저를 보내신 하나님의 이름을 제게 물을 것입니다. 그러면 그때에 제가 그들에게 무어라 대답해야 합니까?"

당시 모든 나라와 민족에게는 그들이 섬기는 신이 있었는데, 각기 제 이름을 갖고 있었다. 이집트의 태양신 이름은 라(Ra), 나일강을 지키는 수호신 이름은 하피(Hapi), 가나안의 주신(主神)은 바알(Baal), 블레셋의 전쟁 신 이름은 다곤(Dagon), 암몬의 국가 신은 몰렉(Molech), 모압의 수호신 이름은 그모스(Gemosh)였다.

따라서 이스라엘 백성들은 모세를 자신들에게 보낸 그 신의 이름이 무엇인지를 물을 것이 분명했다. 모세는 그 점을 하나님께 아뢴 것이다. 그러자 하나님께서 모세에게 대답해 주셨다.

"나는 스스로 있는 자니라. 이스라엘 백성들에게 '스스로 있는 자께서 나를 너희에게 보내셨다'라고 대답하여라."

하나님이 직접 대답하셨듯이 '스스로 있는 자'가 하나님의 이름이다. 히브리어로는 '야훼'(YHWH)다. 본래 모음(母音) 없이 네 개의 자음(子音)만으로 이루어진 이름이다. 그런데 고대 히브리인들은 "여호와의 이름을 함부로 부르지 마라."라는 십계명 율법에 근거하여, 하나님의 신명(神名)을 지극히 거룩하게 여겼다. 그래서 율법이 적힌 두루마리를 읽어 나가다가 '야훼'란 이름을 접하면 '야훼' 대신에 '나의 주님'이란 뜻의 '아도나이'라고 읽었다. 이 같은 관습에서부터 후대 사람들은 '야훼'란 단어의 자음과 '아도나이'라는 단어의 모음을 합성하여, 하나님의 이름을 '여호와(Yehovah)'라 부르게 되었다. 바로 이 이름이 오늘날 우리에게까지 전해져 온 것이다.

"나는 스스로 있는 자니라."

하나님은 두 번이나 반복해서 자신의 이름을 선포하셨다. "나는 스스로 있다"는 것은 곧 "나는 나다"란 뜻이다. 이 순간, 하나님께서 자신의 이름으로 자기 백성에게 다가오시며 자신에 대한 호칭을 공식적으로 알리는 순간이다. 하나님께서 얼마나 자기 백성을 사랑하셨으면 자신의 이름으로 다가가실까. 모세는 얼마나 대단한 사람이기에 세상에 여호와의 이름을 소개하는 사람이 되었을까.

나는 스스로 있는 자. 이 말 속에 '하나님은 어떤 분이신가'하는 하나님의 속성이 포함되어 있다. 하나님은 영원 자존자이시다. 시작도 없고 출생도 없이 영원토록 스스로 계시는 분이시다. 하나님만이 스스로 계신다. 부모가 없고 출생도 없고 죽음도 없다. 영원토록 스스로 살아 계신다.

하나님은 영적 인격체다. 하나님은 부모도 출생도 죽음도 없기에 성장하고 노쇠하고 병에 걸리고 늙고…. 그런 과정이 일체 없다. 육체가 아니고 영(靈)이시기에 가능하다. 하나님은 언제나 불변이시다. 그래서 아무리 세월이 흘러도 그분의 약속, 선택, 섭리 등에는 어떤 변함도 없다. 입으로 발한 모든 언약을 그대로 이행하시는 신실한 분이시다. 자신의 구원 약속에 따라 차질 없이 인간을 구원하는 분이시다. 인류 역사 속에서 이루어지는 그런 하나님의 구원 행위의 역사가 바로 구속사(救贖史)다.

스스로 살아 계시는 하나님은 우주만물 모든 곳에 존재하신다. 하나님은 지역 신, 부족 신이 아니시다. 우주 만물의 창조자시요 통치자시며 섭리자요 경륜자이시다. 하나님은 오직 하나이신 유일신이시다. 다신론의 신들은 단지 사람의 창작물에 불과하다. 그러나 야훼 하나님은 오직 하나뿐인 유일한 분이시다. 모세에게 자신의 이름을 알려주신 하나님이 계속 말씀하셨다.

"모세야, 너는 네 동족 이스라엘 백성에게로 가서 말하기를 '여호와, 곧 너희 조상의 하나님, 아브라함의 하나님, 이삭의 하나님, 야곱의 하나님께서 나를 너희에게 보내셨다' 하여라."

"오, 하나님, 그렇지만 한낱 목부에 불과한 제가 어찌…."

모세는 두려워하며 계속 움츠러들었다. 파라오의 칼이 두려워 이집트 땅에서 멀리 도망쳐 나온 자신이 어떻게 제 발로 이집트로 돌아가 파라오 앞에 다시 설 수 있을 것인가. 생각만 해도 가슴이 떨리고 발이 얼어붙을 지경이었다. 그런 모세에게 하나님은 이집트에서 해야 할 일을 구체적으로 일러주셨다.

"모세야, 너는 이스라엘의 장로들을 모아 놓고 하나님의 부르심을 받고 돌아왔다고 말하라. 그렇게 말하면 이스라엘 장로들이 네 말을 듣게 될 것이다."

"아닙니다. 하나님, 이스라엘 장로들은 저를 민족의 지도자로 인정하지 않을 것입니다."

"아니다, 인정할 것이다."

"비록 그들이 인정한다고 해도, 내가 파라오를 어떻게 꺾겠습니까? 파라오는 지금도 나를 죽이려고 눈에 쌍심지를 켜고 있을 것입니다."

"모세야, 그건 내게 맡겨라. 내가 계획해 둔 바가 있다. 일단은 이집트로 돌아가서 왕을 방문하라. 그에게 이르기를 '히브리 사람의 주 하나님께서 저희에게 나타나셨습니다. 저희가 광야로 사흘 길을 나갈 수 있게 허락해 주십시오. 거기서 저희가 우리 주님께 제사를 드리고자 합니다.' 하여라."

'사흘 길'은 이집트 땅에서 멀리 벗어난 거리를 상징한다. 즉, 출애굽을 뜻한다. 이제 하나님은 출애굽 과정에서 겪을 일들까지도 모세에게 일러주셨다. 이것은 출애굽의 전 과정이 오로지 하나님의 주관 아래 있다는 사실을 보여준다. 모세는 단지 그런 하나님을 의지하고 순종하면 될 일이었다.

"이집트 왕은 내가 권능의 손길로 강력하게 치지 않는 한 너희를 내보내지 않을 것이다. 그러므로 내가 두렵고 놀라운 일들로 이집트와 파라오를 치겠노라."

모세의 생각도 동일했다. 그는 이집트의 왕자 신분으로 살아 보았기에 파라오가 얼마나 도도하고 교만한지를 알았다. 파라오는 스스로 살아 있는 신으로 자처했다. 죽어도 피라미드 안에서 영생한다고 주장했다. 그런 권력자이기에 말로 해서는 안 된다. 왕국에 엄청난 재앙을 보여주지 않으면 파라오는 결코 히브리인들을 내보내려 하지 않을 것이다. 그런 생각을 하면서 모세는 하나님의 말씀에 귀를 기울였다. 하나님이 모세에게 다시 말씀하셨다.

"모세야, 내가 두려운 이적을 행하면 이집트는 큰 피해를 당하게 될 것이다. 그 후에야 이집트 왕은 마지못해 너희를 보내줄 것이다."

떨기나무의 불은 아직도 활활 타고 있었다. 떨기나무는 사실 아무짝에도 쓸모없는 나무였다. 광야에서 제대로 수분 공급을 받지 못해 열매는 물론 잎도 없기에 더위를 피할 그늘도 없다. 말라빠진 나무이기에 재목으로도 쓸모가 없다. 그런 떨기나무를 볼 때마다 그동안 모세는 그 나무가 자기 모습으로 보여 절망감으로 가슴을 쓸어왔다. 미디안 땅의 40년 도피생활로 속절없이 늙어가는 자기 자신이 광야의 떨기나무 같았다. 그런 떨기나무에 찬란한 불이 활활 타오르고 있었다. 너무나 아름다운 변신이다.

'떨기나무가 저렇게 아름다울 수도 있다니! 하나님이 내 인생에 불을 붙여주신다면 나도 저렇게 불타는 아름다운 모습을 보일 수 있을까? 내 나이도 어느덧 팔십인데, 과연 그럴 수 있을까?'

모세의 가슴속이 서서히 뜨거워지고 있었다. 이제 모세는 하나님의 음성을 귀로 듣는 것이 아니라 가슴으로 듣고 있었다.

"모세야! 너희가 빈손으로 이집트 땅을 떠나는 일은 없을 것이다. 이집트를 떠날 때 이집트 사람들에게 옷가지와 패물들을 요구하여라. 그것들로 자녀들을 입히고 꾸며라. 너희는 넉넉히 물건을 취한 뒤 이집트 땅에서 군대처럼 당당하게 나올 것이다."

4
모세의 변명과 귀환

허리 한 번 못 펴고 종일 시달리는
가련한 이스라엘 백성을 보아라
진흙 이겨 벽돌을 굽는 중노동에도
이스라엘 백성은 나날이 번성하네

모세가 하나님의 이적을 체험하다 (4:1-9)

"오, 하나님, 그렇지만…."

그래도 모세는 여전히 두려웠다. 한때는 이집트의 왕자였지만 지난 40년 동안은 미디안 땅의 평범한 목부로 지내면서 일상의 소소한 재미와 안녕에 만족해 온 모세였다. 그런데 강력한 제국을 통치하는 파라오에 맞서 동족을 이집트 땅에서 이끌어내라니!

40년 전, 이집트에서는 너무 조급했던 것이 사실이었다. 하나님께서 자신에 대한 부르심이 없었음에도 민족의 지도자로 자처하며 혈기로 무력을 사용했다가 허겁지겁 도망쳐야 했다. 그런데 40년이 지난 지금은 하나님께서 자신을 부르시는데도 선뜻 응답할 수가 없다. 모세는 출애굽 소명을 계속 사양하며 하나님께 변명했다.

"하나님, 파라오는커녕 이스라엘 백성들조차 저를 믿지 않고 제 말도 듣지 않을 것입니다. 그들은 분명 제게 말하기를 '주께서 네게 나타나시지 않았다'라고 할 것입니다."

모세는 고집을 꺾지 않았다. 하지만 하나님은 하나님이었다. 하나님은 조금도 뜻을 돌이킬 생각이 없었다.

"모세야, 지금 네 손에 쥐고 있는 것이 무엇이냐?"

모세는 손에 지팡이를 쥐고 있었다. 목자가 양을 인도하고 맹수로부터 보호하기 위해 가지고 다니는, 손잡이가 구부러진 휴대용 막대기다. 모세가 얼떨결에 대답했다.

"지… 지팡이입니다."

"그 지팡이를 땅에 던져라."

모세가 무슨 영문인가 하는 표정으로 어물쩍 지팡이를 땅에 던졌다. 그러자 지팡이는 순간 살아 꿈틀대는 뱀으로 변했다.

"앗! 뱀… 뱀이 되었다!"

두 눈을 크게 뜨고 보아도, 광야에서 자주 보던 살모사였다. 살모사에게 물리면 아주 큰 고통을 당하는 것은 물론이고 심하면 목숨까지 잃는다. 살모사는 모세를 향해 공격 태세를 갖추었다. 단단히 화가 난 놈이다. 모세는 깜짝 놀라 얼른 몸을 피했다.

"모세야, 이제 너는 손을 내밀어 그 뱀의 꼬리를 잡아라."

"네? 배, 뱀의 꼬리를 잡으라고요?"

모세는 머뭇거렸다. 뱀은 머리를 밟든지 누르든지 해야지 꼬리를 잡았다가는 그대로 독이빨에 물려 치명상을 입을 것이 자명했다.

"그렇다. 뱀의 꼬리를 잡아라!"

하나님은 분명히 말씀하셨다. 엄중한 말씀에 더는 거역하지 못하고 모세는 손을 슬며시 내밀어 후다닥 뱀의 꼬리를 잡았다. 순간, 뱀은 모세의 손에서 다시 지팡이로 변했다.

"앗! 도로 지팡이가 되었다!"

모세는 또다시 깜짝 놀랐다. 두 눈으로 분명 목도하고 손으로 체험한 생생한 이적이었다. 그때 하나님이 다시금 출애굽의 사명을 주셨다.

"모세야, 보았느냐? 이스라엘 장로들 앞에서 이런 기적을 보이면 그들 조상의 하나님인 주께서 너를 보내셨다는 것을 믿을 것이다. 그러니 너는 가서 내 백성을 이집트 땅에서 이끌어내어라."

"그렇지만…."

그래도 모세는 선뜻 대답하지 않고 우물쭈물하며 망설였다. 답답한 모세를 하나님은 이번에도 참아주셨다. 그리고 또 다른 놀라운 기적을 보여주셨다.

"모세야, 네 손을 네 품속에 넣어 보아라."

모세는 자기 손을 품속에 넣었다가 꺼내 보고는 놀라지 않을 수 없었다. 나병에 걸려 눈처럼 하얗게 변해 있었던 것이다.

"아앗! 나… 나병이…. 아, 이럴 수가…. 오, 하나님!"

고대 히브리 사회에서 나병은 천형(天刑)으로 간주되어 불치의 병으로 여겨졌다. 무시무시하게 두려운 병이었다.

"네 손을 네 품속에 다시 넣어 보아라."

모세가 나병 걸린 손을 다시 품속에 넣었다가 꺼내 보았다. 나병 걸렸던 그 손이 감쪽같이 원래의 깨끗한 피부로 돌아와 있었다. 그때 주께서 말씀하셨다.

"모세야, 이스라엘 백성들이 첫 번째 이적은 받아들이지 않더라도 두 번째 이적은 받아들이고 너를 믿을 것이다. 만일 그들이 두 가지 이적의 표징을 모두 믿지 않고 말을 듣지 않거든, 너는 나일강에서 물을 퍼 와서 마른 땅에 부어라. 그러면 그 물이 피가 되어 땅을 적실 것이다."

이집트 사람들은 나일강을 생명의 젖줄로 여겨 신성시했다. 특별히 수호신이 보호한다고 믿었다. 그런 나일강의 물이 피로 변한다면 그것을 누가 이적이라고 하지 않겠는가. 만일 파라오가 히브리 민족을 내보내

주지 않으면 하나님이 이집트를 죽음의 피로 심판하시겠다는 두려운 경고였다. 모세가 이런 이적을 보인다면 이스라엘 백성은 모세를 하나님의 사자(使者)로 믿지 않을 수 없을 것이다. 이제 모세가 결단해야 할 때가 이르렀다.

하나님이 아론을 모세의 대변자로 세우시다 (4:10-17)

"하지만… 주여, 저는 본디 말주변이 없는 사람입니다. 예전에도 그랬고 지금도 마찬가지입니다. 저는 정말 말솜씨가 없어서 입과 혀를 잘 놀리지 못합니다. 그러하오니 저는 감히…."

모세는 자신의 상황을 드러내며 이 핑계 저 핑계를 댄다. 아직까지 하나님의 권능에 의지하기보다는 자신의 능력이나 대화술에 더 의존했다. 그만큼 믿음이 약했다. 노하기를 더디 하시는 하나님은 그래도 계속 참고 모세를 설득한다.

"모세야! 누가 사람에게 입을 주었느냐? 누가 사람을 귀머거리나 벙어리로 만드느냐? 누가 사람에게 눈을 주었느냐? 누가 사람을 눈멀게 하느냐? 모두가 주 내가 하는 일이 아니냐? 그러니 너는 걱정하지 말고 가라. 내가 네 입과 함께할 것이다. 네가 해야 할 말을 가르쳐 주겠노라."

"하지만 주여, 제발 부탁드립니다. 왜 하필 접니까? 보낼 만한 다른 사람을 보내소서. 저는 부족하고 말도 잘 못하고…."

"그만! 모세야, 이제 그만하여라."

마침내 주께서 화를 내시며 모세의 말을 막으셨다. 그만큼 알아듣게 일러주었는데도, 모세가 계속 출애굽 사명을 거부하자 더는 참지 못하고 노하신 것이다. 그렇지만 끝까지 붙드시는 하나님이시다. 이리 빼고 저리 빼는 모세를 끝까지 포기하지 않으시고 다시금 다독여주신다.

"모세야, 정 그렇다면 네 형 아론이 있지 않느냐? 그가 말 잘하는 사람인지는 내가 다 알고 있다."

그랬다. 모세와 달리 아론은 말을 잘했다. 그의 말은 기름칠한 것처럼 사람들의 귀를 즐겁게 했다. 그래서 사람들은 아론을 좋아했다. 모세는 갑자기 아론 형이 생각났다.

"오, 주님. 저는 아론 형을 40년 동안이나 만나지 못했습니다. 제가 어디로 가야 아론을 만나겠습니까?"

"걱정 마라. 너를 만나려고 아론이 여기로 오는 중이다. 너는 내게서 받은 말을 네 형 아론에게 그대로 전해주어라. 그러면 아론이 너를 대신해서 사람들에게 말할 것이다. 나는 네 입과 함께하고, 네 형 아론의 입과도 함께할 것이다."

아론은 모세보다 세 살 많은 형이다. 아므람과 요게벳은 2남 1녀를 낳았다. 당시 모세는 80세, 아론은 83세, 그리고 둘의 누이인 미리암은 93세 정도였다. 하나님은 다시금 모세를 격려하며 힘을 북돋워 주신다.

"모세야. 너는 이 지팡이를 항상 손에 들고 다녀라. 이 지팡이로 온갖 이적의 표징을 나타내도록 하여라."

모세는 결국 하나님의 부르심에 순종하기로 했다. 아무도 찾아주지 않는 미디안 땅의 평범한 목부(牧夫) 모세, 모두에게 이름조차 잊히고 있던 모세를 하나님은 때가 되니 찾아오셨다.

십보라가 남편 모세의 목숨을 구하다 (4:18-26)

모세는 호렙산(시내산)을 내려갔다. 산에서 양 떼를 몰고 돌아온 모세는 곧장 장인 이드로를 찾아가 이집트로 귀환할 것을 아뢰었다.

"어르신, 이제 그만 돌아가려 합니다. 부디 저를 보내주십시오. 이집트에 있는 부모와 친척에게로 돌아가 그들이 아직 살아 있는지 알아보고자 합니다. 처자식을 전부 데리고 떠나려 합니다."

이드로는 처음 모세를 만났을 때부터 작별을 준비하고 있었다. 맏사위는 양이나 치며 목자로 늙어갈 사람도 아니었다. 미디안 부족으로 살아갈 사람도 아니었다. 그는 언제라도 떠날 사람이고 또 떠나보내야 할 이방인이다. 그래도 막상 떠난다 하니 가슴이 철렁 내려앉았다. 맏딸 십보라와 두 손자가 마음에 걸렸다. 그동안 행복한 가정을 꾸리며 잘 살았는데…. 아쉬운 마음에 괜스레 모세를 붙잡아 본다.

"으흠…. 이제 와서 꼭 돌아가야 하겠나?"

"네, 장인어른. 돌아가야 할 피치 못할 사정이 생겼으니 부디 허락해 주십시오."

"자네 결심이 정 그러하다면 잘 알았네, 떠날 준비를 하게."

"고맙습니다. 장인어른. 그간 돌봐 주신 은혜는 잊지 않겠습니다."

모세는 이드로에게 큰절을 한 다음, 장막으로 돌아와 짐을 꾸렸다. 아내 십보라는 불안한 모습을 보였다. 남편은 이집트의 왕궁으로 돌아가는 것이 아니라, 동족 이스라엘 백성을 이집트에서 탈출시키는 해방자의 자리로 나아간다. 그 길이 고난의 길이라는 것은 불을 보듯 뻔했다. 십보라는 두려웠다.

'두 아이는…? 우리가 살 집은…? 파라오의 핍박은…?'

그런 염려가 모세에게도 없는 것은 아니다. 아내와 두 아들을 생각하면 그냥 여기 미디안에 눌러 사는 것이 낫다. 처가는 미디안 지역에서 부자이며 장인은 제사장까지 겸직한 지도자다. 어디에서도 대접받는다. 하지만 지금 집을 나서면 고생길이 훤하다. 모세의 마음도 불안했다. 그때 주께서 모세에게 이르셨다. 모세의 결심이 흔들리지 않도록 확신을 심어주는 말이다.

"모세야, 이집트로 돌아가기를 조금도 주저하지 마라. 너를 찾아 죽이려 했던 자가 지금은 죽고 없느니라."

40년 동안 모세의 목숨을 줄기차게 노려 왔던 파라오 투트모세 3세가 죽었다는 말이다. 그의 뒤를 이어 왕위에 오른 그의 아들 아멘호텝 2세는 20세를 갓 넘은 패기만만한 젊은 왕이었다. 그는 승마와 궁술에 있어 누구도 자신을 따를 수 없다고 뻐기고 자랑하는 교만한 왕이었다. 출애굽을 놓고 모세가 상대할 그 파라오였다.

모세는 아내와 두 아들을 나귀에 태우고 미디안 집을 떠났다. 게르솜은 제법 철이 들었고, 엘리에셀은 아직 어린아이였다. 모세는 하나님이 주신 지팡이를 손에 쥐고 앞으로 나갔다. 길을 가던 중 주께서 나타나 모세에게 말씀하셨다.

"모세야, 너는 이집트로 돌아가 파라오 앞에서 많은 이적을 보여라. 하지만 파라오의 마음이 아주 완고해서 내 백성을 순순히 보내주지 않을 것이다. 그러면 너는 파라오에게 말하라. "주께서 말씀하시기를 '이스라엘은 내 아들 곧 내 맏아들이다. 그러므로 너 파라오는 내 아들을 보내 나를 경배하게 하라. 만일 내 아들을 보내주지 않으면 내가 네 아들 곧 네 맏아들을 쳐서 죽이겠노라.' 하셨다 하라."

"네, 주님!"

모세가 이집트를 향해 계속 길을 가던 중 날이 저물었다. 하룻밤 묵으러 숙소로 들어갔다. 그런데 이게 웬일인가? 주께서 모세에게 나타나 갑자기 그를 죽이려 하시는 것이었다.

"아앗! 오, 주님! 어찌하여… 오, 어찌…?"

위기일발의 순간이었다. 그때 십보라가 재빨리 날카로운 차돌을 집어 엘리에셀의 생식기 포피(包皮)를 급히 잘랐다. 그런 뒤, 지체없이 모세의 발 앞에 그 포피를 던지며 다급하게 외쳤다.

"당신은 제가 피 흘려 얻은 남편입니다."

할례의 피로 새롭게 얻은 남편이란 뜻이다. 그러자 주께서 모세를 놓아주셨다. 갑작스럽게 일어난 이 상황은 도대체 무슨 영문인가. 그것은 십보라의 말대로 '할례' 때문이었다. 할례는 일찍이 하나님과 이스라엘의 조상 아브라함 사이에 맺은 언약의 징표다.

아브라함의 후손 된 이스라엘 백성들 중 새로 태어난 사내아이는 생후 8일째에 반드시 할례를 행해야 했다. 할례는 사내아이의 귀두 부분을 둘러싼 포피를 제거하는 시술 행위다. 이는 하나님의 백성으로 새롭게 태어남을 의미하는 필수적인 성별 의식이었다.

당시 모세는 둘째 엘리에셀이 출생한 지 8일이 훌쩍 넘었는데도 할례를 시행하지 않고 있었다. 그래서 하나님은 출애굽의 영도자가 되기 이전에 하나님의 백성으로 거듭 태어나는 할례의 소중함을 일깨워 주기 위해 강력한 경고를 하신 것이다.

어쨌든 십보라의 재빠른 조치로 인해 모세는 죽음의 위기를 모면했다. 이 일로 모세는 크게 깨닫고 온전히 맡은바 출애굽의 사명에 집중하기 위해 처자식을 미디안 친정집으로 돌려보내기로 했다. 함께 움직였다가는 앞으로 또 어떤 위험에 처하게 될지 모를 일이기 때문이다.

"아무래도 당신은 아이들을 데리고 친정집으로 돌아가야 할 것 같소."

"왜 그러세요? 우리는 당신과 같이 갈 거예요."

"지금 내가 가는 길은 왕궁 생활이 아니라 파라오와 대항하여 이스라엘 백성들을 탈출시켜야 하는 일이오."

"이미 알고 있어요."

"숱한 위기가 있을 것이오. 지금은 하나님께로부터 위기가 왔고, 하나님께서 사정을 봐주셔서 목숨을 구했지만 파라오는 인정사정없을 것이오. 나야 이미 동족을 위해 목숨을 바칠 각오가 되어 있지만, 당신이나 두 아들에게 무슨 일이라도 생기면 내가 언제 어떻게 무너질지 모르오. 그러니 집으로 돌아가 내 연락을 기다리시오."

"그렇지만, 여보…."

"내 말을 들으시오. 때가 되면 책임지고 당신을 다시 데리러 오겠소. 약속하오."

"알겠어요. 그럼, 부디 몸조심하시고…."

십보라는 두 아이를 데리고 돌아섰다. 눈물의 작별이었다. 모세는 처자식을 보내면서 두 주먹을 불끈 쥐었다.

마침내 모세가 이집트로 돌아가다 (4:27-31)

여기는 이집트 고센 땅. 하나님은 모세의 형 아론에게 나타나 말씀하셨다.

"아론, 너는 광야로 나가 네 동생 모세를 맞이하여라."

아론은 깜짝 놀랐다. 40년 동안 소식조차 없던 동생이다. 그동안 여러 나라로 장사를 다니는 대상들에게 모세의 소식을 물었다. 낯선 지역에서 이집트인을 만났다는 사람도 있어서 자세히 물으면 그 모양새가 모세는 아니었다. 그렇게 하기를 40년, 이름 모를 광야에서 죽었거니 하고 포기하고 살았는데 이제 와서 광야로 나가 모세를 만나라니, 이게 꿈인가 생시인가.

"오, 주님. 모세가 살아 있단 말씀입니까?"

"그렇다. 내가 그를 광야에서 출애굽 해방자로 키웠느니라. 그는 너희 민족의 구원자다. 내가 너희의 기도를 다 듣고 있었느니라."

"오, 감사합니다."

아론은 하나님이 떨기나무 불꽃 가운데서 모세에게 나타나셨던 하나님의 산, 곧 호렙산으로 가던 중에 모세를 만날 수 있었다. 둘은 형제임을 알아보고 서로를 끌어안고 감격을 나누었다.

▲ 모세의 소명과 이집트 귀환

“모세야! 그동안 어떻게 살았느냐?”

“잘 지냈습니다. 형님은 그동안 별고 없으셨어요?”

“그래, 나도 잘 지내고 있었다. 나는 네가 죽은 줄 알고 포기했었다.”

“저도 이렇게 살아서 형님을 다시 만날 줄은 기대하지 못했습니다.”

아론과 모세는 끌어안고 서로의 뺨에 입을 맞추었다. 모세 역시 오랜만에 만난 혈육을 얼싸안으며 감격했다. 둘은 한참 동안 기쁨을 나눈 뒤 그간의 경위를 이야기했다. 모세는 아론에게 하나님이 자신에게 나타나 이르신 모든 말씀을 전해주었다. 하나님이 행하라 하신 이적의 표징들도 속속들이 설명했다.

“오, 그래, 그랬었구나. 주님, 감사합니다. 이스라엘의 고통을 돌아보시고 이렇게 구원자를 보내주시다니.”

아론은 엎드려 하나님께 경배 드렸다. 형제는 궁금했던 일들을 서로 묻고 답하며 밤새도록 이야기꽃을 피웠다. 모세는 부모님이 세상을 떠나셨고, 미리암은 혼인하여 잘 살고 있다는 말을 들었다. 아론은 슬하에 아들이 넷이라고 했다.

이후 모세와 아론은 이집트 고센 땅으로 돌아가, 이스라엘 장로들을 모두 불러 모았다. 당시 장로들은 가문과 지파의 덕망 있는 자들로서 성읍의 지도자나 각 지파, 가문의 족장 역할을 했고 행정과 재판 등을 관할했다. 아론이 모세를 대신해서 이스라엘의 장로들에게 말했다.

“여러분, 마침내 우리 조상의 하나님, 곧 아브라함과 이삭과 야곱의 하나님께서 우리의 고통을 돌아보셨습니다. 우리를 이집트 땅에서 이끌어 조상들에게 약속하신 가나안 땅으로 인도해 들이실 것입니다. 그래서 하나님은 호렙산의 떨기나무 불꽃 가운데 모세에게 나타나 출애굽의 사명을 주셨습니다. 그리고….”

이때 모세는 장로들 앞에서 하나님이 보여주라고 하신 이적의 표징들을 보여주었다. 지팡이가 뱀으로 변하는 이적, 품속의 손이 나병에 걸렸다가 말끔히 치료되는 이적, 나일 강물이 피로 변하는 이적을 보여주었다. 그러자 장로들과 백성들은 모세와 아론을 믿었다.

"오, 마침내 우리의 부르짖음이 하늘의 주님께 닿았구나. 이제는 이집트의 종살이에서 벗어나 젖과 꿀이 흐르는 약속의 땅으로 들어가겠구나. 오, 주님, 감사합니다."

이스라엘 장로들은 주께서 자신들의 고통을 굽어 살피시고, 이제 이집트 땅에서 이끌어내실 것이라는 말을 듣고 모두 엎드려 주님께 경배 드렸다.

5

모세와 이집트 왕의 협상

모세와 아론이 이집트 왕 찾아가네
여호와가 내 백성 내보내라 하셨소
여호와가 누군지 나는 모른다
이집트 왕 파라오가 코웃음 치네

모세가 파라오에게 출애굽을 요구하다 (5:1-5)

이집트 왕 아멘호텝 2세는 자신을 태양신의 아들로 믿을 만큼 고집이 셌고, 교만하리만치 당당한 자신감이 온몸에 흘러넘쳤다. 모세와 아론은 초대장도 없이 불쑥 왕궁으로 들어가 파라오와 첫 대면을 한다.

"폐하, 저는 히브리 민족의 '모세'라 합니다. 이쪽은 제 형 '아론'입니다. 저도 한때는 왕자 신분이었습니다. 제 이름은 들어 보셨는지요?"

"그게 나와 무슨 상관이 있느냐? 나를 찾아온 용건을 말하라."

왕은 일부러 거드름을 부렸다. 자기보다 훨씬 연장자인데도 꿀리지 않으려고 내보이는 허세였다.

"이스라엘의 하나님이신 여호와께서 왕에게 전하라 하셨소. '내 백성을 내보내라. 그들을 내보내어 광야에서 여호와께 예배하게 하라' 하고 말입니다. 그러니 이스라엘 백성을 이집트 땅에서 내보내 주십시오."

"크하핫! 뭐라고? 지금 내게 무어라 했느냐? 이스라엘 백성을 내보내

달라고? 너희 신 여호와께 예배를 드린다고?"

파라오는 어처구니가 없다는 듯 경멸하며 반문했다.

"도대체 여호와가 누구냐? 왜 내가 여호와의 말에 복종하여 히브리인들을 내보내야 하느냐?"

"네! 우리 주님 여호와께서 분명 그렇게 말씀하셨습니다. 우리는 여호와의 말씀을 전하는 대리인에 불과합니다."

"그만하라! 나는 여호와가 어디서 굴러온 신인지 모른다. 히브리 노예 민족의 하찮은 신 따위엔 관심조차 없다. 허튼 소리 하지 마라. 나는 이스라엘 백성을 결코 보내주지 않을 것이다. 살고 싶거든 내 앞에서 썩 물러가라!"

그러나 모세와 아론은 물러나지 않았다. 더욱 당당하고 분명하게 파라오에게 말했다.

"우리 민족은 광야로 사흘 길을 나아가 주님께 희생 제사를 드려야 합니다. 그러니 허락해 주십시오. 그러지 않으면 여호와께서 이집트 땅에 무서운 재앙을 쏟아 부으실 것입니다."

"뭐라? 감히 나에게 겁을 주는 것이냐? 참으로 가소롭다. 너희가 어찌하여 내 노예들을 끌고 나가려 하느냐? 당장 물러가 너희 할 일이나 하라."

파라오가 자신의 보좌를 손으로 내리치며 벌떡 일어나더니 말을 이었다.

"너희 눈으로 똑똑히 보아라. 이 땅에 사는 너희 민족이 얼마나 많이 불어났느냐? 그들은 이집트의 충실한 노예들이다. 그런데도 너희는 노예들에게 여러 날 동안 일을 시키지 말라는 것이냐? 참으로 겁이 없는 자들이로다."

하나님께서 모세에게 미리 일러주신 그대로였다. 마음이 교만하고 강퍅한 파라오는 코웃음을 치며 모세의 요구를 묵살해 버렸다.

파라오가 이스라엘 백성을 한층 핍박하다 (5:6-23)

"가소로운 것들! 저 천한 것들이 배부르고 살 만하니 저런 요구나 하는 거야. 여호와는 무슨 얼어죽을 여호와! 다시는 그따위 말이 나오지 않도록 내 따끔한 맛을 보여주마!"

파라오는 그 날로 공사 현장에서 히브리 노예들을 부리는 이집트 감독관들과 십장들에게 엄하게 명령했다.

"모두 들어라. 이제부터 히브리 노예들에게 벽돌 만드는 데 쓰이는 짚을 공급해 주지 마라. 저마다 자기가 쓸 짚을 직접 구해 오게 하라. 그렇지만 벽돌 수효는 이전과 똑같아야 한다. 알겠느냐?"

"네, 폐하!"

"이전보다 단 한 개라도 양이 줄어들지 않게 하라. 그들은 게으르다. 게을러 터져서 자기들의 신께 예배를 드리러 가겠다고 아우성치고 있다. 그러니 더욱 일을 시키라. 더 혹독하게 시켜 거짓된 소리에 귀 기울일 겨를이 없게 하라. 알아들었느냐? 만일 소홀히 하면 너희부터 책임을 묻겠다!"

몹시 성난 파라오의 엄명이었다. 당시 이집트에서는 벽돌의 내구성을 높이기 위해 찰진 진흙에 곡식 줄기나 그 밑동을 잘라 넣고 왕겨를 섞었다. 이때 사용되는 짚을 지금까지는 관할 성읍에서 공급해 주었다. 그러나 이제부터는 각자 알아서 짚을 구해 벽돌을 만들되, 그 수효는 이전과 동일하게 하라는 명령이었다. 이전보다 두 배 이상의 중노동이 요구되는 가혹한 명령이었다. 파라오의 엄명을 전달받은 이집트 노예 감독관들과 십장들은 공사 현장으로 달려가 그 사실을 공포했다.

"모두 들어라! 파라오께서 명하시기를 이제부터는 벽돌 만드는 데 쓰이는 짚을 공급해 주지 말라고 하셨다. 그러나 벽돌 만드는 수효는 이전과 동일하게 하라고 하셨다. 그러니 이제부터 각자 알아서 짚을 구해 와 벽돌을 만들어야 한다. 벽돌 생산량은 단 한 개라도 줄어들면 안 된다. 당장 그리 하여라!"

"아, 어찌 그럴 수가…. 지금도 힘들어 죽을 지경인데 이제 어쩌라고…. 우리더러 죽으라는 말인가!"

히브리인 노동자들은 탄식했다. 그러나 탄식만 하고 있을 수도 없었다. 십장들의 채찍이 쉴 새 없이 날아들었기 때문이다. 짚까지 주워 벽돌을 만들려면 촌각이 아쉬웠다. 그들은 고센 땅 전역으로 흩어져 짚으로 쓸 곡식 줄기와 그루터기를 모으기에 바빴다. 정신없이 바쁘게 손발을 움직였지만 감독관들은 계속 다그쳤고 십장들은 수시로 채찍을 휘두르며 닦달했다.

"이 굼벵이들아, 꾸물대지 말고 더 빨리 움직여라! 짚이 공급되던 때와 똑같이 하루 할당량을 반드시 채우란 말이다."

파라오의 감독관들은 자기들이 뽑은 히브리인 십장들까지 매질하며 닦달했다.

"너희는 밑엣것들을 어찌 다루었기에 어제와 오늘 벽돌 할당량을 채우지 못했느냐?"

"감독관님, 저희들로서는 최선을 다하고 있지만 짚까지 구해 벽돌을 만드느라 워낙 시간이 촉박해서 어쩔 수가 없었습니다. 아무래도 더는 무리입니다. 제발 사정 좀 봐주십시오."

"뭣이라? 이것들이 아직도 정신을 차리지 못했구나. 어림도 없다. 할당량을 채우지 못하면 집에 돌아갈 생각일랑은 아예 하지도 마라!"

이집트 감독관들과 십장들은 더욱 세차게 채찍을 휘두르며 미친 듯이 일을 채근했다. 그들도 더 높은 상관들에게 계속 독촉 받는 상황이었기 때문이다. 히브리인 십장들은 일이 크게 잘못 돌아가고 있다는 느낌을 받았다. 상식을 뛰어넘는 중노동이었기 때문이다. 그래서 그들은 함께 모여 상의한 끝에 파라오에게 찾아가 호소하기로 했다. 파라오가 작업 현장의 실제 사정을 잘 알지 못한다고 생각한 것이다.

"폐하, 폐하께서는 어찌하여 종들을 이토록 가혹하게 다루십니까? 노예 감독관들은 저희들에게 짚조차 주지 않으면서 벽돌의 수효를 예전처럼 똑같이 채우라고 합니다. 종일 최선을 다해 일하지만 저희에게 돌아오는 것은 채찍뿐입니다. 폐하께서 이런 폐단을 바로잡아 주소서."

"뭣이라? 이 게으른 놈들! 감히 내게 너희 신께 제사드릴 수 있도록 광야로 내보내 달라고? 그렇게 배부르고 한가하더냐? 허튼소리 하지 마라. 너희는 돌아가서 일이나 해라. 짚은 계속 공급되지 않을 것이다. 벽돌 수효는 단 한 개도 줄어서는 안 된다. 썩 물러가라!"

'아, 우리가 파라오에게 밉보였구나. 이제는 죽었구나. 앞으로 어찌 살아갈까?'

파라오의 궁에서 물러난 히브리인 십장들은 자신들이 큰 곤경에 빠졌음을 알아차렸다. 모든 것이 파라오의 뜻이었음도 알았다. 앞날이 캄캄하고 막막했다. 이대로 버티다가는 모두가 죽어나갈 판국이었다.

히브리 노예들은 우선 뜨거운 태양 아래에서 모래바람을 맞으며 곡초 줄기를 베어 온다. 그것을 3-5cm 크기의 짚으로 잘게 썬 뒤에 진흙과 이겨 벽돌 모양으로 만든 다음, 햇볕에 말리고 불에 구워 정해진 그날의 벽돌 수효를 채워야 했다. 그런 작업은 이전에 짚을 공급받을 때에 비해 두 배 이상의 시간과 노역이 드는, 실로 가혹한 중노동이었다.

궁에서 물러난 히브리인 십장들이 크게 낙담하고 한탄하며 돌아가고 있는데, 때마침 길에 서 있던 모세와 아론을 만났다. 그들은 잘 만났다는 듯 모세와 아론에게 불평을 터뜨리며 비난했다.

"모세와 아론, 주께서 당신들에게 벌주시고 심판하시길 바라오. 당신들은 어째서 우리를 충동질한 것이오? 언제 우리가 광야로 나가 여호와께 예배드리고 싶다고 했소? 일 잘하고 있는 우리를 왜 되지도 않을 일로 들쑤신 것이오? 어째서 우리를 파라오의 눈 밖에 나게 만들었느냔 말이오. 당신들은 우리를 죽이라고 파라오의 손에 칼을 쥐어준 셈이오.

이제 이 사태를 대체 어쩔 셈이오?"

"자, 자, 모두 진정들 하시오. 분명 하나님의 뜻이 있을 겁니다. 내가 주님께 물어보겠소. 주님의 답변을 기다리도록 하시오."

성난 히브리인 십장들을 좋은 말로 겨우 달래긴 했지만 정작 모세 자신부터 너무 괴로웠다. 되지도 않을 일에 뛰어든 것이 후회스러울 지경이었다. 괜히 벌집만 건드린 꼴이다. 그래서 모세는 하나님을 향해 불평과 원망을 쏟아냈다.

"주여, 지금 보고 계십니까? 어찌하여 이토록 고난을 겪게 하십니까? 무엇 때문에 저를 이 백성에게 보내셨습니까? 저는 파라오를 찾아가 여호와의 이름으로 말했습니다. 그런데 이게 어찌된 일입니까? 파라오가 주의 말씀을 듣기는커녕 이전보다 더욱더 곤경에 빠뜨리고 있습니다. 그런데도 주께서는 주의 백성을 구해낼 생각을 하지 않으십니다. 그러면 저더러 어떡하란 말입니까?"

6

모세의 낙담

모세야, 아직 낙담하기엔 이르다
난 아브라함과 이삭과 야곱의 하나님
내가 이제 강한 손을 휘둘러
파라오에게서 내 백성 구하리라

하나님이 다시금 출애굽을 약속해 주시다 (6:1-13)

하나님이 모세에게 이르셨다.

"모세야, 힘을 내라. 너는 내가 파라오에게 어떻게 하는지 똑똑히 보아라. 이제부터 내가 파라오에게 강한 손을 휘두를 것인즉, 그제야 파라오가 내 백성을 자기 땅에서 내보내줄 것이다."

하나님은 지치고 낙담한 모세를 위로하고 격려하면서 다시금 용기를 북돋워 주셨다.

"나는 여호와다. 일찍이 나는 아브라함과 이삭과 야곱에게 가나안 땅을 주겠노라고 약속했다. 그리고 내 백성의 신음소리를 듣고 너를 구원자로 세웠노라."

모세는 호렙산의 떨기나무에 붙었던 불을 생각했다. 차라리 주께서 불붙는 형상으로 나타나서 그들에게 말씀하신다면 그들은 더 잘 알아듣고 용기를 얻을 것이다. 그러나 하나님은 그들에게 모습을 드러내지 않으셨다. 대신에 전할 말을 주셨다.

"모세야! 너는 네 동족에게 이렇게 전하라!"

"네, 주님. 말씀하옵소서!"

"나는 여호와다. 이제 내가 팔을 뻗쳐 권능의 심판으로 너희를 구해낼 것인즉, 이집트 사람들의 멍에에서 벗어나게 되리라. 나는 너희를 내 백성으로 삼아 너희 하나님이 될 것이다. 일찍이 아브라함과 이삭과 야곱에게 주겠노라 맹세했던 땅으로 너희를 데려가 너희의 기업으로 주겠노라."

"네, 주님. 말씀하신 대로 전하겠습니다."

하나님의 격려와 약속에 힘입어 모세는 다시금 마음을 다잡고 하나님이 이르신 말씀을 이스라엘 백성들에게 그대로 전했다. 그러면서 이렇게 말했다.

"동족 여러분! 지금 상황에서 너무 낙담할 필요는 없습니다. 하나님께서 움직이신다 하셨으니 조금만 참읍시다."

"그만두시오. 또 무슨 말로 우리를 충동질하려는 것이오? 지금 우리가 받는 핍박도 모자라 대체 뭘 더 어떻게 하겠다는 것이오? 다 듣기 싫소!"

히브리 동족은 모세의 말을 귀담아 들으려 하지 않았다. 혹독한 중노동에 시달려 크게 낙심한 데다 그런 사태를 야기한 모세에게도 단단히 화가 나 있었기 때문이다. 동족의 거부와 배척에 다시 실망한 모세가 번민할 때에 주께서 말씀하셨다.

"모세야, 너는 파라오에게로 가서 이스라엘 백성을 이 땅에서 내보내라고 하여라."

"오, 하나님, 보소서. 제 동족조차 제 말을 믿지 않고 듣지 않는데 하물며 이집트 왕이 제 말을 듣겠습니까? 저는 정말 말주변이 없는 사람인가 봅니다."

"아니다, 모세야! 너는 힘을 내어 네 사명을 감당하여라."

모세와 아론의 족보가 소개되다 (6:14-30)

성경을 보면 구속사의 분기점에 이를 때마다 종종 족보가 소개된다. 여기서도 마찬가지다. 이제 구속사의 일대 분수령을 이루는 출애굽 사건이 본격적으로 전개되기에 앞서, 출애굽 운동의 두 주역인 모세와 아론의 족보가 소개된다.

모세와 아론은 출애굽 과정뿐 아니라 그 후에 전개되는 이스라엘 역사에서 아주 중요한 역할을 감당한다. 모세는 이스라엘의 최고 지도자로서 하나님께 율법을 받아 백성들에게 전달하는 중재자로 활약하고, 아론은 이스라엘의 초대 대제사장이 되어 제사장 직분의 시조가 된다. 이처럼 둘은 이스라엘이 하나님의 신정(神政) 국가로 우뚝 서는 데 결정적인 역할을 감당한다.

모세와 아론의 조상은 이러하다. 야곱의 셋째 아들 레위는 세 아들을 두었다. 태어난 순서대로 장남 게르손, 차남 고핫, 삼남 므라리다. 레위는 137세를 살았다.

레위의 장남 게르손은 두 아들을 두었다. 립니와 시므이가 그들이다. 레위의 차남인 고핫은 네 아들을 두었다. 아므람, 이스할, 헤브론, 웃시엘이다. 고핫은 133세를 살았다. 레위의 3남인 므라리의 아들들은 마흘리와 무시다. 이들이 레위 가문을 이루었다.

레위의 손자이며 고핫의 장남인 아므람은 자신의 고모뻘 되는 요게벳과 혼인하여 아론과 모세를 낳았다. 아므람은 137세를 살았다. 고핫의 차남인 이스할은 세 아들을 두었는데 고라, 네벡, 시그리가 그들이다. 그리고 고핫의 4남인 웃시엘의 아들들은 미사엘, 엘사반, 시드리다.

모세의 형인 아론은 암미나답의 딸이자 나손의 누이인 엘리세바와 혼인하여 네 아들을 낳았다. 그들의 이름은 이러하다. 장남 나답, 차남 아비후, 3남 엘르아살, 4남 이다말. 고핫의 손자이며 이스할의 장남인 고라는 세 아들을 두었다. 앗실, 엘가나, 아비아삽. 이들은 고라 가문을 이루었다. 아론의 셋째아들 엘르아살은 부디엘의 딸 가운데 한 명과 혼인하여 비느하스를 낳았다.

하나님은 레위 가문 중 아므람과 요게벳 사이에서 태어난 모세와 아론을 선택하여 그들에게 출애굽의 사명을 주셨다. 그래서 하나님의 소명에 응하여 이집트의 파라오에게 나아가서 이스라엘 백성을 이집트 땅에서 내보내달라고 말한 이들도 모세와 아론이었다.

7

모세의 지팡이 이적

파라오 앞에 지팡이를 던지자
아론이 던진 지팡이는 뱀이 되네
이집트 마술사들도 지팡이 던지지만
아론의 지팡이가 꿀꺽 삼켜 버리네

모세와 아론이 두 번째로 출애굽을 요구하다 (7:1-13)

하나님께서 모세에게 말씀하셨다.

"모세야, 내가 명하는 것을 아론에게 말하여라. 그러면 아론은 파라오에게 이스라엘 백성을 이집트 땅에서 내보내라고 말할 것이다. 물론 파라오는 말을 듣지 않을 것이다. 그때에 내가 손을 들어 이집트 땅에 두려운 심판을 내리겠노라."

그 말에 모세는 속으로 생각했다.

'하나님, 잘 생각하셨습니다. 이집트 왕은 말로는 안 됩니다. 무시무시한 재앙을 보여주지 않으면 절대로 고집을 꺾지 않을 것입니다. 그러니 일을 빨리 끝내려면 아주 무서운 재앙을 내리셔야 합니다.'

하나님은 계속해서 말씀하셨다.

"그렇게 내가 손을 뻗어 파라오를 호되게 내리친 후에야 파라오와 이집트 사람들은 비로소 내가 '여호와'란 사실을 알게 될 것이다. 그제야 파라오는 내 백성을 내보낼 것이고, 나는 내 백성이며 나의 군대인 이스라엘 사람들을 이집트 땅에서 이끌어낼 것이다."

모세와 아론이 파라오에게 주의 말씀을 전할 당시에 모세는 80세였고, 아론은 83세였다. 모세의 초반부 40년은 이집트 궁중에서 이집트 왕자로 보냈고, 중반부 40년은 미디안 땅에서 양 떼를 돌보는 목부(牧夫)로 보냈다. 이제 후반부 40년은 출애굽의 영도자로 보낼 것이었다. 하나님의 말씀은 계속 이어졌다.

"너희가 내 이름으로 파라오 앞에 서면 그는 이적을 보이라고 요구할 것이다. 그러면 아론에게 지팡이를 왕 앞에 던지라고 하라. 그 지팡이가 뱀으로 변할 것이다."

그랬다. 당시 이집트 땅에서는 누구든지 신의 이름으로 말하는 사신(使臣)은 자신을 보낸 신의 능력을 나타내 보임으로써 그 신의 사신이라는 사실을 입증해야 했다. 그래서 파라오는 모세와 아론을 보낸 그 신의 능력을 나타내 보이라고 요구할 터였다. 모세와 아론이 다시 이집트 궁중으로 나갔을 때, 예상대로 파라오는 교만하게 말했다.

"너희를 내게 보낸 신이 '여호와'라고? 그 신은 도대체 어떤 잡신이냐? 그런 듣지도 보지도 못한 잡신에게도 능력이 있긴 있느냐? 만일 있다면 내게 나타내 보여라."

파라오는 이스라엘의 신 여호와에 대하여 한껏 비웃고 경멸했다. 그러자 모세와 아론은 파라오 앞에서 하나님이 명하신 대로 행했다. 모세에게서 지팡이를 건네받은 아론이 왕과 신하들 앞에 지팡이를 홱 던지자 그 지팡이가 꿈틀꿈틀 살아 있는 뱀으로 변했다.

"흥! 고작 그 정도란 말이냐?"

파라오는 대수롭지 않다는 듯 코웃음을 치며 궁중의 마술사들을 불러들였다. 마술사들도 눈속임 비법을 써서 똑같은 일을 행했다. 마술사들이 중얼중얼 주문을 외우며 저마다 자기 지팡이를 던지니 그 지팡이들이 뱀이 되었다.

"핫핫핫, 잘 보았느냐? 그따위 술수는 얼마든지 내 마술사들도 행할 수 있다."

그런데 왕이 말을 마치기도 전에 놀라운 일이 벌어졌다. 아론의 뱀이 이집트 마술사들의 뱀들을 전부 삼켜버리는 것이 아닌가!

"아니, 저, 저런!"

파라오의 낯빛이 순간 일그러졌지만, 이내 마음이 완고해져서 모세의 요구를 받아들이지 않았다. 주께서 모세에게 말씀하신 대로였다.

첫 번째 재앙 : 나일 강물이 피로 변하다 (7:14-25)

이집트 사람들에게 나일강은 생명의 젖줄이다. 매년 강물이 범람하여 주변 일대에 기름진 옥토를 만들어 주기 때문이다. 이집트 사람들은 나일강을 신성시 여겼고 우상화하여 섬겼다. 나일강의 수호신 하피(Hapi)를 해마다 정성껏 예배하며 섬겼다. 심지어 나일강에 사는 고기들까지 숭배의 대상으로 삼았다.

파라오는 정기적으로 나일강을 숭배하는 제사를 국가적 행사로 드렸다. 아침에도 나일강에 나가 강을 수호하는 여러 신들에게 종교 의식을 행하는 것으로 업무를 개시했다. 이런 배경이 있었기에 하나님은 모세에게 말씀하셨다.

"모세야, 파라오가 고집을 꺾지 않고 내 백성을 내보내지 않는구나. 너는 내일 아침에 나일강으로 가라. 제방에서 기다리고 있으면 왕이 나올 것이다. 파라오를 보거든 그에게 경고한 후에 네 지팡이로 강물을 내리쳐라! 꼭 지팡이를 갖고 가는 것을 잊지 마라."

"네, 주님. 제가 어찌 이 지팡이를 놓고 다니겠습니까?"

"모세야! 그 지팡이로 나일 강물을 내리치면 강물이 피로 변할 것이다. 강의 물고기들은 죽어 나갈 것이고 강물에서는 악취가 코를 찌를 것이다.

그러면 이집트 사람들은 강물을 마시지 못하게 될 것이다."

하나님께서 보일 재앙은 첫 번째부터 끔찍했다. 생명의 젖줄인 나일강이 죽음의 시뻘건 피로 변할 것이라는 무시무시한 재앙이었다.

"모세야, 아론에게 지팡이를 넘겨주어 이집트 땅에 있는 모든 물을 향해 손을 펴게 하라. 강이나 수로나 연못 위로, 물이 고여 있는 모든 곳 위로 그의 손을 펴게 하라. 그러면 이집트의 모든 물이 피로 변할 것이다. 나무 그릇이나 돌항아리에 담겨 있는 물까지도 전부 피로 변할 것이다."

너무도 충격적인 재앙 예고였다. 모세는 제대로 잠을 청할 수가 없었다.

다음날, 모세와 아론은 강가로 나가 주께서 명하신 대로 행했다. 파라오에게 경고한 후에 지팡이를 들어 강을 내리치니 일제히 강물이 시뻘건 피로 변했다. 물고기들이 허옇게 배를 드러내며 떠올랐고, 얼마 지나지 않아 죽은 물고기들의 썩는 냄새가 코를 찔렀다. 나일강만 아니라 이집트 땅의 다른 물들도 피로 변했다. 이집트 사람들은 물을 얻으려고 부랴부랴 우물을 팠다.

성경의 이런 이적이 너무도 놀랍기에 어떤 이들은 저녁 무렵에 태양의 붉은 빛이 나일강에 비치어 잠시 강물 빛깔이 핏빛으로 보였을 뿐이라고 해석하기도 한다. 어떤 이들은 멀리 에티오피아 지방에서 붉은 진흙을 씻어 내린 물이 때마침 나일강에 흘러들어 그처럼 핏빛으로 보였을 것이라고 추측하기도 한다. 매년 나일강의 정기적인 범람 후 일시적으로 나타나는 강물의 황토색 현상에 불과한 것이라고 해석하기도 한다.

모두 하나님의 초자연적인 이적을 부정하는 해석이다. 만일 그렇다면, 물고기들이 떼죽음을 당하고 마실 물이 없어 땅 속의 물을 찾아 나선 이집트 사람들의 행위는 어떻게 설명할까. 나일 강물이 피로 변한 것은 시각적 착각이나 일시적인 변색 정도가 아니다. 하나님의 진노의 재앙이고, 초자연적인 이적 현상이다.

"아니? 이럴 수가? 어떻게, 어떻게 나일강물이…."

나일 강물이 피로 변한 이적을 목격한 파라오는 매우 놀라고 당황했다. 그런데 이때 이집트 마술사들도 그들 나름의 마법을 써서 소량의 물을 핏빛처럼 보이게 만드는 술수를 부렸다. 그걸 보고 파라오는 마음이 다시 강퍅해졌다.

"내 밑에서 종살이나 하는 히브리 민족의 하찮은 신 따위가 어찌 신성한 나일강을 피로 물들일 수 있단 말인가? 나는 결코 이스라엘 백성들을 내보내지 않겠다. 내 앞에서 당장 물러가라!"

파라오는 자신의 눈으로 목격하고도 그걸 인정하려 들지 않았다. 파라오는 모세와 아론을 쫓아내고 그들의 말에 귀 기울이지 않았다. 주께서 말씀하신 대로였다. 파라오는 강에서 발길을 돌려 잔뜩 성난 표정을 지으며 왕궁으로 돌아갔다.

강물을 마실 수 없게 된 이집트 사람들은 마실 물을 얻기 위해 강가 여기저기에 우물을 파기 시작했다. 하지만 물이 부족하거나 없어서 사방에서 난리가 났다.

주께서 나일강을 치신 지 이레가 지났다.

8

개구리, 이, 파리 재앙

개구리 떼가 이집트 땅을 뒤덮어도
온 먼지가 이로 변해 달려들어도
파리 떼가 윙윙거려 못살게 굴어도
파라오의 강퍅한 마음 꺾일 줄 모르네

두 번째 재앙 : 개구리 떼가 이집트 온 땅을 뒤덮다 (8:1-15)

나일 강물이 피로 변한 지 8일째 되는 날, 주께서 모세에게 말씀하셨다.

"모세야, 파라오에게 경고하여라. '주께서 명하셨다. 내 백성을 내보내 주께 예배드리게 하라. 그렇게 하지 않으면, 개구리 떼가 이집트 온 땅을 뒤덮을 것이다. 개구리 떼가 몰려다니며 너와 네 백성과 네 신하들을 괴롭힐 것이다.' 하라!"

두 번째 재앙은 개구리 재앙이었다. 아론이 지팡이 든 손을 뻗치자 난데없이 물마다 개구리가 떼 지어 올라와 이집트 온 땅을 뒤덮었다.

개골개골 개골개골…. 사방이 온통 개구리 천지였다. 개구리는 늪이나 물 가까이에 서식하는 것이 습성인데, 이때의 개구리는 집 안으로 폴짝폴짝 뛰어 들어왔다. 거실과 식탁은 물론이고, 침실 안까지 들어와 득실거렸다. 개구리들이 손에 닿고 발에 걸렸다. 개구리들도 문제였지만 밤낮 쉬지 않고 개골개골 울어대는 소리에 정신이 혼미할 지경이었다.

예부터 이집트인들은 개구리가 산업과 가정을 풍요롭게 해주는 길한 동물로 믿었다. 강이 범람한 직후에 많은 개구리가 비옥한 토지 위로 꾸역꾸역 기어 올라왔기 때문에 농토의 비옥함이 개구리들과 관련된다고 짐작한 것이다. 그래서 이집트 사람들은 머리가 개구리 형상인 헤크트(Heqt)라는 우상을 섬겼다. '헤크트'는 '100만'이라는 뜻인데 그만큼 개구리를 풍요와 다산(多産)을 상징하는 동물로 신성시했다.

그러나 이제는 달라지고 말았다. 이집트 사람들에게 큰 복을 갖다준다면서 신으로 숭배하던 개구리들이 지금 엄청난 고통을 안겨주고 있었다. 하나님께서 개구리 떼 재앙을 내리신 것은 그들의 우상이 얼마나 부질없고 헛된 것인가를 알려주시기 위함이다.

이집트 마술사들도 눈속임수로 개구리 몇 마리를 어디선가 나오게 하여 폴짝폴짝 뛰게 만들었다. 정말 쓸데없는 짓이었다. 그들이 참된 마술사라면 사람들을 괴롭히는 개구리 떼가 없어지게 하는 마법을 펼쳤어야 마땅하다. 하지만 그들은 안 그래도 온통 득실거리는 개구리 떼에 몇 마리를 더 보탰을 뿐이다.

개골개골 개골개골…. 사방에서 득실거리는 개구리 떼와 그것들의 쉼 없는 울음소리로 이집트 온 땅에 고통의 부르짖음과 원성이 자자했다. 그러자 파라오가 모세와 아론을 급히 불러 말했다.

"너희는 개구리 떼가 물러가도록 너희 신께 빌어라. 그러면 나도 너희 신에게 제사드릴 수 있도록 이스라엘 백성들을 내보내 주겠다."

"좋습니다. 더는 고통당하지 않도록 개구리 떼를 강과 물에만 머물도록 여호와께 빌겠습니다. 그럼, 제가 언제 여호와께 간구하면 되겠습니까?"

개구리 떼를 물러나게 하는 기한을 파라오에게 물은 것은 개구리 떼의 출현이 우연이나 자연현상이 아니라 하나님의 재앙으로 인한 기적적인 현상임을 확실히 보여주기 위함이었다.

"내일, 내일이다. 내일 너희 신께 빌어 개구리 떼가 전부 물러나게 하여라."

파라오가 당장이 아니라 내일로 말한 것은 혹시 밤사이에라도 개구리 떼가 자연적으로 물러가지 않을까 하는 막연한 기대감 때문이었다. 파라오는 끝까지 여호와의 기적을 인정하기 싫었던 것이다. 그러자 모세가 말했다.

"알겠습니다. 제가 내일 여호와께 기도하면 개구리 떼는 다시 강과 물로 돌아갈 것입니다. 그러면 폐하께서는 우리 하나님이신 여호와 같은 분이 없다는 사실을 분명히 알게 되겠지요. 폐하께서는 반드시 약속을 지키십시오."

"알았다. 약속하겠다. 여호와께 제대로 빌기나 하여라."

그렇게 다짐받은 모세와 아론은 파라오에게서 물러나왔다. 밤이 지나고 이튿날이 되자 모세는 주께 간구했다. 개구리들은 떼를 지어 물러갔고 더러는 집에서, 마당에서, 들판 곳곳에서 죽어 갔다. 개구리 사체들이 무더기로 쌓여 썩는 냄새가 이집트 온 땅에 진동했다. 이집트 사람들이 신성하게 여겼던 우상의 실체가 적나라하게 드러난 것이다.

'흥! 내가 쉽게 히브리 놈들을 놓아줄 줄 알았더냐. 어림도 없지. 노예 하나의 몸값이 얼만데 수백만 노예들을 이대로 놓아줄 순 없어.'

한 고비를 넘기게 되자 파라오는 다시 마음이 강퍅해졌다. 언제 약속했느냐는 듯 모세와 아론의 말을 듣지 않았다. 주께서 말씀하신 그대로였다.

세 번째 재앙 : 땅의 티끌이 각다귀로 변하다 (8:16-19)

"모세야, 지팡이를 들어 땅에 있는 티끌을 쳐라. 이집트 온 땅의 티끌이 모두 각다귀로 변할 것이다."

파라오가 약속을 어기자, 이번에는 사전 경고도 없이 세 번째 재앙이 즉각 시행되었다. 히브리어로 '킨님'이라 불리는 이집트의 각다귀는 모기의 일종이다. 모기와 유사하지만 다리가 더 길고 몸집은 더 작으며 특히 쏘는 힘이 강하다. 이것들은 사람의 옷 속이나 눈과 콧등까지 파고들어 마구 쏘아대기 때문에 참기 힘든 고통을 준다.

아론이 모세의 지팡이를 잡고 손을 뻗어 땅의 티끌을 내리쳤다. 그러자 이집트 땅에 있는 티끌들이 죄다 각다귀로 변해 사나운 공격성을 띠고 사람과 가축에게 마구 달려들었다.

엥~ 엥~ 엥~ 엥~ 엥~. 작은 각다귀들이 마치 여름밤의 하루살이처럼 서로 엉겨 붙어 사람들과 가축들에게 쉴 새 없이 달려들었다. 달려드는 각다귀 떼로 눈을 뜰 수 없을 지경이었다. 저마다 팔을 허우적거리고 고통의 비명을 지르며 괴로워했다. 가축들은 미친 듯이 길길이 날뛰었다. 그렇게 날뛰다가 제풀에 흥분하여 거품을 물고 죽기도 했다.

파라오가 이집트의 마술사들에게 명했다.

"너희들도 한번 그렇게 해보아라."

하지만 마술사들은 이번에는 비슷한 흉내조차 내지 못했다. 그러는 사이에 각다귀 떼는 이집트 온 땅을 휩쓸고 다니며 사람들과 가축들에게 미칠 것 같은 고통을 안겨주었다. 그러자 이집트의 마술사들이 잔뜩 주눅 든 목소리로 파라오에게 아뢰었다.

"폐하, 이런 일은 사람으로서는 할 수 없습니다. 오직 신만이 할 수 있는 일입니다. 아무래도 히브리 민족의 신은…."

"집어치워라! 지금 너희들까지 헛소리를 해대는 것이냐? 썩 물러가라! 쓸모없는 작자들 같으니라고."

파라오는 궁색하게 말하는 마술사들을 궁에서 쫓아냈다. 그는 여호와의 재앙을 똑똑히 목격하고도 마음이 강퍅하여 모세와 아론의 말을 듣지 않았다. 주께서 말씀하신 그대로였다.

네 번째 재앙 : 파리 떼가 들끓다 (8:20-32)

하나님께서 모세에게 말씀하셨다.

"모세야, 너는 아침 일찍 강가로 나가서 파라오를 만나 이렇게 전하라. 이스라엘 백성을 내보내지 않으면 이집트 온 땅에 파리 천지가 된다고 말하라. 다만 히브리인들이 사는 고센 땅에는 파리 한 마리도 날아들지 않을 것이다. 그래야 나 여호와가 이 모든 재앙을 주관한다는 것을 파라오가 알 것이다."

파리 떼 재앙이 이집트 마을에만 임하고 히브리인들이 사는 고센 땅에는 임하지 않을 것이라는 이 말은, 재앙의 출처가 자연적인 것이 아니라 하나님의 손길임을 분명히 보여준다. 모세는 그대로 따랐다. 아침 일찍 나일 강가로 나가 파라오를 만난 뒤 하나님의 말씀을 전했다.

"파리 떼? 이번에는 무슨 엉터리 조화를 부리려는 수작이냐?"

파라오는 콧방귀를 끼며 들은 체도 않고 모세를 물리쳤다. 그러자 하나님이 예고하신 대로 파리 떼 재앙이 이집트 온 땅에 임했다. 히브리어로 '아로브'라 불리는 이 파리는 일반 집파리가 아니라 특별한 종류의 개파리(dog-fly)를 가리킨다. 떼 지어 몰려다니면서 진드기처럼 가축이나 사람에게 착 달라붙어 쏘듯이 피를 빤다. 또 디프테리아, 안질, 악성 종기 등 각종 질병을 일으키는 아주 고통스러운 곤충이다.

이런 개 파리 떼가 파라오의 왕궁은 물론 이집트 사람들의 집으로 무수히 날아들었다. 사람들과 가축들도 심히 괴롭혔지만 옷과 가죽 물건, 가구와 세간과 식료품 등에도 마구 달라붙어 아무짝에도 쓸모없게 만들었다. 이집트 땅은 개 파리 떼 때문에 폐허가 되다시피 했다. 참다못한 파라오가 모세와 아론을 불러들여 항복했다.

"좋다. 좋다. 허락하겠다! 너희는 함께 모여 너희 신 여호와에게 예배를 드려도 된다. 다만 너희는 이 땅 안에서 너희 신께 희생 제사를 드리도록 하라."

"폐하, 그렇게는 할 수 없습니다. 우리가 이집트 사람들이 보는 앞에서 짐승을 잡아 희생 제사를 드린다면, 그들은 격분하여 우리를 돌로 칠 것입니다."

당시 이집트 사람들은 각종 짐승을 우상으로 만들어 놓고 숭배 대상으로 삼았다. 악어의 머리 형상을 지닌 소보크(Sobok), 따오기 형상을 지닌 토트(Thoth), 매의 형상을 지닌 호루스(Horus), 재칼의 형상을 지닌 아누비스(Anubis), 숫양의 머리 형상을 지닌 아문(Amun), 그리고 힘과 생명을 주는 신으로 이집트 사람들이 가장 숭배하던 황소 형상의 아피스(Apis) 등이다.

이집트 사람들이 볼 때 자신들의 땅에서 종살이하는 히브리 민족이 그처럼 신성한 소나 염소나 양을 죽여 그 고기로 희생 제사를 드린다면 걷잡을 수 없는 폭력 사태가 발생할 수도 있었다. 모세는 그 점을 파라오에게 지적한 것이다.

"폐하, 그러므로 우리는 여호와께서 명하신 대로 이집트 국경에서 사흘 길쯤 떨어진 광야로 나가서 희생 제사를 드려야 합니다."

"그래? 그렇다면 좋다. 너희를 보내 주겠다. 너희는 광야로 나가 희생 제사를 드려라. 하지만 너무 멀리 나가서는 안 된다. 자, 되었느냐? 이제는 이 파리 떼를 이집트 땅에서 전부 없애다오."

파라오가 다시 이스라엘 백성들의 출애굽을 약속했다. 당장 파리 떼로 인해 너무나 고통스러웠기 때문이다. 그러자 모세가 파라오에게 다짐받듯 말했다.

"내일이면 파리 떼가 전부 사라질 것입니다. 다시는 우리를 속이지 마십시오. 우리 백성들이 이집트 밖으로 나가 여호와께 희생 제사를 드리는 일로 이랬다저랬다 마음을 바꾸지 마십시오."

"알았다. 알았으니 어서 너희 신께 기도하여 파리 떼가 없어지도록 해다오."

파라오는 귀찮다는 듯 설렁설렁 대답하고는 속히 파리 떼가 없어지기만을 바랐다. 왕궁을 떠난 모세가 기도하자 파리 떼가 갑자기 어디론가 사라져 한 마리도 찾아볼 수 없게 되었다.

'휴, 이제야 살겠다. 파리 떼가 감쪽같이 사라졌군.'

이집트 온 땅에서 파리 떼가 사라지자 파라오는 다시 마음이 완고해졌다. 그래서 약속을 깨뜨리고 이스라엘 백성들을 보내려 하지 않았다.

9

악질, 종기, 우박 재앙

파라오가 계속 고집을 피우자
모세가 지팡이를 하늘 높이 드네
우박이 쏟아지고 번개가 치자
생명 있는 푸성귀들이 죽어가네

다섯 번째 재앙 : 이집트의 가축들이 떼죽음 당하다 (9:1-7)

하나님께서 모세에게 말씀하셨다.

"모세야, 파라오가 지독히도 강퍅하지 않으냐?"

"네, 지독한 고집쟁이입니다. 그리고 거짓말을 밥 먹듯이 합니다."

"그렇다. 그자는 항복하려면 아직도 멀었다."

"이번에는 어떤 재앙을 내리려 하십니까?"

"가축 전염병이다."

"가축 전염병요? 그건 또 어떤 재앙입니까?"

"들판에 있는 가축들, 곧 말과 나귀와 낙타와 소와 양에게 심한 전염병이 돌 것이다. 이집트 사람들의 가축 떼는 죽을 것이지만 고센 땅에 있는 히브리 사람들의 가축은 단 한 마리도 죽지 않을 것이니 안심해라. 내일 파라오에게 가서 무서운 가축 전염병이 임한다고 선포하여라!"

하나님은 이집트 전역에서 이집트 사람들이 키우는 가축들에 심한 전염병이 돌 것이라는 사실을 알려주셨다. 모세와 아론은 다시 파라오를 방문했다.

"폐하, 하나님께서는 내일 이집트 땅에 가축 전염병을 내리실 것입니다."

"뭐, 뭣이라고? 이집트 사람들의 가축들에 전염병이 돌아 떼죽음을 당한다고? 닥쳐랏! 허튼소리 하지 말고 당장 내 눈앞에서 꺼져라!"

파라오는 화가 단단히 나서 모세와 아론에게 소리쳤다. 하지만 속으로는 크게 불안했다. 모세가 예고할 때마다 재앙이 그대로 계속 임했기 때문이다. 피 재앙, 개구리 재앙, 각다귀 재앙, 파리 떼 재앙 등이 모세의 말대로 모두 사실이 되었지 않은가. 파라오는 슬그머니 겁이 나기 시작했지만, 여전히 고집을 꺾지 않았다.

이튿날, 모세의 예고대로 재앙이 임했다. 이집트 사람들의 가축들에게 독한 전염병이 돌아 떼죽음을 당했다. 신처럼 신성하게 여기던 가축들이 독한 전염병에 걸려 속수무책으로 쓰러지자, 이집트 사람들은 모두 정신이 나가버릴 지경이 되었다. 공황(恐慌) 상태였다. 그런 와중에도 히브리인들의 가축은 단 한 마리도 죽지 않았다.

파라오는 이게 자연의 재앙인지 여호와 신이 보낸 재앙인지 알고 싶었다. 고센 땅에만 전염병이 돌지 않는다면 틀림없이 여호와 신이 내린 심판이었다.

"여봐라! 게 누구 없느냐? 고센 땅으로 즉시 달려가서 그곳 사정이 어떠한지 알아보도록 하라."

파라오는 신하들을 시켜 고센 지역의 사정을 알아보게 했다. 정말이었다. 모세가 예고한 그대로 이스라엘 사람들의 집단 거주지 고센 땅은 아무런 일 없이 아주 평화로웠다. 그들이 소유한 가축은 단 한 마리도 죽지 않았다.

'아, 이럴 수가! 히브리 민족의 신이 어찌 이리 강하단 말인가?'

파라오는 눈앞에서 벌어지는 믿지 못할 광경에 큰 충격을 받았다. 그래도 파라오는 여전히 고집을 꺾지 않았다. 태양신의 아들로 추앙받는 자신이 한낱 노예 민족의 신에게 굴복할 수는 없다고 생각했다. 그의 알량한 자존심이 허락하지 않았던 것이다. 파라오는 다섯 번째 재앙도 무시하고 이스라엘 백성들을 여전히 내보내지 않았다.

여섯 번째 재앙 : 악성 종기의 재앙이 임하다 (9:8-12)

하나님께서 모세에게 말씀하셨다.

"모세와 아론아, 너희는 화덕에 붙은 검댕을 두 손에 가득 움켜쥐어라. 그런 뒤 그 검댕을 파라오가 보는 데서 공중에 널리 흩뿌려라. 그러면 그 검댕이 먼지가 되어 이집트 온 땅을 뒤덮을 것이고, 그 땅에 살고 있는 사람들과 짐승들에게 악성 종기가 생길 것이다."

하나님께서 내리시는 여섯 번째 재앙이다. 이 재앙 역시 파라오에게 예고되지 않고 이집트 땅에 그대로 시행되었다. 히브리어로 '쉐힌'이라 불리는 이 악성 종기는 이집트 사람들에게는 공포의 대상이었다. 불타는 듯한 고열과 함께 피부가 붉게 부풀어 오르면서 극심한 가려움과 고통이 뒤따랐다. 피부에 물집이 생기고 곪아서 나중에는 고름이 줄줄 흐르는 무서운 병이었다.

모세와 아론은 하나님이 지시하신 대로 화덕에 붙어 있는 검댕을 두 손에 잔뜩 움켜쥐고 파라오 앞에 섰다.

"또냐? 이번에는 무슨 재앙을 가져왔느냐? 어디 한번 해볼 테면 해보아라. 내가 눈 하나 깜짝할 줄 아느냐? 어림도 없다."

파라오는 짐짓 태연한 척하며 큰소리쳤다. 그런 파라오 앞에서 모세와 아론은 손에 가득 움켜쥔 검댕을 공중에 널리 흩뿌렸다. 그러자 이집트 땅의 사람들과 짐승들에게 악성 종기가 생겼다. 순식간에 비명소리가 이집트 땅 도처에서 터져 나왔다. 악성 종기로 인해 사람들과 가축들이 고통스럽게 울부짖었다. 이때 이집트 마술사들에게도 악성 종기가 생겨 온몸을 박박 긁어 대었다.

"오, 폐하시여, 아무리 생각해도 이건 분명 이스라엘의 신 여호와가 우리를 치신 게 분명합니다. 저들의 요구를 들어주셔야 할 것 같습니다. 통촉해 주시옵소서!"

이집트 마술사들과 신하들이 악성 종기로 고통스러워하며 파라오에게 애걸했다. 그러나 파라오의 마음은 강퍅했다. 여전히 모세와 아론의 말을 듣지 않았다. 주께서 말씀하신 그대로였다.

일곱 번째 재앙 : 이집트 온 땅에 우박이 퍼붓다 (9:13-35)

이집트 땅은 계속되는 초자연적 재앙으로 인해 초죽음 상태였다. 속히 이스라엘 노예들을 추방하라고 사방에서 들고 일어났지만 파라오는 그 요구를 쉽게 수용하지 않았다. 그들을 내보내면 자신은 패배자가 되고 만다. 그 뒷감당을 어떻게 하겠는가. 여기서 항복하면 파라오의 권위도 내리막길이 될까 봐 두려웠다.

달리 보면, 파라오가 무서운 재앙에도 계속 항복하지 않은 것은 하나님의 뜻에 의한 것이기도 했다. 이 점에 대해 하나님께서는 모세를 통해 파라오에게 이렇게 말씀하셨다.

"내가 온갖 재앙을 너와 네 신하들과 네 백성들에게 내리는 까닭은, 나 같은 신이 온 천하에 없다는 사실을 똑똑히 알게 하기 위함이다. 내가 손을 뻗어 너와 네 백성을 전염병으로 쳤더라면 너희는 이 땅에서 흔적도 없이 사라졌을 것이다. 내가 너 파라오를 그냥 놓아두는 것은 나의 권능을 네게 보여 온 누리에 내 이름이 널리 알려지도록 하기 위함이다."

그렇다. 하나님은 파라오의 강퍅한 마음을 사용하여 자신의 권능을 온 세상에 널리 알리기로 작정하셨던 것이다. 파라오가 매번 무시무시한 재앙을 겪으면서도 끝내 항복하지 않은 이유는, 한낱 노예민족의 신 따위에게 태양신의 아들인 자신이, 그리고 대제국 이집트의 막강한 신들이 맥없이 굴복 당한다는 것을 도무지 인정할 수 없었기 때문이다.

하나님께서 모세에게 말씀하셨다.

"모세야, 내 말을 받을 준비가 되었느냐?"

"말씀하옵소서! 종이 듣겠나이다."

"너는 파라오에게 전하라. '너 파라오는 언제까지 주님의 말씀을 무시하고 듣지 않느냐? 이제라도 이스라엘 백성들을 보내 나 주께 예배드릴 수 있게 하라.'라고."

"주님, 이번에도 파라오가 듣지 않으면 어떤 재앙으로 심판하시려 하나이까?"

"우박이니라! 내일 이맘때쯤 엄청난 우박이 퍼부어질 것이다. 이집트가 생긴 이래로 그토록 무시무시한 우박은 처음이 될 것이다."

"오, 주여…!"

"내일 아주 강력한 우박이 떨어질 것이다. 그러니 들판에 있는 너희의 모든 가축을 안전한 곳으로 대피시켜라. 당장 집안으로 들이도록 하여라."

"네, 주님. 장로들에게 연락해서 즉시 시행하겠습니다."

파라오의 신하들과 백성들 가운데서도 여호와의 말씀을 두려워하는 자들은 노예들과 가축들을 집안으로 피신시켰다. 여호와 말씀을 무시한 자들은 들판에 그냥 내버려두었다.

다음 날, 하나님의 말씀이 모세에게 임했다.

"모세야, 너는 지팡이를 든 손을 하늘을 향해 뻗어라. 그러면 우박이 이집트 온 땅에 쏟아져 내릴 것이다. 그 우박은 사람과 동물에게는 물론이고, 이집트 온 들판에서 자라는 채소들 위에도 마구 쏟아져 내릴 것이다."

우르르 쾅쾅! 번쩍! 하나님의 말씀에 따라 모세가 하늘을 향해 지팡이를 뻗자 여호와께서 천둥과 함께 우박을 이집트 온 땅 위에 쏟아 부으셨다. 벼락도 땅에 떨어졌다. 돌멩이 같은 큼지막한 우박이 마구 쏟아져 내리고 사방에서 번개가 번쩍거렸다. 나라가 생긴 이래로 그토록 심한 우박이 쏟아져 내린 것은 처음이었다.

기후나 지리적 여건상 이집트에는 우박이 매우 드물었다. 4년에 한 번 정도 우박이 내렸는데, 그것조차도 그리 심하지 않았다. 하지만 이때의 우박은 완연히 달랐다. 돌멩이처럼 단단한 우박이 폭우처럼 마구 쏟아졌다. 우레 전에 번개가 불덩이처럼 하늘에서 떨어져 지면을 치달렸다. 분명 파라오를 향한 여호와 하나님의 초자연적인 재앙이었다.

이집트 온 땅에 마구 쏟아진 우박은 들판에 있는 모든 것을 사정없이 내리쳤다. 사람과 가축을 비롯하여 온갖 푸성귀가 우박에 맞아죽거나 꺾였다. 들판의 나무들까지도 우박의 힘을 견디지 못해 모두 부러졌다. 하지만 히브리인들이 사는 고센 땅에는 우박이 전혀 내리지 않았다. 무시무시한 우박 재앙을 본 파라오가 모세와 아론을 급히 불러들였다.

"모세와 아론, 이번에는 내가 정말 죄를 지었다. 여호와께서 옳고 나와 내 백성이 나빴다. 이제 여호와께 천둥과 우박과 번개를 그치게 해달라고 기도하여라. 좋다. 내보내 주겠다. 너희는 더 이상 이집트 땅에 머물지 않아도 된다. 그러니 속히 너의 신에게 기도하여 우박을 그치게 하라. 당장!"

"폐하가 약속을 지키면 번개와 천둥이 멎고 우박도 쏟아지지 않을 것입니다. 이로써 히브리 민족의 신 여호와께서 온 천하에 유일한 신이심을 알게 되실 것입니다."

때는 보리 이삭이 나오고 삼꽃이 필 무렵이었다. 1월 말에서 2월 초쯤이다. 보리 이삭들과 삼꽃은 우박 피해를 입어 모두 망가졌다.

다행히 밀과 쌀보리는 아직 이삭 팰 때가 되지 않아서 별 피해 가 없었다. 모세와 아론이 파라오에게서 물러나 하나님께 기도하자 천둥과 우박과 번개가 보란 듯이 딱 그쳤다.

'휴, 다행이다. 마침내 우박이 그쳤구나. 무시무시한 재앙이로다. 하지만… 내가 이대로 굴복할 수는 없지. 어디 해보자. 여호와가 이기나 내가 이기나 갈 데까지 가보자.'

우박과 천둥과 번개가 그치자 파라오는 다시금 독한 마음을 품었다. 이번에도 약속을 어겼다. 마음이 강퍅해진 파라오는 다시 고집을 피워 이스라엘 백성들을 내보내려 하지 않았다. 주께서 모세를 통해 말씀하신 그대로였다.

10
메뚜기 떼와 흑암 재앙

모세가 이집트 땅 위에 지팡이를 들자
동풍에 실려 메뚜기 떼가 날아드네
땅을 시커멓게 덮은 메뚜기 떼가
푸른 것들을 모조리 갉아먹네

여덟 번째 재앙 : 메뚜기 떼가 이집트를 덮치다 (10:1-20)

하나님의 말씀이 다시 모세에게 임했다. 모세와 아론은 하나님의 명령에 따라 다시 파라오에게 가서 말했다.

"폐하, 언제까지 우리 주님 앞에서 목을 뻣뻣하게 세울 작정이십니까? 이제는 약속하신 대로 히브리인들을 광야로 보내 여호와께 예배드릴 수 있게 하십시오."

"닥쳐라! 내가 안 된다고 했잖은가?"

"이스라엘 민족의 해방은 하나님의 뜻입니다. 하나님의 뜻을 거스르면 왕은 물론이고 왕의 백성들도 도탄에 빠집니다. 폐하, 주변을 살펴보소서!"

"시끄럽다! 너희만 신이 있느냐? 이제 우리 신들도 힘을 모아 너희의 신을 대적할 것이다. 그러면 너희가 제발 이 땅에 남게 해 달라고 사정하는 날이 올 것이다."

"아, 어쩔 수 없군요. 그러면 내일 아침 메뚜기 떼가 이집트 온 땅을 뒤덮어 우박을 맞고도 남아 있는 것들을 모조리 먹어치울 것입니다. 폐하께서는 이 나라가 시작된 이래로 한 번도 본 적 없는 무시무시한 메뚜기 떼를 보게 될 것입니다."

"무엇이라? 이번에는 메뚜기 떼가 이집트 온 땅을 뒤덮는다고? 닥쳐랏! 공갈과 협박은 그만하라."

파라오는 큰소리를 쳤지만 여태 모든 재앙 예고가 결코 빈말이 아니었기에 큰 두려움에 떨었다. 그러면서도 파라오의 자존심을 내세워 한마디로 거절했다. 모세와 아론은 발길을 돌려 파라오에게서 물러났다. 모세와 아론이 물러나자 안절부절못해 하던 파라오의 신하들이 일제히 아뢰었다.

"폐하, 언제까지 우리가 저자들 때문에 골치를 썩어야 합니까? 저들을 그냥 내보내 그들의 신에게 예배드리게 하십시오. 폐하께서는 이집트가 망해가는 것을 아직도 모르고 계십니까?"

"그만, 그만들 하라. 나도 알고 있다. 그러면 지금 당장 모세를 내 앞에 불러오너라."

모세 형제가 다시 왕궁으로 불려갔다. 파라오가 웃음기를 띠며 회유하듯 부드러운 어조로 말했다.

"알았다. 그래, 좋다. 가도록 하여라. 가서, 너희 신 여호와께 예배를 드려라."

"폐하, 그게 정말입니까?"

"그렇다. 그런데 가서 예배드릴 사람들은 누구누구냐?"

"아니, 누구누구라니요? 우리는 모두 가야 합니다. 어린아이든 노인이든, 여자든 남자든, 이스라엘 백성들은 모두 가야 합니다. 양 떼와 소 떼도 함께 가야 합니다."

그 말에 파라오가 갑자기 안색을 싹 바꾸며 노기 띤 음성으로 말했다.

"도대체 무슨 소리를 하는 게냐? 너희를 보내주겠다고 하니까 여자들과 아이들과 가축들까지 모두 데리고 가겠다고? 이제 보니까 너희가 못된 음모를 꾸미는 것이 분명하다. 이집트 땅에서 영영 벗어나려는 게 분명해. 그건 안 된다! 너희들 중 남자 장정들만 다녀와라. 애초에 네 요구 사항이 그랬지 않았느냐?"

파라오가 이 같은 타협안을 제시한 것은 여자와 어린이를 볼모로 잡고 있으면 이스라엘 장정들이 제사를 드린 후에 이집트로 다시 돌아올 것이 뻔했기 때문이다. 사실 파라오는 "내 백성을 내보내 달라"는 모세의 요구가 무엇을 뜻하는지 처음부터 잘 알고 있었다. 이집트의 종살이를 벗어나겠다는 '출애굽' 요구였다. 파라오는 이를 알면서도 짐짓 말꼬리를 잡고 늘어진 것이다.

"폐하, 그렇게 할 수는 없습니다. 우리는 남녀노소와 가축들까지 전부 이집트 땅에서 나가야 합니다. 우리를 이제 그만 이 땅에서 내보내 주십시오."

"어림도 없는 소리! 그건 절대 안 된다. 내 제안을 수용치 않으려거든 내 앞에서 썩 물러가라!"

모세와 아론은 파라오 앞에서 다시 쫓겨나왔다. 그때 주께서 모세에게 말씀하셨다.

"모세야, 너는 네 지팡이 든 손을 이집트 땅 위에 뻗어라. 그러면 메뚜기 떼가 이집트 온 땅을 뒤덮을 것이다. 메뚜기 떼는 우박 재앙에서 살아남은 밭의 채소를 모조리 먹어치울 것이다."

하나님의 지시대로 모세가 지팡이를 높이 쳐들자 주께서 밤낮으로 강력한 동풍이 불게 하셨다. 아침이 되자 하늘을 새까맣게 뒤덮은 무시무시한 메뚜기 떼가 동풍을 타고 이집트 땅으로 날아왔다.

고대 중근동 지역의 사람들은 재난 중에서도 메뚜기 떼의 내습을 가장 두려워했다. 메뚜기 떼는 가공할 정도로 큰 무리를 지어 바람을 타고 이동한다. 그 밀집도는 1평방킬로미터당 대략 5천만 마리나 된다. 그래서 일단 출현하면 하늘을 새까맣게 뒤덮어 버린다.

이런 메뚜기 떼가 한번 휩쓸고 지나가면 푸른 들판은 마치 휘장이 거두어지듯 일시에 모든 푸른 것들이 자취를 감추게 된다. 메뚜기 떼는 처음에는 채소를 탐식하고 나무 잎사귀들을 먹어치운 다음, 나중에는 나무껍질까지 샅샅이 갉아먹는다. 그래서 메뚜기 떼가 지나간 자리에는 발가벗겨진 나뭇가지들만 시체처럼 군데군데 널려 있을 뿐이다. 그 두려운 공포와 엄청난 피해는 이루 말할 수 없다.

그런 메뚜기 떼가 이집트 온 땅에 임했다. 들판뿐만 아니라 집안의 마당, 창고, 거실, 방, 지하실까지 마구 날아들었다. 날아들 수 있는 곳은 어디든 날아들었다. 심지어 가죽까지 서걱서걱 갉아먹었다. 메뚜기 떼가 임할 때 밖에 나가면 눈을 뜰 수 없을 정도였다. 방안에서도 메뚜기를 밟지 않고는 다닐 수 없었다. 심지어 음식물을 먹을 때 메뚜기가 함께 씹히기도 했다.

참으로 끔찍한 공포였다. 중근동 지역에 더러 임하는 자연적인 메뚜기 떼의 피해도 컸지만, 이번에는 하나님의 재앙으로 특별히 임하는 메뚜기 떼의 내습인 만큼 그 피해는 얼마나 무시무시할 것인가. 그런 메뚜기 떼가 아라비아 사막 북부에서 발생한 건조하고 강한 열풍인 동풍을 타고 이집트 온 땅을 습격한 것이다. 히브리인이 사는 고센 지역을 제외하고 이집트 방방곡곡에 메뚜기 떼가 내려앉지 않은 곳이 없었다. 그렇게 엄청난 메뚜기 떼가 몰려온 것은 이집트 역사상 전무후무한 일이었다.

푸드득~ 푸드득~ 푸드득~. 메뚜기 떼의 날갯짓이 요란했다. 이집트 온 땅에 깔려 땅이 시커멓게 보일 정도였다. 메뚜기 떼는 우박 재앙에서 살아남은 밭의 푸성귀들과 나무 열매들을 모조리 먹어치웠다. 얼마 지나지 않아 푸른빛을 띤 것이라고는 이집트 온 들판에서 아무것도 남아 있지 않았다.

"오, 맙소사! 세상에, 이럴 수가! 이럴 수가!"

자신들의 모든 것이 메뚜기 떼의 밥이 되자 이집트 사람들은 경악했다. 넋 놓고 망연자실했다. 그러자 다급해진 파라오가 모세와 아론을 급히 왕궁으로 불러들였다.

"모세와 아론아, 내가 죄를 지었다. 너희 신과 너희에게 정말 죄를 지었다. 제발 부탁이다. 이번만 나의 죄를 용서해다오. 그러면 아무 조건 없이 너희를 보내주마. 어서 너희 하나님 여호와께 이 재앙이 이집트 땅에서 물러나도록 빌어 다오. 어서!"

"폐하, 이번에는 정말입니까?"

"그래, 알았다, 알았어! 정말이다!"

모세가 파라오 앞에서 물러나와 주께 기도드렸다. 그러자 주께서 바람의 방향을 바꾸어 강렬한 서풍이 불게 하셨다. 서풍은 지중해 연안에서 조성되는 해풍(海風)이다. 그 서풍이 메뚜기 떼를 홍해로 몰아가 바다에 전부 쓸어 넣었다. 이제 이집트 온 땅에는 메뚜기가 한 마리도 남아 있지 않았다.

"폐하, 신기하게도 메뚜기 떼가 일시에 사라졌습니다. 귀신이 곡할 노릇입니다."

"그래? 그거 잘 되었다!"

파라오는 메뚜기 떼의 재앙이 사라졌다는 보고를 받고는 다시 마음을 바꾸어 약속을 뒤집었다. 실로 강퍅하고 완고한 마음이었다.

아홉 번째 재앙 : 짙은 흑암이 이집트를 뒤덮다 (10:21-29)

하나님의 말씀이 다시 모세에게 임했다.

"모세야, 너는 하늘을 향해 네 손을 뻗어라. 그러면 이집트 온 땅이 흑암으로 뒤덮여 손으로 더듬지 않고서는 한 발자국 앞도 볼 수 없을 것이다."

하나님은 아홉 번째 재앙을 준비하셨다. 그것은 짙은 흑암 재앙이었다. 이집트 지역에는 춘분을 전후하여 사막의 강한 열풍이 불어오는 캄신(Khamsin, '사막의 바람'이란 뜻) 현상이 있다. 이때의 바람은 사막의 모래와 흙먼지를 동반하기 때문에 마치 짙은 운무가 깔린 것처럼 어둡고 칙칙했다. 보통 2, 3일 동안 불어왔다. 이 기간에는 눈조차 제대로 뜰 수 없을 만큼 모래 먼지가 흩날리기 때문에 누구도 밖에 나다닐 수 없었다. 모래바람이 가라앉을 때까지 문을 걸어 잠근 채 칙칙한 집안에 그대로 틀어박혀 있을 수밖에 없었다. 하나님은 이 같은 자연현상을 이용하셨다. 물론, 그것을 더욱 강력한 형태로 원하는 일시와 장소에 기적적으로 일으킨 것이다.

하나님의 명령대로 모세가 하늘을 향해 지팡이를 높이 쳐들자 이집트 온 땅이 3일 동안 짙은 흑암으로 뒤덮였다. 칠흑 같은 어둠이었다. 사람들은 서로를 알아볼 수 없었다. 자기 자리에서 움직일 수조차 없었다. 그러나 히브리인들이 사는 고센 지역에는 어디에나 빛이 있었다. 이는 이 흑암 재앙이 일반적인 자연현상이 아니라 하나님의 이적에 의한 초자연적인 현상이었음을 입증한다.

이 흑암 재앙은 또한 이집트 사람들이 숭배하는 태양신의 거짓됨과 허구성을 잘 보여준다. 이집트 궁중에서는 매일 아침에 해가 뜰 때 북을 두드리고 노래를 부르면서 이집트 최고의 신으로 숭배된 태양신 '라'(Ra)에게 제사를 드렸다. 이집트 왕인 파라오는 '태양신의 아들'로 불렸다.

그런데 그런 태양이 하나님의 재앙 앞에 아무런 빛을 비추지 못하고 3일 동안 흑암으로 뒤덮인 것이다. 이것은 이집트가 자랑하는 그들의 신과 왕과 종교와 사상이 하나님의 심판으로 생겨난 흑암 속에 모조리 파묻혀 버렸음을 의미한다.

파라오는 마음이 다급해져서 모세와 아론에게 말했다.

"좋다. 가라! 가서, 너희 신 여호와께 예배드려라. 너희 여자들과 아이들도 전부 데리고 가라."

"폐하, 이번에는 정말이십니까?"

하지만 이번에도 무조건이 아니었다.

"너희의 소 떼와 양 떼만은 남겨두고 가도록 하라."

이번에도 파라오는 조건을 달았다. 파라오는 끝까지 이스라엘 백성들이 이집트로 돌아올 수 있도록 담보물을 잡아놓으려고 한 것이다.

"안 됩니다, 폐하! 그렇게 할 수는 없습니다. 폐하께서는 우리가 여호와께 바칠 희생 제물도 함께 가지고 가도록 허락해 주소서!"

"그렇게는 안 된다. 나도 더는 물러서지 않겠다. 그 조건을 받아들이지 않겠다면 다시는 내 앞에 나타나지 마라. 너희가 내 얼굴을 다시 보는 날에는 그날이 너희 제삿날인 줄 알아라. 그 때는 그냥 돌려보내지 않겠다. 당장 내 앞에서 꺼져라!"

파라오가 또 고집을 부렸다. 이번에도 파라오는 조건을 내걸어 이스라엘 백성들을 내보내려 하지 않았다.

"잘 말씀하셨습니다. 우리도 다시는 폐하 앞에 얼씬도 하지 않겠습니다."

모세와 아론도 굽히지 않았다. 이제는 정중하게 출애굽을 요구하는 자세가 아니라, 당당하게 출애굽을 쟁취하는 자세로 맞섰다. 이제 출애굽을 놓고 진행되었던 모세와 파라오의 숨 막히는 대결도 막바지를 향해 치닫고 있었다. 어느 쪽인가는 죽어야만 대결이 끝날 것 같은 살벌한 분위기였다.

11

열 번째 재앙의 예고

내가 밤중에 이집트 땅으로 들어가
이집트 땅의 처음 난 것들을 치면
파라오의 맏이부터 여종의 맏이까지
가축의 맏배까지도 모두 죽으리라

마지막 열 번째 재앙이 예고되다 (11:1-10)

하나님께서 모세에게 말씀하셨다.

"모세야, 이제 한 가지 재앙이 남았다. 파라오와 이집트 땅에 내가 마지막 열 번째 재앙을 내릴 것이다."

하나님은 마침내 출애굽의 성취가 목전에 이르렀음을 모세에게 알렸다. 그러면서 모세가 해야 할 일을 일러주셨다.

"모세야, 너는 이스라엘 백성들에게 단단히 일러주어라. 남자든 여자든 상관없이 각자 이웃에 사는 이집트 사람들에게 은과 금으로 만든 패물을 요구하라고 하여라. 그러면 그들은 너희에게 패물을 순순히 내줄 것이다."

"네, 주님. 말씀대로 행하겠습니다."

모세가 비장한 어조로 대답했다. 이제 파라오와의 치열한 대결도 막바지에 이르렀음을 직감했기 때문이다. 이때 하나님은 이집트 사람들로 하여금 히브리 민족에 대해 한편으로는 호감을 품게 하셨고, 다른 한편으로는 두려움을 갖도록 하셨다. 파라오의 신하들과 백성들도 모세를 크게 두려워하고 우러러보게 만드셨다. 태양신의 아들로 추앙받는 파라오에게 당당히 맞서는 데서 더 나아가 결국에는 그를 항복시키는 데까지 이르렀기 때문이다.

모세는 마지막 심정으로 왕궁을 찾았다. 그는 하나님이 베푸실 마지막 재앙을 파라오에게 준엄하게 선포했다. 이제는 출애굽을 간청하는 자세가 아니라, 출애굽을 쟁취하는 승리자의 의연한 자세였다. 그러면서도 예언 속에 들어 있는 무시무시한 재앙에 모세 자신도 큰 두려움을 느꼈다. 왕의 고집과 교만으로 이집트는 엄청난 시련을 겪을 것이다. 그러기에 하나님의 예고를 전하는 모세의 목소리는 떨릴 수밖에 없었다.

"파라오는 들으시오! 여호와께서 왕에게 전하라 하셨소. 이게 마지막 재앙이오. 이번에는 사람의 생명을 칠 것이오."

파라오의 심장이 아무리 강하다고 해도 사람의 생명을 친다는 예고에 그의 가슴이 철렁하지 않을 수 없었다.

'뭐라? 이건 또 무슨 소리인고?'

아무리 무소불위 권력을 지닌 파라오지만 두려움으로 떨리지 않을 수가 없었다. 모세의 재앙 예고를 듣고서 파라오는 짐짓 위엄을 떨었다.

"그래, 좋다! 해볼 테면 얼마든지 해 보아라! 만약 너희 신이 내 백성의 생명 중 하나라도 죽이면 나는 히브리인들의 목숨 열 개로 갚아 줄 것이다. 만일 내 백성 10명을 죽이면, 나는 히브리인 100명이라도 얼마든지 죽일 테다. 그러니 어디 한 번 해 보거라. 어떻게 내 백성의 생명을 해한단 말이냐?"

"어리석은 생각이오. 우리의 생명을 위협하기에는 때가 너무 늦을 것이오. 오늘 한밤중에 죽음의 사자가 이집트 땅을 휩쓸고 지나갈 것이오. 그러면 이집트 땅에서 처음 태어난 모든 것이 죽게 될 것이오.

큰 왕자로부터 맷돌질하는 계집종의 맏이에 이르기까지, 그리고 모든 가축의 첫 새끼들까지 전부 죽게 될 것이오. 이집트 방방곡곡에서 통곡이 터져 나올 것이오. 그런 처절한 울음소리는 이집트 역사상 전무후무한 것이 될 것이오."

"협박하는 것이냐? 그러면 너희는 온전할 성 싶으냐?"

"그렇소! 우리 히브리인들은 주께서 손끝 하나 건드리지 않겠다고 약속하셨소. 히브리인들이 사는 고센 지역에서는 개 한 마리조차 짖지 않고 태평할 것이라고 하셨소. 이를 보고 우리 주께서 이집트 사람들과 이스라엘 사람들을 구별하신다는 사실을 똑똑히 알게 될 것이오. 그제야 폐하와 폐하의 신하들은 두 손 들어 무조건 항복할 것이오. 히브리인들에게 빨리 나가 달라고 도리어 빌게 될 것이오. 그러면 나는 이스라엘 백성을 끌고 당당하게 이집트 땅을 떠날 것이오. 내일 봅시다!"

모세가 전달하는 마지막 심판 예고는 '초태생(初胎生) 죽음'이라는 무시무시한 재앙이다. 고대로부터 처음 태어난 것들, 곧 맏이는 가장 소중하고 귀한 존재였다. 특히 사람의 경우에는 집안, 혹은 왕위의 계승자요 대표자로서 형제들 중 으뜸이었다. 그런 맏이들이 모조리 죽게 될 것이라는 사실은 실로 가공스러운 재앙이었다.

이 마지막 열 번째 재앙은 하나님께서 간접적인 매개물을 쓰지 않고 직접 사역하실 것인데, 이집트 사람들의 집안에만 재앙을 내리고 히브리 사람들의 집안에는 내리지 않으실 터였다. 이로써 이 끔찍한 재앙은 하나님께서 강퍅한 파라오와 그의 백성을 징벌하기 위해 특별히 베푸시는 초자연적인 재앙임을 알 수 있다.

"뭐, 뭐… 무엇이라고? 이집트 땅의 처음 난 것들이 모두 죽게 된다고? 그게… 그게 무슨 말이냐? 그럼, 나의 맏아들도 죽게 된다는 말이냐? 그게… 그게 사실인가? 정말로 너희의 신 여호와가 그렇게 말했단 말인가? 정말로…?"

모세의 재앙 선포를 듣고 파라오는 말조차 잇지 못했다. 충격을 받아 몸도 제대로 가누지 못하고 비틀거렸다. 분노하기에는 그 재앙이 너무도 무시무시했다.

모세는 열 번째 재앙을 선포한 후 상기된 얼굴로 총총걸음으로 왕궁을 떠났다.

12
유월절과 출애굽

유월절 어린 양을 잡아
우슬초 묶음에 피를 적신 후
문설주와 상인방에 발라라
주의 천사가 그 집을 넘어가리라

유월절과 무교절 (12:1-28)

그때에 하나님이 이집트 땅에 있는 모세와 아론에게 말씀하셨다.

"모세와 아론아, 너희는 이제부터 이 달을 한 해의 첫 번째 달로 삼아, 한 해를 시작하는 달로 하여라."

출애굽이 있는 그 달, 곧 구원과 해방의 달인 현재의 달을 한 해의 정월로 삼으라는 말씀이다. 이리하여 히브리 사회에 종교력(宗敎曆)이 제정되었다. 히브리어로 '아빕'(Abib) 월이라 불리는 종교력의 첫 달은 오늘날의 태양력으로 따지면 3월 중순에서 4월 중순에 해당한다. 하나님은 모세와 아론에게 계속 말씀하셨다.

"이스라엘 백성들 모두에게 알려라. 이 달의 10일에 각 집안에서는 어린 양을 한 마리씩 준비해 두라고 하여라. 반드시 1년 된 수컷으로 흠 없는 것이어야 한다."

유월절 어린 양의 기준이 제시되었다. 첫째, 흠(欠) 없는 것. 이는 유월절 어린 양이 장차 택한 백성의 대속(代贖) 제물이 되실 메시아 예수의 무흠(無欠)을 상징하기 때문이다. 둘째, 1년 된 것. 그때가 가장 순전하고 생명력 넘치는 때다. 셋째, 수컷. 유월절 어린 양이 이스라엘 집안의 장자를 대속하기 때문이다.

하나님은 계속해서 유월절 어린 양에 대해 말씀하셨다.

"이 달의 10일에 준비한 그 어린 양을 14일까지 나흘 동안 잘 간수했다가 14일 해거름 무렵에 잡아야 한다. 그런 뒤 어린 양의 피를 받아 고기를 먹을 사람들이 사는 집의 좌우 문설주와 상인방에 발라야 한다."

▲ 문설주와 상인방에 어린양의 피를 바르는 모습

문설주는 집의 출입구 좌우 양쪽에 세로로 세워져 있는 기둥이다. 상인방은 좌우 문설주 위에 가로로 길게 걸쳐 있는 가름대를 가리킨다. 이곳에 어린 양의 피를 바른 것은 대속의 피를 집의 출입구에 선명하게 나타내 보임으로써, 열 번째 재앙을 수행하는 죽음의 사자(使者)가 그 집에는 들어오지 말고 그냥 '넘어가도록'(pass over) 하기 위함이었다. 피 자체가 이미 죽음을 뜻하므로 죽음의 사자가 그 집에는 구태여 들어갈 필요가 없었던 것이다.

이런 사실에서부터 '넘어간다'란 뜻의 유월절(逾越節, the Passover)이 유래되었다. 하나님의 말씀이 모세와 아론에게 계속 임하셨다.

"너희는 그날 밤에 어린 양의 고기를 구워 먹되, 누룩 넣지 않은 빵과 쓴 나물을 함께 먹도록 하여라. 날것으로 먹거나 삶아서 먹지 말고, 고기의 머리와 다리와 내장까지 모두 불에 구워서 먹어라. 또 너희는 그 어린 양의 고기를 아침까지 남겨 두어서는 안 된다."

"식구 수는 적고 도살한 고기 양이 많아서 남는 것은 어찌해야 합니까?"

"만일 아침까지 남은 고기가 있으면 반드시 불에 태워 모두 없애야 한다. 또 알아야 할 것은 어린 양의 고기를 먹을 때 너희는 허리에 띠를 매고 발에 신을 신고 손에 지팡이를 든 채로 서둘러 먹어야 한다. 알겠느냐? 이것이 유월절 밤에 지켜야 할 것들이니라."

그러했다. 유월절 음식은 불로 구운 어린 양의 고기, 누룩 넣지 않은 빵, 그리고 쓴 나물이었다. 누룩 넣지 않은 빵은 맛이 없었다. 이 맛없는 빵을 쓴 나물과 함께 먹도록 한 것은 이집트 종살이의 고난을 잊지 않고 상기시키려는 데 있었다.

또한 이 유월절 음식을 먹을 때 띠를 매고 신을 신고 지팡이를 든 채 서둘러 먹어야 한다고 한 것은, 그만큼 출애굽이 긴박한 상황에서 갑자기 이루어질 것임을 알려준다. 하나님의 말씀은 계속 이어졌다.

"모세야, 내가 사람이든 짐승이든 가리지 않고 처음 난 초태생들을 모조리 죽일 것이다. 그렇게 함으로써 이집트의 모든 신들에게 벌을 내리겠노라. 나는 여호와이니라!"

그렇다. 이집트에 내린 하나님의 징벌은 이집트 신들(우상들)에게 내린 징벌이기도 하다. 이집트인들은 자신들이 숭배하는 수호신들이 나라와 민족과 개인을 지켜준다고 믿었다. 하지만 하나님의 재앙 앞에서 이집트의 수호신들은 쥐죽은 듯 잠잠했다. 아무 능력 없는 헛되고 거짓된 것들이기 때문이다. 과연 초태생 죽음의 재앙은 이집트의 수호신들에 대한 하나님의 징벌이었다.

하나님은 유월절 제정과 관련하여 말씀을 마무리 지으셨다.

"모세야, 잘 들어라. 문설주와 상인방에 바른 피는 너희와 너희 백성들이 그 집에 살고 있다는 표시다. 따라서 내가 그 피를 보면 그 집을 건너뛸 것이다. 그리하여 내가 이집트 전역의 초태생들을 칠 때, 너희 이스라엘 백성들에게는 어떤 재앙도 미치지 않을 것이다."

"오, 주님. 감사합니다. 감사합니다!"

"그러므로 그 날은 너희가 대대로 기념해야 할 날이다. 너희는 그 날을 절기로 삼아 자자손손 영원한 규례로 지켜야 한다."

이렇게 해서 이스라엘 백성들이 매년 지켜야 할 3대 절기 가운데 하나인 '유월절'이 제정되었다. 이스라엘의 3대 절기는 유월절(무교절), 오순절(맥추절), 초막절(장막절)이다.

유월절에 이어 하나님은 무교절(無酵節) 규정을 일러 주셨다. 유월절은 종교력 정월(아빕월) 14일 저녁에 시행된 어린 양의 만찬 의식을 가리키는 절기다. 무교절은 유월절 의식을 포함하여 이후로 일주일 동안(14일부터 21일까지) 누룩 없는 빵인 무교병(無酵餠)을 먹는 의식이다. 이처럼 유월절과 무교절은 밀접하게 연결되기 때문에 흔히 구별 없이 교차적으로 혼용하기도 한다.

"너희는 첫째 달 14일 저녁부터 21일 저녁까지 7일 동안은 누룩 넣지 않은 빵을 먹어야 한다. 7일 동안은 너희 집 안에 누룩이 있으면 절대로 안 된다. 첫날부터 이레째 되는 날까지, 곧 무교절 기간 동안 누구라도 누룩 넣은 빵을 먹는 사람은 본토인이든 외국인이든 이스라엘 공동체에서 추방될 것이다."

누룩은 부풀어 오르게 하는 성질 때문에 '죄'와 '부패'의 상징으로 여겨졌다. 따라서 누룩 넣은 빵인 유교병(有酵餠)은 죄와 부패에 얽매인 옛 이스라엘의 음식을 상징한다. 반면, 누룩 없는 빵인 무교병(無酵餠)은 죄와 부패로부터 정결하게 된 새 이스라엘의 음식을 상징한다.

따라서 어린 양의 대속의 피로써 사망에서 구원받고 새 생명을 얻은 하나님의 언약 백성은 응당 누룩 없는 빵 곧 무교병을 먹어야만 했다. 이제부터는 죄와 부패의 삶에서 벗어나 순전하고 순결한 삶을 살아가야 하는 것이다. 무교병은 바로 그런 정결한 삶을 상징하는 음식이었다. 하나님은 무교절에 지켜야 할 규정에 관해 말씀을 이으셨다.

첫째, 무교절 첫날에 거룩한 모임을 가져라.

둘째, 무교절 마지막 날인 이렛날에도 거룩한 모임을 가져라.

셋째, 무교절의 첫날과 이렛날에는 각자 자기가 먹을 음식을 장만하는 일 말고는 아무 일도 하지 마라.

넷째, 너희는 무교절을 영원한 절기로 삼아 자자손손 지키도록 하여라.

모세와 아론은 즉시 하나님의 말씀대로 수행했다. 이스라엘 백성을 대표하는 각 지파의 장로들을 모두 불러 모은 뒤 그들에게 말했다.

"모두 귀담아 잘 들으세요. 집집마다 어린 양을 한 마리씩 골라 유월절 희생 제물로 잡으십시오. 어린 양을 잡으면 대야에 담아 놓은 그 피를 우슬초(牛膝草) 묶음으로 적셔서 집의 두 문설주와 상인방에 바르도록 하십시오. 그리고 아침이 될 때까지는 누구든지 절대로 문밖으로 나가서는 안 됩니다."

우슬초는 박하 과(科)에 속하는 향내 나는 식물로 성지(聖地)에서 흔히 발견된다. 줄기가 빳빳하여 막대기로 사용할 수 있었는데 잎사귀에는 잔털이 많아 액체가 쉽게 들러붙었다. 그래서 희생 제물의 피를 찍어 바르거나 흩뿌리는 정결 의식을 집행할 때 이 식물이 종종 사용되었다. 모세는 이스라엘 백성들을 대표하는 장로들에게 계속 말했다.

▲ 담장 곁에 자라고 있는 우슬초

"이제 이집트 땅에 마지막 열 번째 재앙이 임할 것입니다. 여호와께서 초태생들을 치시려고 이집트 온 땅을 두루 다니실 때, 출입문의 상인방과 두 문설주에 어린 양의 피가 발라져 있으면 그 집은 그냥 넘어가실 것입니다. 그러므로 죽음의 사자가 그 집의 초태생을 죽이는 일은 없게 될 것입니다. 여러분은 이것을 영원한 규례로 삼아 자손 대대로 지켜야 합니다. 장차 약속의 땅에 들어가서도 이 유월절 의식을 계속 지켜나가야 합니다."

그렇게 당부한 뒤 모세는 유월절 의식이 갖는 의미를 일깨워 주었다.

"여러분, 후일에 여러분의 자녀들에게 유월절 의식의 의미를 잘 전해주시오. 여호와께서 이집트 사람들의 초태생들을 치러 다니실 때, 이스라엘 백성들의 집은 어린 양의 피를 보고 그냥 넘어가시어 죽음에서 구해주셨다는 사실을 말입니다. 여러분은 책임지고 그 사실을 여러분의 자녀들에게 반드시 가르쳐야 합니다."

"명심하겠습니다! 우리 주님은 진실로 위대하십니다."

모세의 말을 듣고 이스라엘의 장로들은 모두 엎드려 주께 경배했다. 그런 뒤 그들은 각자 장막으로 돌아가 주께서 모세와 아론에게 명하신 대로 행했다. 그리고 다른 이스라엘 백성들에게도 그리 하도록 자세히 알려주었다.

열 번째 재앙! 그리고 마침내 출애굽! (12:29-42)

그 달 14일 해거름 녘, 이스라엘 백성들은 모세가 지시한 대로 어린 양을 잡아 그 피를 우슬초에 적셔 집 대문의 문설주와 상인방에 발랐다. 피비린내가 고센 땅 사방으로 퍼졌다. 이집트 사람들은 불안한 눈으로 히브리인들을 지켜보았다.

"죽음의 사자가 이집트를 방문한다고? 그리고 처음 태어난 생명들을 모조리 죽인다고? 여보게, 그게 상상이 가나?"

"글쎄? 상상이 가지는 않지만 지금까지 아홉 개의 재앙이 그대로 임했잖아? 그러고 보면 이번에도 그대로 임하는 게 아닐까? 참으로 불안하구먼. 이를 어쩌면 좋지…?"

이집트 사람들은 안절부절 못했다. 마냥 좌불안석이었다. 반면, 이스라엘 백성들은 모세의 지시대로 어린 양의 피를 좌우 문설주와 상인방에 칠한 뒤 전부 대문 안으로 들어갔다. 이집트 땅은 딱 두 가지 종류의 집으로 구별되었다. 대문에 피를 바른 집과 아무 표시도 없는 집이었다. 히브리인들은 대문에 피를 칠하고 허리에 띠를 매고 발에 신을 신고 손에 지팡이를 든 채 유월절 음식을 먹었다. 그리고 모두가 집안에서 죽은 듯 숨죽이며 조용히 기다렸다. 폭풍 전야 같은 적막함이 감돌았다.

한밤중이 되었다. 어디선가 바람이 불었다. 더위를 식혀주는 바람이 아니라 뭔가 오싹하게 하는 바람이다. 모두 공포를 느꼈다. 죽음의 사자가 마을을 샅샅이 뒤지는 느낌을 받았다. 그렇다고 창문 밖으로 내다볼 수는 없었다.

유월절 밤, 죽음의 천사의 방문은 그렇게 시작되었다. 여호와께서 이집트 땅의 모든 집집마다 찾아가, 그 대문에 어린 양의 피가 발라져 있지 않는 집안의 처음 난 것들을 모조리 치셨다. 왕의 맏아들에서부터 맷돌질하는 비천한 여종의 맏아들까지, 그리고 감옥에 갇혀 있는 죄수의 맏아들까지도, 어린 양의 피가 없는 이집트 사람들의 맏이란 맏이는 단 한 명도 예외 없이 모조리 죽이셨다. 또한 이집트 사람들이 소유한 모든 가축의 맏배들까지 죽이셨다. 이집트 사람들의 집안에서 처음 태어난 것들은 모조리 죽임을 당하고 말았다.

"아이고! 얘야! 얘야! 이게 어찌 된 일이냐? 눈 좀 떠 보아라! 어서 눈을 떠 보라니까! 아이고! 얘야, 내 아들아!"

그 밤에 무시무시한 죽음의 공포가 이집트 온 땅을 뒤덮었다. 파라오와 신하들과 온 이집트 사람들이 속수무책으로 맏아들의 죽음을 지켜보아야 했다. 집집마다 초상을 당했다. 초상 당하지 않은 집이 하나도 없었기 때문에 이집트 온 땅에는 엄청난 통곡이 있었다. 말 그대로 울음바다였다.

“아이고~ 아이고~ 얘야, 대체 이게 어찌 된 일이냐? 멀쩡한 애가 밤사이에 이리 되다니, 얘야! 제발 눈을 떠 보아라, 아이고, 아이고! 내 아들아!”

이집트 사람들의 집집마다 벌어진 맏이(초태생)의 죽음은 어쩌면 인과응보(因果應報)였다. 일찍이 히브리인들의 사내아이들을 무자비하게 나일강에 던져 죽인 파라오와 이집트인들에 대한 하나님의 보응적 심판이기도 했다. 하나님이 자기 백성의 눈물과 고통을 그대로 갚아주신 것이다.

이때 이집트 사람들의 맏이를 친 죽음의 천사는 고센 지역에 사는 히브리인들의 집은 전부 건너뛰었다. 집 문에 어린 양의 피가 발라져 있었기 때문이다. 이미 ‘죽음’을 상징하는 ‘피’가 그 집엔 있었기에 구태여 들어가서 죽일 필요가 없었던 것이다. 이렇게 모든 이스라엘 백성들은 유월절 어린 양의 대속의 피로 말미암아 죽음에서 구원받은 것이다.

보라! 후일에 메시아(그리스도) 예수가 구유에서 태어나셨고, 또한 세례 요한이 자기에게 세례 받으러 나아오는 예수를 보고 ‘하나님의 어린 양’이라고 칭한 사실을! 이는 유월절 어린 양이 장차 오실 메시아 예수의 예표(豫表)임을 잘 보여준다.

“가라, 어서 일어나 무조건 이집트를 떠나라. 너희 뜻대로 너희 신 여호와께 예배드려라. 나갈 때는 모든 가축들도 전부 몰고 가라. 어서 속히 이 땅을 떠나라! 지체하지 말고 떠나라! 당장 나가란 말이다!”

결국 파라오는 항복했다. 모세와 아론을 불러 그날 밤으로 즉시 이집트 땅을 떠나갈 것을 독촉했다. 아무 조건도 달지 않았다. 열 번째 재앙인 맏이들의 죽음을 보고 기가 질려 무조건 항복한 것이다. 자신의 왕위를 계승할 맏아들 왕자마저 죽었기에 슬픔과 비통함에 빠져 여호와에게 맞서 싸울 의욕을 완전히 상실했다. 파라오만 아니라 그의 모든 신하들과 이집트 사람들도 이스라엘 백성들에게 어서 자기 나라를 떠나 달라고 통사정하고 재촉했다.

"어서 이집트를 떠나시오. 그렇지 않으면 초태생뿐만 아니라 우리까지도 모두 죽고 말 것이오. 그러니 한시라도 빨리 여기를 떠나시오. 어서요!"

"알았소! 하지만 그냥 떠날 수는 없소. 빈손으로 여기를 떠날 수는 없단 말이오. 우리에게 금과 은으로 만들어진 패물을 주시오. 그래야만 떠날 것이오."

이스라엘 백성들은 모세의 지시대로 이집트 사람들에게 금은 패물과 옷가지들을 달라고 요구했다. 이집트 사람들은 이것저것 다 내주었다. 이렇게 이스라엘 백성들은 값진 물건들을 많이 획득했다. 하나님께서 이처럼 이스라엘 백성들로 하여금 이집트 사람들에게서 금은 패물과 온갖 값진 물건을 획득하게 하여 출애굽을 시킨 이유는 무엇일까.

첫째, 이스라엘의 출애굽은 빈손으로 쫓겨나는 그런 추방과 패배의 출애굽이 아니었다. 여호와께서 베푸신 여러 초자연적 재앙들을 통해 이집트의 신들과 파라오를 완전히 굴복시킨 후 정복자처럼 전리품을 얻어 당당하게 이집트를 떠나가는, 영광과 승리의 출애굽임을 온 천하에 선포하기 위함이었다.

둘째, 파라오의 무자비한 압제와 폭력 아래에서 400년 동안 억울하게 착취당한 자기 백성들의 노동력에 대해 마땅히 받아야 할 정당한 값을 받아주신 것이다.

셋째, 출애굽 이후에 광야에서 성막을 지을 때와 각종 제사를 드릴 때를 고려하여 그 준비물을 충분히 갖추도록 하기 위함이었다.

"자, 이제 모두 이집트 땅을 떠나도록 합시다!"

마침내 영광의 출애굽이 시작되었다(주전 1446년경). 하나님이 일찍이 아브라함에게 '횃불 언약'으로 출애굽을 약속하신 지 640여 년이 지난 때였다. 또한 요셉의 초청에 응하여 야곱이 가족을 이끌고 고센 땅에 정착한 지 430년이 흐른 시점이었다.

이스라엘 백성들은 채 부풀지도 않은 반죽을 그릇째 옷으로 싸서 각자 어깨에 메고 서둘러 집을 나섰다. 이곳저곳 고센 땅에 흩어져 살던 히브리인들이 라암셋으로 모두 모여들었다. 동족을 기다리느라 시간이 조금 지연되었다. 구름 떼처럼 몰려드는 사람들을 보고 서로가 크게 놀랐다.

'아, 우리 부족이 언제 이렇게 큰 민족이 되었던가!'

하나님은 알게 모르게 아브라함과 맺은 약속을 지키신 것이다. 큰 민족이 되게 해주신다는 약속이었다. 그리고 젖과 꿀이 흐르는 가나안 땅을 주시겠다는 약속을 지키시려고 이집트에서의 대탈출을 이루셨던 것이다. 히브리인들은 저마다 벅찬 감격으로 끝없이 몰려드는 행렬을 바라보았다.

드디어 이스라엘 백성들이 움직이기 시작했다. 모세와 아론의 인도로 고센 땅 라암셋을 출발하여 동남쪽 17km 지점에 있는 숙곳으로 일단 향했다. 당시 여자들과 아이들을 빼고 20세 이상의 남자 장정들만 60만 명쯤 되었다. 여자들과 아이들까지 포함하면 최소 200만 명 이상이다. 국가를 이루기에 부족함이 없는 수효였다. 하나님의 약속은 성취되었다. 아브라함과 이삭과 야곱의 후손은 어느새 큰 민족이 되어 있었다.

출애굽 때, 이스라엘 백성들 외에 다른 민족들 중에서도 덩달아 따라나선 이들도 꽤 많았다. 그들은 이스라엘의 신 여호와가 이집트 땅에 베푼 놀라운 이적들을 보고, 또는 여호와가 신의 아들로 추앙받는 파라오까지 굴복시키는 것을 보고, 이스라엘의 신 여호와에 매료되어 따라나선 자들이었다. 여호와 신을 따라가면 배곯을 일은 없겠다 싶어 따라나선 것이다. 이른바 잡족(雜族)이다. 이후, 이들은 광야 여정에서 어려움을 겪으면 그때마다 가장 먼저 불만을 터뜨리고 불평을 늘어놓기

일쑤였다.

이스라엘 백성들이 그때까지 이집트 땅에 체류한 기간은 430년이었다. 그러니까 야곱 일행 70명이 가나안에서 내려와 고센 땅에 첫 발을 디딘 때로부터 야곱의 후손인 200만 이스라엘 백성들이 이집트를 벗어난 때까지 430년이었다(주전 1876-1446년경). 고센 지역에 처음 정착한 이래 430년이 되던 해의 유월절 다음날 아침에 이스라엘 백성들은 여호와의 군대를 이루어 정복자처럼 당당하게 이집트 땅을 떠난 것이다.

"자, 가자! 하나님께서 우리 조상들에게 약속해 주신 젖과 꿀이 흐르는 가나안 땅을 향하여!"

유월절에 관해 보충적 규례가 주어지다 (12:43-51)

하나님은 이집트를 출발하고 행진을 시작하는 이스라엘 백성들에게 유월절을 어떻게 지켜야 할 것인가 하는 지침을 만들어 주셨다. 하나님께서 만들어 주신 유월절 규례는 이러하다.

이스라엘 공동체에 속하는 사람들은 반드시 유월절을 지켜야 한다. 그러나 이방 사람들은 유월절 음식을 먹어서는 안 된다. 임시로 몸 붙여 사는 이방 사람들과 고용된 품꾼들도 유월절 음식을 함께 먹으면 안 된다. 하지만 돈을 주고 사들인 종에게 할례를 베풀었다면 그 종은 유월절 음식을 함께 먹어도 된다.

이스라엘 백성들 가운데 임시로 몸 붙여 사는 이방 사람이 유월절을 지키고 싶어 한다면 남자들은 반드시 할례를 받아야 한다. 그래야만 본국인들과 함께 유월절 만찬에 참여할 수 있다. 할례를 받지 않은 사람은 누구도 유월절 음식을 먹으면 안 된다.

할례는 남자 생식기의 귀두 부분을 둘러싼 포피를 베어내는 시술 행위를 말한다. 하나님은 이스라엘의 조상 된 아브라함과 맺은 언약을 통해 이 할례를 자신의 백성 된 증표로 삼으셨다.

오래전, 그러니까 약 620년 전에 하나님은 이스라엘의 조상 아브라함과 맨 처음 이 같은 '할례 언약'을 맺으셨다. 이후로 '할례 받지 못한 자'라는 말은 택함 받지 못한 자, 곧 하나님의 백성이 아닌 이방인을 가리키는 말이 되었다. 하나님은 유월절 규례와 관련하여 모세와 아론에게 계속 말씀하셨다.

"유월절 음식을 먹을 때는 고기를 집 안에서만 먹어야 한다. 그 어린 양의 고기를 집 밖으로 가지고 나가서는 안 된다. 고기의 뼈를 부러뜨려서도 안 된다. 본국인에게든, 너희에게 몸 붙여 사는 이방 사람에게든, 이 법은 똑같이 적용되어야 한다."

하나님은 앞서 알려주신 유월절 규례에 덧붙여 보충적인 유월절 규례를 알려주신 것이다. 모세와 아론은 하나님이 알려주신 대로 이스라엘 백성들에게 전했다. 그리고 그들은 명하신 대로 행했다.

이렇게 해서 첫 유월절과 함께 출애굽의 위대한 역사가 이루어졌다.

13
무교절과 초태생 규례

종살이하던 그 땅에서 나온 날
누룩 넣지 않은 빵을 먹어야 한다
이레 동안 무교절 지켜라
처음 태어난 것들은 거룩히 구별하여라

초태생과 무교절 규례 (13:1-16)

"초태생은 나의 것이다. 이스라엘 백성들 가운데 그 어미의 태를 열고 처음 나온 것들은 사람이든 가축이든 모두 나의 것이다. 그러니 처음 태어난 사내아이나 모든 가축의 수컷은 거룩하게 구별하여 내게 바쳐라."

하나님은 사람이나 가축을 막론하고 이스라엘 백성들의 모든 초태생은 자신의 것이라고 주장하셨다. 그 이유는, 하나님께서 이집트의 모든 초태생을 멸하실 때 이스라엘 백성의 모든 초태생은 유월절 어린 양의 대속(代贖)의 피로 구원받았기 때문이다. 그 유월절 어린 양이 하나님에게서 비롯된 것이므로, 하나님은 이스라엘 백성의 구속자 자격으로 마땅히 자신의 소유권을 주장하신 것이다. 모세는 이 같은 하나님의 말씀을 동족들에게 전했다.

"여러분이 가나안 땅을 차지하게 되거든 그 어미의 태를 처음 열고 나온 사내아이나 동물의 수컷은 모두 주님의 것입니다. 그러니 모든 초태생은 거룩하게 구별하여 주님께 바쳐야 합니다. 훗날 여러분의 자녀들이 그 이유를 묻거든 여러분이 밝히 대답해 주십시오."

"어떻게 대답해 주어야 합니까?"

"네, 대답하기를 '주께서 이집트 땅에서 종살이하던 우리를 강한 능력의 손으로 구해 내셨단다. 파라오는 내보내지 않으려고 완강하게 버텼지만, 주께서 이집트 땅의 처음 태어난 것들을 모두 죽이시자 결국 굴복할 수밖에 없었지. 우리의 초태생들은 유월절 어린 양의 대속의 피로 하나도 죽지 않았단다. 그래서 우리는 어미의 태를 열고 처음 태어난 수컷들은 모두 주께 희생 제물로 바쳐야 하는 거란다.' 하십시오."

"그러면 사람의 초태생도 희생 제물 삼아 주님께 바쳐야 하는 것입니까?"

"아닙니다. 그렇지 않습니다. 사람의 초태생은 그 목숨 값에 해당하는 다른 것으로 대신 바쳐야 합니다."

"아, 네. 명심하겠습니다."

"여러분은 이 말씀을 절대로 잊어서는 안 됩니다. 여러분의 손에 새긴 표나 여러분의 두 눈 사이 앞이마에 붙인 표처럼 항상 기억하고 명심해야 합니다."

여기서 초태생을 바치는 장자 헌신의 규례는 후일 이스라엘 백성들 가운데 레위 지파가 특별히 구별되어 하나님의 성막에서 전적으로 헌신하는 것으로 대치되었다. 그 대신, 이스라엘 각 집은 장자 한 사람당 목숨 값으로 은(銀) 5세겔의 속전(贖錢)을 바쳐야 했다. 세겔(Shekel)은 고대 사회의 화폐 단위로, 은 한 세겔은 노동자 4일치의 품삯에 해당한다. 당시 장정 한 사람의 몸값은 은 30세겔이었다.

이스라엘 백성들은 고센 땅의 라암셋에서 각자 출발하여 동남쪽 17km 지점에 위치한 '숙곳'이란 성읍에 집결했다. 본격적인 출애굽 여정을 시작하기 직전이었다. 거기서 모세는 이스라엘 백성들에게 다시금 무교절 규례를 일깨워 주었다.

무교절은 이집트의 종살이에서 해방된 날로 대대로 기념하여 절기로 지켜야 한다. 이날에 주께서 강한 권능의 손으로 파라오를 꺾으시고 히브리 민족을 이집트에서 이끌어내셨기 때문이다. 하나님께서는 머잖아 자기 백성 이스라엘을 가나안 땅으로 인도해 들이실 것이다. 이스라엘 백성들이 젖과 꿀이 흐르는 그 땅에 들어가 정착하거든, 출애굽을 기념하는 이 절기를 꼭 지켜야 한다. 무교절 절기를 지킬 때의 규례는 이러했다.

> 무교절의 절기가 진행되는 이레(7일) 동안에는 누룩 넣은 빵을 먹어서는 안 된다. 이레 동안은 누룩을 넣지 않은 빵만 먹어야 한다. 그 이레 동안은 심지어 누룩조차 눈에 띄게 해서는 안 된다.
>
> 무교절(유월절)은 자녀 교육의 기회로 삼아야 한다. 자녀들에게 분명히 교육해야 한다. 이렇게 절기를 지키는 것은, 이집트의 종살이에서 벗어날 때 주께서 몸소 우리를 위해 행하신 크고 놀라운 일을 기리기 위함이다.
>
> 자기 자신을 위해서라도 반드시 이 절기를 지켜야 한다. 이마나 손에 붙이고 다니는 표식같이 이 절기를 지키라고 명하신 주님의 규례를 절대로 잊지 말고, 해마다 정한 때에 반드시 이 절기를 지켜야 한다.

이것이 무교절 규례다. 절기 때는 누룩 넣지 않은 빵만 먹어야 했기에 '무교절'(無酵節)이라 불린다. 흔히 '유월절'로도 불리는데, 그것은 무교절 속에 유월절이 포함되었기 때문이다. 정월(아빕월) 14일 저녁 때 어린 양의 고기를 먹는 절기가 유월절인데, 무교절은 그런 유월절을 포함하여 이후 이레 동안 누룩 없는 빵을 먹는 절기인 까닭이다.

여기서 누룩은 죄와 부패를 상징한다. 따라서 누룩 없는 빵을 먹는 것은, 죄와 부패에서 벗어나 하나님의 거룩한 백성으로 새로이 태어난다는 정결 의식인 셈이다.

마침내 가나안 여정이 시작되다 (13:17-22)

이스라엘 백성들이 파라오의 압제에서 벗어나 '숙곳'이란 지역에 집결했을 때, 하나님이 모세에게 명령하셨다.

"모세야, 너는 이스라엘 백성들을 블레셋 족속의 땅으로 인도하지 말고 홍해에 이르는 광야 길로 인도하여라."

하나님은 자기 백성을 블레셋 족속의 땅으로 이끌지 않으셨다. 이집트에서 가나안 땅으로 가는 지름길은 수에즈 지협(地峽) 북단을 통과하여 블레셋 족속의 해안 도시들을 경유하는 지중해 연안도로였다. 당시에 이 길은 대상(隊商)들이 가나안과 이집트 간의 교역로(交易路)로 애용하던 지름길이었다.

만일 이스라엘 백성들이 이 길을 택하여 가나안 땅으로 갔더라면 5일 남짓밖에 소요되지 않았을 것이다. 하지만 하나님은 그리로 이끌지 않으셨다. 그 길에는 막강한 무력을 갖추고 있던 호전적인 블레셋 족속이 버티고 있었기에, 그 길을 통과하려면 필연적으로 블레셋 족속과의 전쟁을 치러야 했다. 하지만 당시에 이스라엘 백성들은 수백 년 동안 종살이했던 노예 민족으로서 싸울 만한 전투 능력이 없었다. 부녀자들과 어린이들, 노약자들에 가축 떼까지 딸려 있었다. 그래서 전투 상황에 부딪히게 되면 이스라엘 백성들은 마음을 바꾸어 출애굽 자체를 원망하고, 방금 빠져나왔던 이집트 땅으로 되돌아갈 공산이 컸다.

하나님은 이런 점을 우려하셨다. 그래서 가까운 지중해 연안도로가 아니라 빙 둘러 여섯 배나 더 소요되는 홍해의 광야 길로 이스라엘 백성을 이끌어 가셨다. 홍해에 이르는 광야 길은 수에즈 만(灣)을 따라 시내산(Mt. Sinai)으로 향하는 수르(Shur) 광야 길을 말한다. 하나님은 블레셋 족속과의 전쟁도 피하고, 모세에게 출애굽 사명을 부여하실 때 약속하신 대로 이스라엘 백성과 시내(호렙) 산 언약을 맺기 위해 그 길로 인도하셨다.

"너희는 우리 조상 요셉의 유골을 정성스레 모셔야 한다."

모세는 요셉의 유골을 모시고 가는 자들에게 특별히 당부했다. 오래전 이집트 총리였던 요셉은 110세에 이집트 땅에서 죽어 그 시신이 미라로 보존되어 있었다(주전 1805년경). 그때로부터 360여 년이 지난 출애굽 때에 요셉의 시신이 가나안 땅으로 옮겨졌다. 그 이유는 요셉의 유언 때문이었다. 그의 유언은 이러했다.

"하나님이 너희를 돌아보아 이집트 땅에서 인도해 내시는 날이 반드시 이를 것이니, 그때에 너희는 잊지 말고 내 뼈를 여기에서 옮겨가 약속의 땅 가나안에 묻어 다오."

요셉이 이집트 총리로 있던 생전에 그는 이렇게 유언한 뒤에 그의 자손들에게 맹세로 단단히 일러두었다. 그래서 이제 요셉의 시신이 출애굽 행렬과 함께 가나안 땅으로 옮겨지고 있는 것이다.

"자, 출발이다! 이제 하나님이 약속해 주신 땅 가나안을 향하여 나아가자!"

마침내 모세는 200만 명이 넘는 이스라엘 백성들을 이끌고 가슴 가득 소망을 품은 채 가나안 여정을 본격적으로 시작했다. 집결지 숙곳을 떠난 이스라엘 백성들은 수르 광야 끝에 있는 에담에 이르러 거기에 처음으로 장막을 쳤다. 그리고 이때부터 하나님은 낮에는 구름기둥으로, 밤에는 불기둥으로 이스라엘 백성들을 앞서가시며 나아가야 할 길을 친히 인도해 주셨다.

구름기둥과 불기둥은 다른 두 개의 기둥이 아니다. 별개의 기둥이 아니라, 하나의 기둥이 두 가지 역할을 했다. 태양이 이글이글 뜨겁게 내리쬐는 낮에는 구름기둥이 시원한 그늘로 이스라엘 백성들을 보호해

주었다. 춥고 들짐승들이 출몰하는 밤에는 구름기둥이 불기둥으로 변하여 따뜻하고도 안전하게 보살펴 주었다.

구름기둥과 불기둥은 하나님께서 내려주신 큰 선물이자 축복이었다. 광야 여정 내내 이 놀라운 은총의 기둥은 잠시도 이스라엘 백성들 앞에서 떠나지 않았다. 진실로 이 구름기둥과 불기둥은 이스라엘 백성들과 항상 동행하시는 하나님의 거룩한 임재의 상징물이었다.

14
홍해를 건너다

주께서 명하신 대로 따르리라
바다가 물러가 마른땅 될지라도
홍해 한가운데로 들어갈지라도
오직 주만 찬양하며 행하리라

파라오의 병거 부대가 추격해 오다 (14:1-9)

모세는 주께서 명하신 대로 진행하던 방향에서 갑자기 길을 틀어 완전히 다른 방향으로 이스라엘 백성을 인도해 나갔다. 출애굽한 지 4일째쯤 되던 날이었다.

200만 이스라엘 백성들이 이집트 땅을 벗어나자 파라오(아멘호텝 2세)는 크게 후회하고 있었다. 여호와의 무시무시한 재앙은 망각한 채 자신이 성급한 결정을 내렸다고 자책했다. 큰 건축 공사가 끊이질 않던 이집트에서 60만 명이 넘는 노동력은 반드시 필요했는데, 재앙에 놀라 출애굽을 허락한 자신이 바보 같은 짓을 했다고 뉘우친 것이다. 어리석은 악인의 전형적인 행태다.

그러던 차에 이스라엘 백성들이 갑자기 길을 틀어 홍해 앞에 갇혀 있다는 보고를 받았다.

"뭣이? 그게 정말이렷다? 이스라엘 백성들이 홍해 앞에 장막을 치고 있단 말이지? 으핫핫하. 그들이 광야에서 길을 잃은 게 분명하다. 좋다! 지금 추격하면 다시 붙잡을 수 있다. 병거 부대는 즉시 창칼과 활로 무장하고 나를 따르라!"

파라오는 옳거니 쾌재를 부르며 급히 군대를 이끌고 추격에 나섰다.

"이스라엘 백성들은 얼마 가지 못했다. 그들에겐 부녀자들, 어린이들, 노약자들, 그리고 가축 떼까지 딸려 있다. 그러니 얼마든지 따라잡을 수 있다. 다들 최대한 속도를 내어 나를 따르라!"

파라오는 600대의 병거를 동원하고 왕실의 정예부대를 골라 득달같이 추격했다. 병거는 고대 세계의 강력한 전쟁 도구로, 두 필의 말이 이끄는 바퀴 달린 군사용 전차를 말한다.

파라오가 이끄는 600승의 병거 부대를 비롯하여 기병들로 이루어진 이집트 군대는 뿌연 흙먼지를 일으키며 급히 추격했다. 머잖아 이스라엘 백성들이 장막을 친 바알스본 맞은편인 비하히롯 근처의 홍해 바닷가 가까이 이르게 되었다. 거의 따라잡은 것이다.

"으핫핫핫. 굼벵이 같은 놈들! 기껏 달아나더니 저기에 있구나. 다들 좀 더 힘을 내라! 거의 따라잡았다. 한 놈도 놓쳐서는 안 된다. 모조리 생포해서 포로로 다시 끌고 가야 한다."

파라오는 병거 부대와 기병대를 이끌고 이스라엘 백성들이 장막을 친 곳으로 점차 가까이 다가가고 있었다.

이스라엘 백성들이 걸어서 홍해를 건너다 (14:10-31)

이스라엘 백성들로부터 그리 멀지 않은 곳에서 뿌연 흙먼지를 일으키며 파라오의 병거 부대와 기병대가 추격해오고 있었다.

"아아, 저들은 이집트의 병거 부대와 기병대가 아닌가? 정말 큰일이다. 이젠 꼼짝없이 죽게 되었구나."

이스라엘 백성들은 잔뜩 겁에 질려 울부짖었다. 사실 그들은 장정만

60만 명으로 이집트 군사들보다 훨씬 많았다. 그러나 오랜 종살이 끝에 아무런 무기도 군대도 없었기에 맞서 싸울 엄두를 내지 못했다. 부녀자들과 어린아이들과 노약자들, 그리고 가축 떼까지 많이 딸린 상태였다.

이스라엘 백성들은 자신들을 오랫동안 다스려 온 파라오와 위풍당당한 그의 병거부대를 바라보자 본능적으로 겁부터 집어먹고 벌벌 떨었다. 앞에는 시퍼런 물결이 넘실대는 바다가 가로막은 상태다. 좌우에는 높은 절벽과 황량한 광야 사막이 있었다. 극심한 두려움과 절망에 빠졌다. 꼼짝없이 죽게 되었다고 생각했다. 그들은 지도자 모세를 향해 아우성쳤다.

"당신은 어쩌자고 우리를 여기까지 끌고 나온 거요? 이집트에는 묻힐 데가 없어서 우리를 이 광야에서 죽게 만든단 말이오?"

"이집트에 있을 때 당신에게 몇 번이나 말하지 않았소? 이집트인들을 섬기며 살도록 그냥 내버려두라고 말이오. 그런데도 기어코 우리를 이끌어내더니, 이게 대체 뭐란 말이오? 기껏 이러자고 우리를 이끌어낸 거요?"

"이렇게 광야에서 죽느니 이집트 사람들의 종노릇이나 하면서 사는 게 훨씬 나을 뻔했소. 뭐라고 말 좀 해보시오. 이제 대체 어쩔 셈이오?"

이집트에서 430년 동안 종살이 하던 히브리 민족은 노예 체질이 되어 버렸다. 출애굽에 대한 그들의 감격과 감사는 잠깐뿐이었다. 출애굽의 감격이 가라앉자 덥다, 춥다, 배고프다, 무섭다, 힘들다 하며 불평불만을 쏟아냈다. 크게 두려워 떨며 술렁대는 그들을 한껏 진정시키며 모세가 말했다.

"여러분, 두려워하지 마십시오. 파라오와 그의 군대를 무서워할 필요가 조금도 없습니다. 마음을 다잡고 굳게 서서 주께서 보여 주실 놀라운 구원의 손길을 지켜보십시오."

"지금 뭐라는 것이오? 우리를 죽이려고 달려오는 저 파라오의 군대를 보고서도 구경꾼이 되라는 거요? 정신이 있는 사람이오? 그런 정신 빠진 소리는 하지도 마시오. 우리는 죽고 싶지 않단 말이오."

모세는 속에서 은근히 화가 치밀었다.

'아, 왜 이렇게 불평만 잔뜩 쏟아낼까? 도대체 생각이 있는 사람들인가?'

그러나 지금은 모두가 극도로 긴장한 상태다. 충동적이거나 성급하면 일을 그르친다. 모세는 솟아오르는 화를 눌러 참고는 다시금 외쳤다.

"여러분, 지금 두 눈으로 보고 있는 저 이집트 사람들을 다시는 영영 볼 수 없게 될 것입니다. 주께서 저들과 몸소 싸우실 것입니다. 그러니 여러분은 그저 가만히 지켜보기만 하면 됩니다."

"그게 무슨 말이오? 주께서 우리를 위해 싸우시려면 벌써 나타나야 하지 않소? 주께서 어디로부터 온단 것이오? 어디! 어디요?"

바로 그때였다. 주님의 말씀이 모세에게 임했다.

"모세야, 무얼 하고 있느냐? 이스라엘 백성들에게 명하여 지금 앞으로 나아가라고 하여라. 지팡이를 든 네 손을 바다 위로 쭉 내뻗어라. 그러면 바다가 좌우로 갈라지고, 이스라엘 백성들이 바다 한가운데로 마른 땅을 밟고 건너가게 될 것이다."

홍해가 둘로 갈라지고 바다 속에서 마른 땅이 드러난다는 말씀이었다. 지금까지 많은 기적이 일어난 것은 사실이지만, 바다가 갈라진다는 것은 상상을 초월하는 엄청난 기적이었다. 하나님의 말씀이 이어졌다.

"모세야, 너희가 홍해 길로 들어가면 뒤따라서 이집트 군대도 쫓아 들어올 것이다. 그때 내가 파라오의 모든 군대와 전차들, 말들을 단숨에 물로 쓸어버려 내 영광을 크게 드러내 보이겠다. 그렇게 내가 파라오의 군대를 일거에 쓸어버린 뒤에야 이집트 사람들은 내가 '여호와'인 줄 비로소 알게 될 것이다."

이제 곧 벌어질 그 굉장한 상황 앞에서 모세는 할 말을 잃었다.

그냥 두 손 들고 하나님께 영광을 올릴 뿐이었다. 그때였다! 구름기둥이 움직였다. 이스라엘 진영 앞에 있던 구름기둥이 뒤쪽으로 옮겨가서 이집트 군대와 이스라엘 진영 사이에 자리를 잡았다. 구름기둥으로 인해 이집트 진영은 어두웠지만 이스라엘 진영은 밤에도 환했다. 이스라엘 진영은 불기둥이 환히 밝혀 주었다.

이집트 군대는 온밤 내내 쳐들어오지 못했다. 불기둥이 가로막고 있었기 때문이다. 파라오의 군대는 더 이상 진격하지 못한 채 불기둥 저쪽 편에서 크게 당황해하며 이리저리 부산하게 움직일 뿐이었다.

하나님의 명령대로 모세가 바다 위로 지팡이 든 손을 쭉 내뻗자 주께서 밤새도록 강력한 동풍을 일으키셨다. 그러자 바닷물이 양쪽으로 물러가고 마른 땅이 드러났다.

"보라! 바다가 둘로 갈라진다!"

"와, 바다 밑에 마른 땅이 드러났다!"

바닷물이 갈라진 곳은 오늘날 수에즈 만의 최상단 지역인 '쓴 호수'(Bitter Lake) 지점이다. 이때의 큰 동풍은 아라비아 사막 쪽에서 불어온 심히 강렬한 시로코(sirocco) 열풍이었다. 뜨거운 동풍은 엄청난 양의 바닷물을 좌우로 밀어내어 양편에 벽처럼 서 있게 만들었고, 질척한 바다 밑을 급속도로 바싹 마르게 했다. 물론 단순한 자연현상이 아니다. 자연현상을 빌어 하나님이 특별하고도 강력하게 일하신 놀라운 초자연적인 이적이다.

"자, 모두 바다를 신속하게 건너도록 하시오. 한꺼번에 몰려들지 말고, 차례대로 질서 있게 움직이시오!"

바다가 갈라지고 마른 땅이 드러나자 사람들은 바다 한가운데로 들어갔다. 그들은 마치 육지처럼 걸어서 바다를 건넜다. 갈라진 바닷물은 오른쪽과 왼쪽에서 우뚝 솟아나 큰 벽이 되었다. 남녀노소 모든 사람은 물론이고 수레와 짐승들까지 어려움 없이 건너기 위해서는 바다 밑의 땅이 완전히 바싹 말라 있어야 했다.

200만 명 이상의 이스라엘 백성들이 밤 동안에 바다 가운데로 모두 건너기 위해서는 적어도 폭이 1km, 길이가 2, 3km 정도 되었을 것이다. 시간은 6시간 정도(대략 밤 10시부터 새벽 4시까지) 요구되었다.

"보라, 불기둥이 없어졌다! 어서 이스라엘 백성들을 추격하라!"

새벽녘에 이르러 이집트 군대를 계속 가로막고 있던 불기둥이 이스라엘 백성들 앞으로 다시 옮겨갔다. 그러자 파라오가 휘하의 병거 부대와 기병대를 향해 명령했다. 파라오의 명령에 응하여 이집트 군대가 급히 추격하여 바다 한가운데로 뒤따라 들어왔다. 이때, 하나님이 불기둥과 구름기둥 사이로 이집트 군대를 노려보시며 그들을 어지럽게 만드셨다.

히이이힝 히이이힝. 바다 한가운데서 말들이 무엇인가에 매우 놀랐다. 더 이상 달리지 않고 앞발을 높이 치켜들며 마구 울어 댔다. 병거들은 바퀴가 빠져 더는 달리지 못했다. 이집트 군사들이 크게 두려워하며 외쳤다.

"아, 큰일이다! 더는 추격하지 말자. 그들의 신 여호와가 우리와 싸우고 있다. 서둘러 바다에서 벗어나자!"

때는 동틀 무렵이었다.

"모세야, 이제 네 지팡이 든 손을 바다 위로 쭉 내뻗어라. 바닷물이 다시 합쳐져, 이집트 군대의 병거들과 말들 위를 덮칠 것이다."

하나님의 명에 따라 모세가 지팡이 든 손을 바다 위로 내뻗었다. 그러자 둘로 갈라져 벽처럼 서 있던 바닷물이 다시 힘차게 제자리로 돌아왔다. 하나님이 일으키신 기적적인 강렬한 동풍에 의해서였다. 좌우로 밀려나 벽처럼 서 있던 바닷물이 마치 재갈 풀린 맹수처럼 맹렬한 기세로 바다 가운데를 양쪽에서 일시에 덮쳤다.

으아악! 으악! 사람 살려! 여기저기서 비명 소리가 난무했다. 바다 한가운데로 진격하던 이집트 군사들은 강렬하게 덮쳐 오는 바닷물을 피해 오던 길로 다시 도망치려 허둥댔지만 이미 늦었다. 맹수처럼 맹렬한 기세로 덮쳐 오는 바닷물이 그보다 훨씬 빨랐다. 이렇게 갈라졌던 바닷물이 제자리로 세차게 돌아와 파라오의 군사들을 몽땅 뒤덮어 버렸다. 바다 가운데로 들어온 이집트 군사들은 단 한 명도 살아남지 못했다.

파라오는 해안가 언덕 위에서 그 처참한 광경을 그저 지켜보아야만 했다. 태양신의 아들이라 불리는 파라오도 어떻게 손 한번 써 보지 못할 엄청난 기적이 눈앞에서 벌어지고 있었다. 속수무책으로 당할 수밖엔 다른 길이 없었다. 당시 세계 최강이라 자랑하던 이집트의 병거 부대와 기병대가 이스라엘의 신 여호와가 행사하는 권능의 손길 아래 속절없이 무너져 가고 있었다. 파라오는 그 모든 광경을 말 위에서 노발대발하며 지켜보기만 할 따름이었다.

반면, 이스라엘 백성들은 한 사람도 죽지 않고 마른 땅이 된 홍해 한가운데를 걸어서 건너편 언덕 위로 무사히 건넜다. 바닷물이 오른쪽과 왼쪽에서 벽이 되어 우뚝 서 있었기 때문이다. 이처럼 여호와께서는 그날에 이스라엘 백성들을 파라오의 손아귀에서 구해 주셨다.

"앗! 저것들은 이집트 군사들의 시체가 아닌가?"

"저기 말의 주검과 병거의 잔해들도 보인다!"

잠시 후 이집트 군사들의 시체가 물 위로 둥둥 떠올라 맞은편 해안가로 밀려왔다. 그들이 탔던 말의 주검과 부서진 병거 잔해들도 파도에 계속 떠밀려 왔다. 이스라엘 백성들은 바닷가에 즐비한 시체들을 보았다. 강한 동풍으로 밀려난 바닷물이 다시 합쳐지자 이번에는 강한 서풍이 불어왔다. 그 서풍이 바다에 빠져죽은 이집트 군사들의 시체를 홍해 동편에 있는 이스라엘 백성들 쪽으로 밀어 보냈던 것이다.

그날에 이스라엘 백성들은 파라오의 군대에게 행하신 여호와의 큰 권능을 똑똑히 목격하고는 여호와께 경배 드렸다. 그리하여 이스라엘 백성은 자기들의 신 여호와와 그의 종 모세를 확실히 믿게 되었다.

15
승리의 노래

주는 나의 힘, 나의 노래, 나의 구원
주를 찬양하며 한껏 높이리라
모세가 노래하고 미리암이 소고 치네
이스라엘 백성은 승리를 노래하네

이스라엘 백성들이 여호와를 높이 찬양하다 (15:1-21)

하나님이 이스라엘 백성들을 가나안 땅으로 향하는 지름길인 지중해의 해안 길로 인도하지 않고, 빙 둘러 홍해가 있는 광야 지역으로 인도하신 이유는 무엇이었을까? 하나는, 당시 지중해 연안지역에 거주하던 호전적인 강력한 블레셋 족속으로 인해 이스라엘 백성이 겁을 집어먹고 이집트로 되돌아가는 것을 미연에 방지하기 위함이었다. 다른 하나는, 자신의 뜻을 끝까지 거역하는 파라오의 군대를 홍해에 집어던져 수장(水葬)시킴으로써 자신의 절대 권능과 주권을 온 세상에 널리 알려 영광을 드높이기 위함이었다.

과연 여호와 하나님은 그렇게 하셨다. 이스라엘 백성이 홍해 앞에 갇힌 줄 알고 부랴부랴 추격해온 파라오의 병거부대와 기병대를 몽땅 집어 바다 한가운데로 던지고 바닷물로 덮어 버리셨다. 바다 가운데의 마른 땅을 밟고 건너가 홍해 맞은편의 동쪽 언덕 위에서 하나님의 크신 권능과 통쾌한 승리를 목격한 이스라엘 백성들은 여호와의 크신 권능과 위대하심을 찬양하지 않을 수 없었다.

그들은 구원의 벅찬 감격과 희열에 젖어 하나님의 구원하심에 감사하는 영광송(榮光頌)을 목청껏 불렀다. 모세의 인도 하에 불렀다고 해서 흔히 '모세의 노래'라 일컬어진다. 장엄한 스케일과 생생한 회화적(繪畫的) 묘사로 인해 고대 문학작품 가운데 독보적 위치를 점하는 탁월한 찬양이다.

여호와 하나님께서 파라오의 군대를 바다에 던져 넣은 그날, 파라오 군대의 추격을 뿌리치고 홍해를 무사히 건넌 모세는 여호와를 찬양하며 기쁨과 감사의 노래를 불렀다. 모세의 찬양 기도에 이스라엘 백성들은 "이스라엘의 구원자이신 주 여호와여! 영광을 받으소서!"라고 화답하며 하나님께 영광을 돌렸다.

[모세의 노래]

나, 주를 찬양하리. 주는 나의 하나님, 지극히 높고 영화로우신 분이시라. 파라오의 병거들과 말 탄 자들을 바다 속에 던져 넣으셨네. 주는 나의 힘, 나의 노래, 나의 구원이시라. 우리를 파라오의 손아귀에서 구원하셨네. 진실로 주는 큰 용사, 그 이름 여호와시라.

이스라엘의 구원자이신 주 여호와여! 영광을 받으소서!

주께서 파라오의 병거들과 말들을 바다에 던지시니 파라오의 용감한 장교들일지라도 다만 바다 속에 잠길 뿐이네. 주께서 손가락으로 그들을 집어 바다 한가운데로 던지신 뒤 깊은 바닷물로 덮으시니 그들이 무거운 돌처럼 바다 깊숙이 바닥에 가라앉았네.

이스라엘의 구원자이신 주 여호와여! 영광을 받으소서!

오, 주여, 주께서 오른손을 휘두르시어 원수들을 산산이 쳐부수시니 주의 오른손이 권능으로 영광스러워졌나이다. 진실로 주께서는 놀라운 권능으로 자신에게 맞서는 대적들을 단번에 꺾으셨네. 활활 타오르는 분노로 그들을 검불처럼 태우셨네.

이스라엘의 구원자이신 주 여호와여! 영광을 받으소서!

주께서 단지 콧김 한 번 내뿜으시니 바닷물이 우뚝 서고 파도가 벽처럼 우뚝 섰네. 깊은 물이 바다 속 한가운데서 엉겨 붙어 둑이 되었네. 그때 원수들이 큰소리치기를 '우리가 저들을 추격해서 따라 잡으리라. 저들을 약탈하여 우리 욕심을 채우리라. 칼을 뽑아 저들을 깡그리 베어 버리리라.' 하였건만, 웬걸! 주께서 바람 한번 일으키시니 바닷물이 원수들을 일시에 덮쳐버리네. 거센 파도 속에 원수들이 납덩이처럼 깊이깊이 가라앉았네.

이스라엘의 구원자이신 주 여호와여! 영광을 받으소서!

오, 주여, 온 세상 뭇 신들 가운데 여호와 같으신 분 뉘 있으리오. 어느 누가 여호와같이 그토록 거룩하시며 그토록 영광스러울 수 있으리오. 어느 누가 그토록 놀라운 일을 해내어 찬양받을 수 있으리오. 오직 여호와뿐이시라. 주께서 오른손을 내뻗으시니 바닷물이 일어나 원수들을 몽땅 삼켜 버렸네. 진실로 주께서는 몸소 건져내신 이 백성을 한결같은 사랑으로 이끄시는 분, 권능의 손길로 주께서 마련하신 거룩한 거처로 인도하셨네.

이스라엘의 구원자이신 주 여호와여! 영광을 받으소서!

보라, 온 땅의 열방이 이 소식을 전해 듣고 무서워 벌벌 떠는구나. 블레셋 주민들이 심히 괴로워하고, 에돔 부족의 지도자들이 새파랗게 겁에 질렸으며, 모압의 권력자들이 부들부들 떨고, 가나안 주민들이 넋을 잃었네. 온 땅의 열방들이 주의 크신 권능을 보고 두려움에 질려 있네.

이스라엘의 구원자이신 주 여호와여! 영광을 받으소서!

오, 주여! 주의 백성이 지나갈 때까지, 주께서 불러내신 이 백성이 다 지나갈 때까지 주의 강한 팔로써 열방을 돌덩이처럼 굳어지게 하소서. 진실로 여호와께서는 이 백성을 주께서 마련하신 그 땅에 무사히 정착시키실 것이니 그 땅에 주의 거룩한 성소가 세워질 것이로소이다. 오, 주여, 홀로 영원무궁토록 다스리소서!

이스라엘의 구원자이신 주 여호와여! 영광을 받으소서!

모세가 이끄는 이스라엘 합창단의 장엄한 노래가 끝났다. 그러자 그 노래를 받아 아론의 누이인 예언자 미리암이 손에 탬버린을 들고 앞으로 나섰다. 그러자 이스라엘의 모든 여인들이 저마다 탬버린을 들고 춤추며 미리암의 뒤를 따랐다. 그때에 미리암과 여인들이 화답하여 노래했다. 이른바 '모세의 노래'에 응답하는 '미리암의 노래'다

[미리암의 노래]

오, 이스라엘이여, 주를 찬양하여라. 오늘날 주께서 승리하셨네. 영광스러운 승리를 거두셨네. 보라, 주께서 파라오의 병거 부대와 그 말 탄 자들을 바다 한가운데로 모조리 던져 넣으셨네.

마라의 쓴물과 엘림의 종려나무 (15:22-27)

모세가 백성들을 향해 말했다.

"자, 이제 다시 가나안 땅을 향해 출발합시다. 이집트 군대는 더는 뒤따라오지 않을 터이니 자신의 짐들을 잘 챙긴 뒤 차례대로 여기를 떠나도록 합시다."

모세는 백성들을 이끌고 홍해 동편 언덕을 떠나 수르(Shur) 광야로 들어갔다. 수르 광야는 '술 광야'로도 불린다. 이집트 동편의 국경지대로부터 가나안 남부지대까지 뻗쳐진 광활한 광야다. 홍해를 떠난 이스라엘 백성들은 수르 광야에서 사흘 길을 걸었지만 먹을 물을 구할 수 없었다.

이집트를 떠날 때 가죽부대 등에 담아 온 물은 바닥이 났고, 이제 새로운 물이 절실하게 필요했다.

"아, 목마르다. 도대체 어디서 물을 구할 수 있는 거야?"

"이러다가 우리 모두 광야에서 목말라 죽는 게 아닌가?"

"이럴 줄 알았으면 차라리 이집트 땅에 그대로 머물러 있는 게 좋았을 걸."

여기저기서 불평불만이 터져 나왔다. 이집트의 히브리인들은 물이 넉넉한 고센 땅에서 목축과 농사일을 해왔다. 그런 그들이 메마르고 척박한 광야를 행진한다는 것은 여간 어려운 일이 아니었다. 처음에는 벅찬 해방의 감격과 약속의 땅에 대한 소망을 품고 이집트 땅을 빠져나왔다. 그렇지만 사흘 동안 메마른 광야만을 걷다 보니 왜 이런 광야를 갈증 속에서 계속 걸어야 하나 싶어 불안과 짜증이 밀려왔던 것이다. 그렇게 불평을 터뜨리는 가운데 마라(Marah)에 이르렀다.

"와, 저기 물이 있다!"

"오, 하나님, 감사합니다."

"물이다! 드디어 물을 찾았다!"

이스라엘 백성들은 홍해의 수에즈 만(灣) 동쪽 해안을 따라 사흘 길쯤 떨어진 마라에서 작은 오아시스를 발견하고는 모두 환호성을 질렀다. 이제는 타는 목마름을 해결할 수 있다고 생각했기 때문이다. 하지만 또 다른 문제가 그들을 기다리고 있었다.

"앗! 물맛이 왜 이래? 너무 쓰잖아?"

"퉷퉷! 이거 너무 써서 도저히 못 먹겠는걸."

"이게 뭐야? 겨우 발견한 물이 아무 쓸모없잖아."

사흘 길을 걸어 당도한 마라에서 어렵사리 물을 발견했지만 너무 써서 도저히 마실 수가 없었다. 그래서 그곳 이름을 '마라'라고 불렀다. '쓰다'란 뜻이다. 이내 여기저기서 불평불만이 터져 나왔다. 그들은 모세에게 우르르 몰려가 거칠게 항의했다.

“우리는 도대체 무얼 마셔야 한단 말이오?”

“이제 목말라 죽게 되었으니 대체 어쩔 셈이오? 차라리 이집트 땅에 내버려둘 것이지, 어째서 이곳까지 끌고 와서 광야에서 목말라 죽게 하느냔 말이오?”

“자, 자, 모두 진정하시오. 내가 지금 주님께 기도해 보겠소. 분명 주님은 우리에게 살 길을 보여주실 것이오. 조용히들 하시고 조금만 기다려 보시오.”

불평하고 동요하는 백성들을 진정시킨 다음, 모세는 주께 호소하며 기도했다. 그러자 즉각 응답이 왔다.

“모세야, 내가 이제 한 나무를 네게 보여줄 것이다. 너는 그 나무의 가지를 꺾어다가 그것을 물 위에 던지도록 하여라.”

주께서는 모세에게 나무 하나를 보여주셨다. 모세는 그 나무의 가지를 꺾어 물 위에 던졌다. 그런 뒤 이스라엘 백성들에게 말했다.

“자, 여러분, 이제 다시 물을 먹어 보시오.”

그들은 긴가민가하면서 다시금 물을 떠서 한 모금 마셔 보았다.

“어? 와, 물이 달다! 물맛이 달라졌어! 물맛이 달게 변했어!”

쓴물이 단물로 변한 것이다. 이스라엘 백성들은 너도나도 물을 떠서 꿀꺽꿀꺽 마셨다. 긴 갈증을 말끔히 해소했다. 그때 주께서 말씀하셨다.

“너희가 내 말을 귀담아 듣고 나의 모든 규례를 잘 지켜 올바르게 살아간다면, 내가 이집트 사람들에게 내렸던 질병들을 너희에게는 하나도 내리지 않을 것이다. 나 여호와는 너희를 ‘치료하는 여호와’니라.”

쓴물을 맛있게 먹을 수 있는 단물로 치료해 주신 하나님은 이곳 마라에서 자신을 ‘치료하는 여호와’인 ‘여호와-라파’의 하나님으로 계시해 주셨다.

후일 고대의 교부(教父)들은 마라의 쓴물을 달게 만든 그 나무를,

타락하여 죽을 수밖에 없는 병든 영혼을 다시금 소생시켜 주신 그리스도의 십자가 나무를 상징하는 것으로 보았다. 진실로 주님은 인간의 영육(靈肉) 간 모든 질병을 말끔히 고치시는 '여호와-라파'의 하나님이시다.

"자, 이제 갈증을 풀고 물을 넉넉히 담았으면 다시 출발하도록 합시다!"

모세는 이스라엘 백성을 이끌고 가나안 여정을 계속했다. 얼마 후 그들은 엘림(Elim)에 이르렀다. 오아시스 지대였다. 거기에는 샘이 열두 군데나 있었고 종려나무가 70그루 있었다. 이스라엘 백성들은 그 샘들 주변에 장막을 쳤다. 모처럼 평안한 휴식에 장막마다 웃음이 흘러나왔다.

▲ 출애굽 여정의 지명들

출애굽 이후 엘림까지의 여정은 이러하다. 맨 처음 이집트 고센 땅의 라암셋을 각자 출발한 이스라엘 백성들은 숙곳에 집결했다. 거기서 유월절과 무교절, 초태생 규례에 관하여 들은 후 본격적으로 가나안 땅을 바라고 행진하여 에담에 이르러 처음으로 장막을 쳤다.

이후 에담을 떠나 바알스본을 거쳐서 홍해를 걸어 통과했다. 홍해를 건넌 이스라엘 백성들은 홍해의 동쪽 해안을 따라 계속 남쪽으로 내려갔다. 그리하여 수르 광야와 마라를 거쳐, 열두 샘과 종려나무 70그루가 있는 엘림에 이른 것이다.

16
만나와 메추라기

저녁에 메추라기 날아들고
아침에는 이슬 같은 것이 내리네
둥글고 서리 같은 이게 뭐냐,
40년 광야의 음식 만나가 아니냐

광야의 양식 : 만나와 메추라기 (16:1-36)

"보라! 구름기둥이 움직인다."

이스라엘 백성들 앞에서 나아갈 길을 인도하던 구름기둥이 움직였다. 장막을 걷고 행진하라는 신호다. 모세는 엘림을 떠나 백성들을 이끌고 신(Sin) 광야로 나아갔다. 신 광야는 엘림과 시내산 사이에 있었다. 때는 그 해 둘째 달 15일이 되는 날이었다.

이스라엘 백성들은 종교력 첫째 달인 정월(아빕월) 15일에 이집트에서 나왔다. 그러니까 꼭 한 달 만에 엘림과 시내산 중간에 있는 신 광야에 이른 것이다. 그 즈음에는 이집트에서 가지고 나온 식량이 고갈된 때였다.

이제부터 200만 명이 넘는 이스라엘 백성들이 광야에서 무얼 먹고 살아가야 할지 막막해졌다. 그래서 신 광야에서도 불평불만의 병이 도졌다. 이스라엘 백성들은 하나님의 놀라운 이적을 연달아 목도하고 체험하면서도 상황이 조금만 힘들고 어려워지면 어김없이 불평부터 터뜨렸다.

"보시오, 이제 먹을 게 다 떨어졌소. 우리는 꼼짝없이 이 광야에서 굶주려 죽게 되었단 말이오. 어쩔 셈이오?"

"차라리 이집트 땅에 그대로 눌러있는 편이 훨씬 나았을 뻔했소. 거기에서는 고기 삶는 솥 주변에 둘러앉아 배불리 먹기라도 했는데, 당신들이 기어코 우리를 이 광야로 끌고 들어온 것이오. 그 결과가 무엇이오? 이러다간 전부 굶어죽게 생겼소."

"모세와 아론, 우리를 이대로 죽게 내버려둘 참이오? 뭐라고 말 좀 해보시오!"

분위기가 험악해졌다. 백성들은 금세라도 폭동을 일으킬 판국이었다. 그들은 모세와 아론을 거칠게 몰아붙였다. 그때였다. 주께서 모세에게 말씀하셨다.

"모세야, 백성들 때문에 힘 드느냐? 이건 시작일 뿐이다. 앞으로도 백성들의 불평과 불만은 계속될 것이다."

"정말입니다, 주님! 어떻게 이다지도 감사할 줄을 모른단 말입니까? 주님, 그나저나 지금 저들은 굶주려 있습니다. 제가 어떻게 해야 합니까?"

"그들의 불평 소리를 내가 다 듣고 있느니라. 걱정하지 마라. 너희가 해질녘에는 고기를 먹게 될 것이고, 아침이 되면 빵을 배불리 먹을 수 있을 것이다."

"오, 그리 된다면 얼마나 좋겠습니까?"

"광야 행진 내내 내가 먹을거리를 비처럼 쏟아 주겠노라. 하지만 너희는 그날 먹을 만큼의 분량만 거두어들이도록 하라! 내가 그들을 시험하여 그들이 과연 내 지시대로 순종하는지 지켜보겠노라."

"네, 주님! 잘 전달하겠습니다."

"모세야, 안식일 전날인 여섯째 날에는 평소보다 갑절로 거두어들이도록 하여라. 안식일에는 쉬어야 하기 때문이니라."

"네, 차질이 없도록 하겠습니다."

하나님의 말씀을 듣고 모세가 백성들에게 말했다.

"여러분, 주께서는 여러분의 불평을 다 들으셨습니다. 여러분의 불평은 우리를 향한 것이 아니라 주님을 향한 것입니다. 이제 주께서 저녁에는 고기를 공급하여 먹게 하실 것이고, 아침에는 빵을 공급하여 배불리 먹게 하실 것입니다."

백성들의 귀가 번쩍 뜨였다. 하지만 아무리 살펴보아도 사방이 광야였다. 어디에서 그런 양식을 구한다 말인가. 그러나 모세는 쓸데없는 말을 하는 사람이 아니다. 뭔가 믿는 구석이 있는 모양이다. 그들은 일단 믿어 보기로 했다. 별 뾰족한 수도 없었다.

"여러분, 먹을 양식들이 하늘에서 비처럼 내리는 것을 보면 주께서 여러분을 이집트 땅에서 이끌어내셨다는 사실을 분명히 알게 될 것입니다. 그리고 아침이 되면, 여러분은 주의 영광을 보게 될 것입니다."

모세가 백성들에게 말하는 동안, 백성들이 광야 쪽을 바라보니 과연 거기에는 주의 크신 영광이 구름 가운데에서 찬연하게 빛나고 있었다. 그들은 두 손을 들고 찬양했다.

"오, 우리 하나님 여호와여! 영광을 올립니다."

비록 잠시 동안이지만 불평이 잦아들었다. 그 시간만큼은 먹을 양식으로 염려하지 않았다. 자유, 이집트 노예생활에서의 자유가 얼마나 값진 것인가를 느꼈다. 그때였다!

푸드득 푸드득 푸드득. 저녁이 되자 어디선가 새 떼의 요란한 날갯짓이 들려왔다. 엄청난 메추라기 떼였다. 메추라기는 주로 아프리카 내지(內地)에 사는 꿩 아과(亞科)의 철새다. 작고 둥근 머리에 통통한 몸집과 짧은 날개를 가졌다.

하나님은 그때 계절풍을 타고 아프리카에서 팔레스타인 방향으로

▲ 광야의 메추라기

이동하는 메추라기 떼를 마치 비처럼 이스라엘 백성의 장막들 가운데로 우두둑 우두둑 떨어지게 하셨다. 그렇게 풍성한 고기를 제공해 주셨다.

이렇게 메추라기 떼가 날아와 이스라엘 진영 사방을 뒤덮었다. 백성들은 지쳐서 더 이상 날지 못하는 메추라기를 얼마든지 손쉽게 잡을 수 있었다. 아니, 그냥 주워 담았다. 그런 뒤 그것을 요리해서 먹고 싶은 대로 마음껏 먹을 수 있었다.

저녁이 지나고 아침이 되자 이스라엘 진영 주변에는 이슬이 두텁게 내렸다. 내려앉은 이슬이 마르자 지면에는 작고 둥근 것이 온통 사방에 깔려 있었다. 땅 위에 내린 하얀 서리처럼 얇고 고왔다. 백성들은 그것을 보고 수군거렸다.

"엇? 이게 무얼까?"

"글쎄, 이게 대체 무엇이지?"

도무지 정체를 알 수 없었다. 그때 모세가 말했다.

"여러분, 그것은 주께서 먹으라고 하늘에서 내려주신 양식입니다. 주께서 명령하시기를 '너희는 각자 필요한 만큼씩만 거두어라. 한 사람당 한 오멜씩 식구 수대로 거두도록 하라.' 했습니다."

오멜(Omer)은 고대 세계에서 마른 고체의 부피를 재는 단위인데 10분의 1에바(Ephah)에 해당되는 양이다. 오늘날의 도량형으로 환산하면, 1오멜은 대략 2.3리터(1되 2홉)에 해당한다.

모세의 지시에 따라 백성들은 식구 수대로 그것을 거두었다. 어떤 이들은 더 많이 거두었고, 어떤 이들은 더 적게 거두었다. 하지만 거둔 것들을 재어보니 많이 거둔 사람도 남지 않았고, 적게 거둔 사람도 모자라지 않았다. 각자가 필요한 만큼씩만 거둔 셈이 되었다. 하나님이 섭리하신 놀라운 결과였다. 모세가 백성들에게 말했다.

"여러분, 아침까지 이 양식을 남겨 두어서는 안 됩니다. 오늘 다 먹고 남겨두지 말아야 합니다. 내일 양식은 또 내일 거두면 됩니다. 하나님은 내일도 넉넉히 내려주실 것입니다."

"만일 내일 안 내리면 어떡하라고? 그러니 내일 양식으로 얼마라도 남겨두는 게 안전해."

백성들 중에는 다음날 아침까지 양식을 남겨둔 자들이 있었다. 그러나 다음날 아침에 보니 그 양식에 벌레가 슬어 고약한 냄새가 났다. 먹을 수 없었다. 모세가 그들에게 화를 내며 말했다.

"어째서 당신들은 주님을 믿지 않는 거요? 왜 내 말을 듣지 않고 당신들 마음대로 하는 거요? 앞으로는 절대 이러지들 마시오!"

그 후로 백성들은 매일 아침마다 먹을 만큼씩만 거두었다. 거두지 않고 남은 양식은 해가 뜨거워지면서 그냥 녹아 버렸다. 그리고 매주 여섯째 날에는 한 사람당 두 오멜씩, 그러니까 평소보다 갑절의 양식을 거두었다. 이때 모세가 그들에게 일렀다.

"여러분, 주께서 말씀하시기를 '내일은 거룩한 안식일이니 너희는 양식을 거두지 말고 장막에서 쉬어야 한다. 오늘 너희는 구울 것은 미리 구워 놓고 삶을 것은 미리 삶아 놓아라. 그런 뒤 나머지는 내일 아침까지 남겨두어라.' 하셨습니다."

백성들은 갑절로 거둔 것을 반은 먹고, 나머지는 다음날 아침까지 남겨 두었다. 그래도 평일과는 달리 남은 양식에서 썩는 냄새도 나지 않았고 구더기도 생기지 않았다. 하나님이 양식을 썩지 않게끔 보살펴 주신 것이다. 다음날 아침, 그러니까 일곱째 날 아침에 모세가 말했다.

"여러분, 오늘은 남겨둔 것을 먹도록 하십시오. 안식일이기 때문에 들에서 아무것도 찾을 수 없을 것입니다. 여러분이 엿새 동안은 매일 양식을 거둘 수 있지만 안식일인 이렛날에는 아무것도 거두지 못할 것입니다."

하지만 백성들은 모세의 말을 곧이곧대로 받아들이지 않았다.

"에이, 그게 말이 돼? 들에 나가 보세. 어찌 매일 내리던 양식이 안식일이라고 내리지 않을 수 있단 말인가? 분명 오늘도 양식이 내려져 있을 것이네."

불량한 몇몇 사람들은 안식일에도 양식을 거두려고 이렛날에 들에 나가 보았다. 그러나 아무것도 찾아볼 수 없었다. 그런 자들을 보시고 주께서 모세에게 말씀하셨다.

"쯧쯧, 참으로 불순종하는 자들이로다. 언제까지 내 명령과 지시를 따르지 않으려느냐? 여섯째 날에 이틀치 먹을 양식을 거두라고 명하신 까닭을 아직도 모른단 말이냐? 안식일에는 누구도 자기 장막을 벗어나 들로 나가지 마라."

이때는 안식일 규례가 율법으로 제정되기 이전의 초기 단계였기에 책망으로 그쳤다. 하지만 십계명 율법으로 안식일 준수 규례가 공식적으로 주어진 이후에 이 규례를 범한 자는 처형을 면치 못했다. 하나님의 책망을 들은 그들은 이후로 이레째인 안식일에는 들에 나가지 않고 모두 자기 장막에서 쉬었다.

이스라엘 백성들은 하늘에서 내려온 그 양식을 '만나'라고 불렀다. 그것은 깟씨 열매처럼 생겼는데 색깔은 하얗고 맛은 꿀을 섞어 만든 과자 같았다. 깟씨는 물가에 사는 높이 50~60cm 가량의 미나리과 1년생 초목이다. 그 열매는 직경 3mm 되는 백색의 작고 둥근 알맹이로 쌀과 비슷하다. 만나는 맷돌에 갈거나 절구에 찧거나 가마에 삶는 등 다양한 형태로 요리해서 먹을 수 있었다. 그 맛이 꿀을 섞어 만든 과자 같아서 사람들의 입맛에 잘 맞았다.

'만나'(manna)는 '이것이 무엇이냐?'란 뜻이다. 맨 처음 하늘에서 내려온 그것을 보고, 사람들이 그게 무엇인지 몰라 "이것이 무엇일까?" 하고 말한 데서 비롯되었다.

만나는 광야에서 구할 수 있는 나무 열매나 천연의 즙이 결코 아니었다. 그것은 하나님이 이스라엘 백성들을 먹이시기 위해 하늘에서 내려주신 '광야의 양식'이다. 만나는 특정한 날에 내려와서 40년 광야생활 동안에 매일 내렸다. 하지만 이스라엘 백성들이 가나안 땅에 들어가 그 땅의 양식을 먹는 날에 뚝 그쳤다. 이로 보아 만나는 자연현상이 아니라 하나님이 특별히 베푸신 초자연적인 하늘 양식이다.

그 때에 모세가 이스라엘 백성들에게 말했다.

"여러분, 잘 들으시오. 주께서 명령하시기를 '너희는 후손을 위해 한 오멜(Omer, 대략 2.3리터)의 만나를 가져다가 잘 보관해 두어라. 그래서 내가 너희를 이집트 땅에서 이끌어낼 때 광야에서 너희에게 내려준 하늘 양식이 어떤 것이었는지 너희 후손들에게 보여주도록 하라.' 했습니다."

그런 뒤 모세가 아론에게 말했다.

"항아리를 가져다가 한 오멜의 만나를 담도록 하십시오. 우리의 후손을 위해 그것을 주 앞에 두고 잘 보관하십시오."

아론은 주께서 모세에게 명하신 대로, 만나 한 오멜을 항아리에 담아 보관하였다. 이것은 나중에 법궤(언약궤, 증거궤)가 만들어졌을 때 그 안에 십계명 두 돌판과 아론의 싹 난 지팡이와 함께 보관되었다.

이렇게 세 가지 성물을 법궤 안에 대대로 보관하다가 후일 솔로몬 성전이 완공되었을 즈음에 확인된 바에 의하면(주전 959년경) 십계명 두 돌판 외에 다른 두 성물(아론의 싹 난 지팡이, 만나 한 오멜이 담긴 작은 항아리)은 소실되고 말았다.

이스라엘 백성들은 요단강을 건너 가나안 땅에 들어가던 날까지

40년 광야생활 동안 만나를 매일 먹었다. 출애굽 하던 그해(주전 1446년경) 2월 15일에 맨 처음 만나를 먹었다. 그리고 가나안 땅에 들어가 그 땅의 소산물을 먹던 날인 출애굽 41년째 되던 해(주전 1406년경) 유월절 이튿날(1월 15일)에 만나가 그쳤다. 따라서 정확하게 말하면 39년 11개월 동안 만나를 먹었다.

만나는 출애굽한 지 한 달 후 신 광야에서부터 제공되기 시작해서 이스라엘 백성들이 요단강을 건너 가나안 땅에 들어가기까지 40년 동안 주어졌다. 하지만 메추라기는 출애굽 한 그해 2월 15일부터 딱 한 달 동안만 공급되었다.

17
반석에서 솟아난 물

지팡이로 호렙산의 반석을 쳐라
주의 명대로 모세가 반석을 치자
마실 물이 넘치도록 솟네
그곳 이름은 맛사, 므리바.

호렙산 바위에서 물이 콸콸 솟아나다 (17:1-7)

"자, 이제 일어나 장막을 걷고 다시 출발합시다! 약속의 땅 가나안을 향해 계속 나아갑시다!"

모세가 이스라엘 백성들을 이끌고 다시 가나안 여정을 시작했다. 그들은 만나와 메추라기가 내린 신 광야를 떠나 주께서 명하신 대로 이곳저곳을 거쳐 가나안 땅을 향해 계속 나아갔다. 르비딤(Rephidim)에 이르러 장막을 쳤다. 그때쯤 물이 또 떨어졌고, 르비딤에서는 마실 물을 구할 수 없었다.

르비딤은 광야의 오아시스 지역인 엘림과 시내산(호렙산)의 중간 지대다. 이곳은 겨울 우기(雨期)인 11, 12월경에는 작은 시내가 형성되지만, 비가 오지 않는 건기(乾期)에는 아예 시내가 바짝 말라붙어 황량한 광야로 변하는 곳이었다. 당시는 건기였다.

"아, 목마르다. 이러다 모두 갈증으로 죽고 말겠다."

"도대체 가나안 땅은 어디에 있는 거야? 왜 가도 가도 물 없는 광야만 보이는 거야?"

"햇볕이 이리도 뜨거운데 마실 물이 하나도 없다니! 우리더러 광야에서 모두 죽으란 말인가?"

입술이 쩍쩍 말라붙는 갈증으로 인해 곳곳에서 불평이 터져 나왔다. 더러는 무리를 선동하여 모세에게 대들었다.

"모세, 당신은 우리를 광야에서 모두 죽일 참이오? 젖과 꿀이 흐른다는 가나안 땅은 대체 있기나 한 거요? 지금 목말라 죽게 되었으니 당장 마실 물이나 주시오. 이번에는 어떻게 물을 내는지 한번 봅시다."

모세는 심히 괴로웠다. 걸핏하면 불평을 터뜨리고 이집트에서 나온 것을 후회하면서 다짜고짜 대들기 때문이다. 모세가 언성을 높이며 대답했다.

"당신들은 어째서 내게 자꾸 대드는 거요? 어째서 하나님을 매번 시험한단 말이오? 왜 하나님의 능력을 믿지 못하고 조금도 기다리지 못하는 거요?"

그러나 백성들은 쉽게 가라앉지 않았다. 갈증이 심해지자 더욱 맹렬한 기세로 불평을 터뜨렸다.

"그러니까 언제 당신더러 우리를 이집트에서 이끌어내라 했소? 우리를 억지로 이끌어내더니, 우리와 우리 자식들과 가축들까지 이 메마른 광야에서 전부 목말라 죽게 할 심보였소?"

그대로 두었다가는 폭동이라도 일어날 험악한 기세였다. 그들은 홍해를 둘로 가르고, 쓴물을 달게 만들고, 하늘에서 만나와 메추라기를 내려주신 하나님의 놀라운 능력을 생생하게 체험하고도 당장의 목마름 앞에 모든 걸 망각했다. 또다시 죄악의 본성으로 불신과 패역함을 드러내었다. 참으로 배은망덕한 무리였다. 그들의 험악한 기세를 보고 모세가 주께 부르짖었다.

"주여, 어찌하여 제게 이런 시련을 주십니까? 저 강팍하고 완악한 백성들을 대체 어찌하면 좋단 말입니까? 그들은 당장이라도 돌을 집어 저를 칠 기세입니다."

그때 주께서 모세에게 말씀하셨다.

"모세야, 장로들을 데리고 그들보다 앞서가라. 나일 강물을 내리쳤던 그 지팡이를 손에 쥐고 가라. 호렙산 아래 큰 바위가 보일 것인데, 내가 그 바위 위에서 네 앞에 나타날 것이다. 그러면 너는 그 바위를 지팡이로 쳐라. 그러면 물이 콸콸 솟아날 것이다."

출애굽 때 나일강을 쳐서 그 강물을 죽음의 피로 만든 하나님 능력의 지팡이였다. 이제는 르비딤 광야에서 죽음의 반석을 쳐서 능히 생수를 솟아내는 생명의 반석으로 만들겠다는 말씀이었다.

후일, 사도 바울은 르비딤 광야의 생수 사건을 메시아 예수의 구원 사역을 예표하는 사건으로 보았다. 여기 '반석'을 신령한 반석으로, '물'을 신령한 음료로 이해하여 신령한 반석 되시는 메시아 예수로부터 참된 생명수의 말씀인 복음이 솟아난다고 보았던 것이다. 모세는 이스라엘 장로들이 보는 앞에서 하나님의 지시대로 행했다.

"와, 물, 물이다! 바위에서 물이 콸콸 솟아난다!"

백성들은 콸콸 솟구치는 물을 보고 좋아했다. 방금까지도 화를 내고 불평을 터뜨리며 모세를 돌로 칠 기세로 무섭게 대들더니 모두들 까맣게 잊고 희희낙락했다.

모세는 그곳 이름을 '므리바'라 불렀다. '다툼'이란 뜻이다. 거기서 백성들이 물 때문에 하나님과 다투었기 때문이다. 또한 모세는 그곳을 '맛사'라고도 불렀다. '시험'이란 뜻이다. 거기서 그들이 "하나님이 우리 가운데 과연 계시는가, 안 계시는가?" 하면서 주 하나님을 시험했기 때문이다.

아말렉 족속과 싸워 그들을 물리치다 (17:8-16)

"지도자님, 크… 큰일 났습니다! 정체를 알 수 없는 부족이 우리 행진 대열의 후미(後尾)를 공격하여 지금 부녀자들과 노약자들을 치고 있습니다. 어서 도와주어야 합니다."

군사 하나가 헐레벌떡 달려와 모세에게 급히 보고했다.

"무, 무엇이라고? 어떤 부족인지 속히 알아보고, 급히 여호수아를 이리로 데려오라!"

이스라엘을 공격한 자들은 아말렉 부족이었다. 아말렉은 에서의 손자 아말렉의 후손들이다. 팔레스타인 남부에서 시내 반도 북부에 걸쳐 거주하면서 목초지를 찾아 유랑하던 유목 민족이다. 그렇게 유랑하다가 다른 족속이나 대상(隊商)들을 만나면 무차별적으로 공격하고 약탈하여 생존을 유지해 나가는 광야의 무법자들이다.

이들은 유랑하다가 르비딤에 진을 친 이스라엘 백성들을 만나 그 후미 대열을 급습하여 약탈을 자행했던 것이다. 뒤따라오는 노약자들과 여인들, 어린아이들의 행렬을 치다니, 아주 비열한 행동이었다. 모세가 긴급하게 찾는다는 말을 듣고 여호수아가 부랴부랴 달려왔다.

"절 찾으셨습니까?"

"여호수아, 너는 지금 장정들을 뽑아 당장 아말렉과 맞서 싸워라. 나는 하나님의 지팡이를 들고 전쟁터가 내려다보이는 산마루에 서서 하나님께 도움을 간구하겠다."

여호수아가 성경에 처음 등장하는 장면이다. 그는 에브라임 지파 소속인 눈(Nun)의 아들인데, 르비딤 평야에서 있었던 아말렉 전투에서 군대를 이끌고 싸움을 지휘했다. 출애굽 이후 처음 치르는 중요한 전투에서 모세가 군대 지휘권을 그에게 일임한 것으로 보아, 여호수아는 이전부터 차세대 지도자로 그 자질을 인정받은 것이 분명하다. 모세 수하에서 오랜 기간 영적 · 군사적 훈련을 받은 인물이었다.

후일 여호수아는 모세가 죽은 후에 그의 후계자가 되었다. 결국 이스라엘 백성들을 이끌고 요단강을 건너 가나안 정복전쟁을 승리로 이끈 탁월한 지도자가 되었다.

여호수아는 모세가 명령한 대로 급히 이스라엘 장정들을 가려뽑은 뒤 명령을 내렸다.

"자, 너희는 나를 따르라! 감히 하나님의 백성을 공격하고, 특히 부녀자들과 노약자들이 있는 우리의 후미를 공격한 저 비열한 아말렉 족속을 쳐부수자!"

여호수아는 장정들을 이끌고 이스라엘 진영의 후미로 가서 아말렉 족속과 맞서 싸웠다. 그때 모세와 아론과 훌은 근처 산마루로 올라갔다. 이곳은 르비딤 평야가 한눈에 내려다보이는 해발 220m의 산이다. 오늘날 이 산은 '예벨 타후네'로 불린다. 모세와 함께 올라간 두 인물 중 아론은 모세의 형이다. 그리고 훌은 모세의 누이인 미리암의 남편으로 추정되는 인물이다.

군대의 전력으로 보면 이스라엘이 불리했다. 아말렉 족속은 원래부터 약탈을 주업으로 먹고 살던 호전적인 족속으로 광야의 전쟁에 아주 능했다. 반면 이스라엘은 이집트에서 오랫동안 종살이했던 노예 부족이다. 수효는 많지만 싸움이라고는 해본 적이 없는 오합지졸에 불과했다. 이번에도 급한 대로 장정들을 골라 일시적으로 군대를 편성하여 외부의 적들에 대항했다.

그래도 싸움은 일진일퇴의 치열한 공방을 벌였다. 그런데 놀라운 광경이 나타났다. 근처 산마루에 서 있는 모세가 지팡이 든 손을 하늘 향해 높이 들고 있으면 이스라엘이 이겼다. 그런데 모세가 지쳐 그 손을 아래로 내리면 아말렉이 이겼다. 시간이 흐를수록 모세의 두 손이 점점 무거워져 아래로 처지는 일이 잦았다. 그런 광경을 곁에 있던 아론과 훌이 지켜보았다. 훌이 아론에게 말했다.

"아론, 우리가 모세를 돕도록 하세."

"그럽시다. 모세의 팔을 양쪽에서 하나씩 붙잡도록 합시다."

아론과 훌은 평평한 돌을 가져다가 모세 밑에 놓았다. 모세는 그 돌 위에 앉았다. 그런 뒤 아론과 훌이 모세의 양쪽에 섰다. 지팡이를 든 모세의 손이 아래로 내려오지 않도록 각각 한 팔씩 붙들었다. 그러자 모세의 두 손은 해가 질 때까지 내려오지 않았다. 싸움의 승세는 이스라엘 쪽으로 급격히 기울었다. 아말렉 족속은 많은 사상자를 남긴 채 허겁지겁 달아나기에 바빴다.

"와, 아말렉 군사들이 달아난다! 우리가 이겼다!"

마침내 여호수아가 이끈 이스라엘 군대가 아말렉 군사들을 쳐부수었다. 출애굽 이후 첫 전투를 멋진 승리로 장식한 것이다. 지팡이 든 모세의 손이 하늘로 향했을 때 이겼다는 사실은 두말할 필요 없이 하나님의 도우심으로 인한 승리였다. 전쟁의 승패는 군사력의 우열에 의한 것이 아니고 전적으로 하나님께 속한 것이기 때문이다. 이때 주께서 모세에게 말씀하셨다.

"모세야, 이 일을 책에 기록하여 후대 사람들이 두고두고 기억하도록 하여라. 또 너는 여호수아에게 분명히 일러두기를 '주께서 아말렉 족속을 지상에서 말끔히 쓸어버려 이 세상에서 누구도 그들을 기억하는 사람이 없도록 만들 것이다.' 하여라."

하나님이 아말렉 족속에 대해 이토록 철저한 응징을 가한 이유는 분명하다. 그들은 하나님의 인도 하에 가나안으로 향하던 이스라엘 백성을 대적하고 무자비한 공격을 가한 첫 번째 족속이기 때문이다. 게다가 광야 행진에 지친 연약한 이스라엘의 후미를 기습적으로 공격하여 큰 타격을 입혔다. 그래서 하나님은 그들을 지상에서 멸절시키라고 엄명을 내리신 것이다.

과연 훗날에 아말렉 족속은 멸절되었다. 가나안 땅에 들어가 왕국을 세운 이스라엘 역사에서 사울 왕을 거쳐 유다 왕 히스기야 때에 아말렉 족속은 철저히 진멸당하여 역사 속에서 영원히 사라지고 말았다.

"이제부터 이곳을 '여호와-닛시'라 부를 것이다."

모세는 아말렉 족속을 쳐부수고 승리를 거둔 그곳에 제단을 쌓고, 그곳 이름을 '여호와-닛시'라 불렀다. 그 말은 '여호와는 나의 깃발'이란 뜻이다.

그런 뒤 모세가 이스라엘 백성들을 향해 외쳤다.

"여러분, 주님은 우리에게 승리의 깃발이 되어 주십니다. 주의 깃발을 높이 드십시오. 주께서 아말렉 족속과 대대로 싸워 주실 것입니다."

18
이드로의 방문과 조언

장인 이드로의 말대로 뽑은 지도자들은
천부장, 백부장, 오십부장, 십부장
큰 문제 생기면 모세에게 달려오고
작은 문제는 그들이 처리하네

장인 이드로가 모세의 장막을 방문하다 (18:1-12)

모세와 백성들은 르비딤 광야에서 진치고 있었다. 출애굽한 지 두 달 가량 흘렀다. 모세는 르비딤 광야에서 바위를 쳐서 물을 내고, 이스라엘을 기습적으로 공격한 아말렉 족속을 쳐부수고 승리를 거둔 상태였다.

한편, 미디안 땅의 제사장이자 모세의 장인인 이드로는 하나님께서 모세와 그의 백성 이스라엘을 위해 이집트 땅에서 행하신 놀라운 일들에 관해 전해 들었다. 광야는 부족끼리의 생존경쟁이 치열한 곳이다. 그곳에는 사방팔방으로 정보가 흐르고 있다. 정보를 빨리 접수하고 활용하는 부족만이 광야에서 살아남을 수 있다.

이드로 제사장도 광야의 안테나를 곧두세우고 여러 부족의 동향을 살핀다. 그의 정보망에 히브리 부족의 행진이 잡힌다. 그는 이집트를 떠난 히브리인들이 당한 일, 히브리인들의 신이 자기 백성을 어떻게 인도하시는지에 대해서도 낱낱이 들었다. 사위가 지도자이기에 좋은 소식에는 흐뭇해하고, 고난을 겪는다는 정보에는 가슴을 졸인다.

가족이 함께 모인 자리에서였다. 이드로가 입가에 미소를 머금으며 소식을 전했다.

"모세가 이집트에서 벗어나 이스라엘 백성들을 이끌고 시내 광야 쪽으로 가는 것 같구나."

"어머, 그래요?"

모세의 아내 십보라가 반색한다.

"이제 우리가 그를 찾아가서 만나자. 짐을 꾸리도록 하여라. 애들도 데리고 가자꾸나."

이전에 모세가 출애굽 사명을 받고 이집트로 갈 때, 도중에 할례 사건으로 죽음의 위기를 겪은 뒤 모세는 그녀를 두 아들과 함께 친정으로 돌려보냈었다. 두 아들 중 장남 이름은 '게르솜'이다. 모세가 이 아이를 낳고 "내가 낯선 땅에서 나그네가 되었구나." 하고 말했기 때문에 붙여진 이름이다. 게르솜은 '나그네'란 뜻이다.

차남 이름은 '엘리에셀'이다. 모세가 둘째를 낳고 "내 아버지의 하나님께서 나를 도우셨다. 그분이 파라오의 칼에서 나를 구해 주셨다."라고 했기 때문에 붙여진 이름이다. 엘리에셀은 '나의 하나님은 돕는 분이시다'란 뜻이다.

이드로 일행은 미디안 땅을 출발하여 르비딤 광야에 머무는 모세에게로 갔다. 먼 여행길이다. 그 무렵, 모세는 '하나님의 산'이라 불리는 시내산(호렙산) 인근의 르비딤 광야에 진을 치고 있었다. 하루는 이스라엘 백성들 중 하나가 모세의 장막으로 급히 들어와서는 무언가를 전달하며 말했다.

"누군가가 이것을 전하라고 했습니다."

그 두루마리 쪽지는 모세의 장인 이드로가 모세에게 보내는 전갈이었다. 장인 이드로가 딸과 두 손자를 데리고 르비딤 진영까지 왔다는 내용이었다.

"오, 멀리서 장인어른이 날 찾아오셨구나."

모세는 만면에 웃음을 띠며 가족을 맞으러 서둘러 밖으로 나갔다. 이드로 일행의 모습이 보이자 한걸음에 달려가 장인을 맞았다.

"장인어른, 어서 오십시오. 먼 여행길에 어디 불편한 데는 없으십니까? 이렇게 멀리서 방문해 주시니 참으로 반가울 따름입니다."

"그래, 자네도 잘 있었는가? 몸은 건강하고?"

그때 이드로 옆에 서 있던 십보라가 두 아들에게 말했다.

"얘들아, 아버지께 인사드려야지."

"오, 그래, 그동안 잘들 있었느냐? 안 보는 사이에 부쩍 자랐구나."

이번에는 십보라에게 말했다.

"여보, 당신도 잘 있었소? 먼 여행길에 고생 많았소."

하나님께 출애굽의 사명을 받은 모세가 장인과 처자를 미디안 땅에 남겨둔 채 홀로 이집트를 향해 떠난 지 근 1년 가까운 세월이 흐른 시점이었다. 모세는 장인에게 엎드려 절한 뒤 서로 부둥켜안고 뺨에 입을 맞추며 기뻐했다. 아내 십보라와도 기쁨의 상봉을 나누었다. 두 아들도 번갈아 품에 안으며 오랜만에 가족의 따뜻한 정을 흠뻑 느꼈다.

"장인어른, 여기서 이럴 게 아니고 어서 제 장막 안으로 들어가시죠. 식사한 뒤에 그간 쌓인 이야기를 차근차근 들려 드리겠습니다."

간단히 안부를 주고받은 모세와 이드로는 장막 안으로 들어갔다. 아내 십보라와 두 아들도 따라 들어왔다. 장막에서는 연신 웃음이 흘러나왔다. 오랜 헤어짐 뒤의 그리운 가족 상봉이라 웃음이 그치지 않았다. 서로 웃는 가운데 그간 쌓인 가족의 정과 회포를 어느 정도 풀자, 모세는 본격적으로 출애굽에 대해 이야기했다.

이스라엘의 하나님인 여호와께서 종살이하던 이스라엘 백성을 파라오의 압제에서 해방시키시려고 이집트 땅에 행하신 모든 일을 이야기했다. 나일 강물이 피로 변한 첫 번째 재앙에서부터 이집트의 초태생들이 죽임을 당한 마지막 열 번째 재앙에 이르기까지 낱낱이 이야기했다. 또한 출애굽 이후에 구름기둥과 불기둥으로 인도해 주신 것, 홍해가 둘로 갈라진 것, 쓴물이 단물로 변한 것, 하늘에서 만나와 메추라기 떼가 내린 것, 바위를 쳐서 물을 낸 것, 그리고 가장 최근에 아말렉 족속과 싸워 이긴 것 등등, 그동안 겪은 놀라운 일과 어려움을 차근차근 들려주었다.

또 어려움에 처할 때마다 여호와께서 자신들을 어떻게 구해 주셨는지, 지금 이곳까지 어떻게 무사히 인도하셨는지를 장인에게 빠짐없이 들려주었다.

"오, 그렇구나. 정말 놀랍군!"

장인 이드로는 모세의 이야기에 연신 감탄하고 놀라며 고개를 끄덕였다. 생생한 체험에서 비롯되는 모세의 뜨거운 간증은 이드로의 가슴에 깊이 닿았다. 모세의 이야기를 다 들은 뒤 이드로는 몹시 감격했고 기뻐했다.

"오, 이스라엘의 하나님이신 여호와를 찬양할지어다! 여호와께서 자기 백성 이스라엘을 파라오의 손아귀에서 구해 내셨도다! 이집트 사람들에게 짓눌려 종살이하던 이스라엘을 해방시키셨도다!"

그런 뒤 여호와를 향한 신앙고백의 말도 했다.

"오늘에야 나는 밝히 깨달았노라. 정녕 여호와께서는 모든 신들보다 크고 위대하시다는 사실을! 정녕 여호와께서는 교만한 마음으로 이스라엘을 업신여기던 원수들을 쳐서 이겼도다!"

모세는 장인의 찬미와 고백을 흐뭇하게 듣고 있었다. 장인의 음성에는 영적인 힘이 서려 있었다. 미디안 족속의 제사장 이드로는 다신교(多神教)를 신봉했다. 여호와도 믿었지만 다른 신들도 섬겼다. 그런데 모세의 생생한 간증과 눈앞에 보이는 엄연한 사실 앞에서 온 천하에 이스라엘의 하나님 여호와만이 유일한 참신임을 고백하지 않을 수 없었다. 적어도 세상의 다른 신들보다 훨씬 크고 위대하다는 사실을 인정하지 않을 수 없었다.

"그토록 크고 위대하신 여호와께 내가 어찌 제사를 드리지 않을 수 있겠는가? 지금 당장 여호와께 제사를 드려야겠네."

이드로는 이스라엘의 하나님 여호와께 번제물과 다른 희생 제물을 바쳤다. 이때 아론과 장로들도 각자의 장막에서 나와 이드로와 더불어 음식을 먹으면서 친밀한 교제를 나누었다. 모세의 장막에서는 웃음이 연신 넘쳐흘렀다.

이드로의 조언으로 행정 체계가 확립되다 (18:13-27)

이튿날 아침이 되었다. 모세는 사람들 사이에 생긴 크고 작은 문제들을 재판하려고 장막 앞에 자리 잡았다. 사람들은 아침 일찍부터 나와서 모세를 기다렸다. 모세 앞에서 일의 시시비비를 가리는 재판을 받기 위해서였다.

"글쎄, 이자의 염소가 우리 애를 들이받아 상처가 났지 뭡니까?"

"아니, 그게 아니라 가만히 있는 염소를 이자의 아들이 못살게 굴다가 스스로 넘어져 다친 거랍니다."

모세는 그들의 사연을 듣고 옳고 그름과 적절한 배상액 등을 판가름해 주었다. 겨우 한 사건이 해결되면 다음 사건이 줄줄이 기다리고 있었다. 그렇게 해결해야 할 사건이 끝도 없이 많았다. 이드로가 그런 광경을 한참 동안이나 가만히 지켜보고 있었다.

이윽고 밤이 되어 사람들이 각자의 장막으로 돌아가자, 모세도 지친 몸을 이끌고 장막으로 돌아왔다. 격무에 시달려 파김치가 된 상태였다. 그런 모세를 보며 이드로가 말했다.

"여보게, 자네는 무슨 일을 그렇게 하는가? 왜 그들의 문제를 혼자서

다 처리하는가? 사람들이 아침부터 재판을 받기 위해 오래 서서 기다려야 하지 않은가? 또 자네는 자네대로 모든 재판을 혼자서 담당하느라 기진맥진한 상태가 아닌가?"

"장인어른, 분쟁이 생길 때마다 그들은 그 문제를 가지고 제게로 옵니다. 그러면 저는 양쪽 의견을 듣고 옳고 그름을 판가름합니다. 그들에게 하나님의 뜻을 알려주고 또 하나님이 지키라고 말씀하신 규례도 알려줍니다."

이스라엘의 최고 지도자 모세는 광야 여행 도중에 백성들에게 생기는 여러 분쟁에 대해 시시비비를 가려주는 재판관 역할도 기꺼이 수행했다. 이집트 궁중에서 고도의 학문을 익혔기에 법적 문제를 파악하고 해결할 수 있는 능력과 자질을 충분히 갖추고 있었다.

하나님의 율법이 주어지기 이전이었으므로 모세는 하나님의 계시에 의존하는 신탁(神託) 재판을 행했다. 하나님은 모세의 요구에 따라 자신의 뜻을 드러내어 보여주셨다. 모세의 답변을 듣고 이드로가 걱정했다.

"아무래도 지금처럼 일을 처리하는 방식은 슬기로운 것 같지 않네. 어떻게 혼자서 그토록 수많은 분쟁을 다 판가름할 수 있단 말인가? 자네는 오래지 않아 분명 탈진하고 말 걸세."

"네, 저도 하루하루가 무척 힘듭니다."

"뿐인가? 사람들도 재판 순서를 기다리다 모두 지쳐 있는 것 같네."

"그러겠지요. 사람들이 워낙 많아야지요."

"이 같은 방식은 너무 힘겹네. 자네 혼자서 이 모든 일을 처리한다는 것은 아무래도 무리일세."

"저도 이전부터 그렇게 생각하고 있었습니다. 그렇다면 좋은 생각이라도 있습니까?"

"내가 하는 말을 한번 들어보게. 자네에게 조언해 주겠네."

모세의 장인 이드로는 진지한 자세로 모세에게 조언했다. 그것은 이스라엘의 행정 조직을 체계적으로 정비하는 획기적인 계획이었다.

"먼저 자네는 사람들에게 하나님의 규례와 율법을 가르치게. 그들이 어떻게 살아가야 하고 또 무얼 해야 하는지 잘 알려주게. 그러면 웬만한 문제는 당사자들끼리 알아서 해결할 수 있을 거야."

"자리가 잡히면 그리 될 것입니다."

"그리고 지금 당장 이스라엘 백성들 중에서 유능한 사람을 가려 뽑아 유사(有司)로 세우도록 하게. 유사가 될 자들은 무엇보다 하나님을 경외하는 자로서, 진실하고 신실하며 뇌물과 탐욕을 싫어하는 사람이어야 하네."

"알겠습니다. 그동안 눈여겨보던 사람들이 있습니다."

"그런 자들을 가려 뽑아 능력과 자질에 따라 십부장, 오십부장, 백부장, 천부장으로 삼도록 하게. 그런 뒤 작은 문제는 그들이 재판하게 하고, 감당하기 힘든 큰 문제만 자네에게 가져오라고 하게. 이렇게 그들과 더불어 짐을 나누면 훨씬 수월할 걸세."

"맞습니다! 옳은 말씀입니다."

"내 말대로 하면 자네 일이 지금보다 훨씬 수월해질 것이네. 하나님이 이 일을 허락하셔서 이런 식으로 일을 처리한다면, 주어진 일을 거뜬히 감당할 수 있을 뿐더러 사람들도 크게 만족할 걸세."

"장인어른, 아주 좋은 생각입니다. 왜 진작 그 생각을 하지 못했을까요? 내일부터 당장 시행해야겠습니다."

이드로는 모세가 안고 있는 문제점을 올바로 파악하여 적절한 조언을 해주었다. 모세는 장인의 말을 듣고 아무 망설임 없이 그대로 따랐다. 먼저 이스라엘 백성들 가운데서 유능한 사람을 가려 뽑아 지도자로 세웠다.

모세는 각자의 자질과 능력에 따라 그들을 십부장, 오십부장, 백부장, 천부장으로 세웠다. 십부장은 10명의 지도자다. 오십부장은 50명, 백부장은 100명, 천부장은 1,000명의 지도자다. 이렇게 10명, 50명, 100명, 1,000명 단위로 재판을 담당하는 유사를 두었다. 당시 이스라엘의 장정 수효는 60만여 명이므로 이들을 대상으로 유사를 뽑는다면 십부장은 60,000명, 오십부장은 12,000명, 백부장은 6,000명, 천부장은 600명이 되었을 것이다.

효과는 놀라웠다. 유사들이 이스라엘 백성들의 문제를 재판하게 되자 오랜 기다림 없이 신속하게 해결되었다. 유사들은 간단하고 작은 문제는 스스로 처리했다. 자기들 선에서 해결하기 어려운 큰 문제만 모세에게로 가져왔다. 모세는 그런 문제들만 해결하면 되었기에 별 어려움 없이 혼자서도 거뜬히 일을 처리할 수 있었다.

유사들을 세움으로써 행정 조직을 체계화한 것은 재판에서만 효과가 있었던 게 아니다. 각종 지시를 전달하거나 보고를 받거나 전투를 수행할 때도 탁월한 효과를 기대할 수 있었다. 이렇게 해서 이집트의 노예 민족에 불과했던 이스라엘이 점차 어엿한 국가로 서서히 자리를 잡아가고 있었다.

얼마 뒤 모세의 장인 이드로가 모세에게 말했다.

"여보게, 이제 나는 그만 집으로 돌아가야겠네. 미디안 집에 가서 그동안 하지 못한 일들을 처리해야겠네. 부디 가나안 여정을 잘 마치도록 하게. 여호와 하나님께서 항상 자네와 함께하실 걸세."

"장인어른, 좀 더 계시지요. 장인어른이 곁에 계시면 여러 모로 도움이 됩니다."

"아닐세, 아닐세. 너무 오래 집을 비워 두어서 이제 그만 가보아야 하네. 가서 처리해야 할 일이 많다네."

이드로는 딸 십보라와 두 손자와 애틋한 작별을 나눈 뒤, 모세의 따뜻한 전송을 받으며 고향 미디안 땅으로 돌아갔다.

19
주께서 시내산에

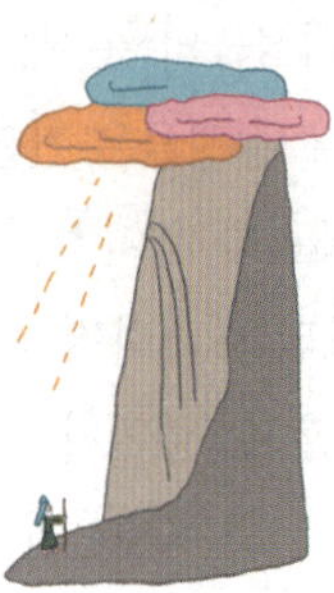

이스라엘 백성은 나를 봐라
연기에 휩싸인 시내산이 요동치면
주께서 불 가운데 강림하신 줄 알고
모세는 시내산 정상으로 올라와라

이스라엘 백성이 마침내 시내산에 도착하다 (19:1-15)

이스라엘 백성들이 이집트 땅을 떠나온 지 두 달이 되었다. 정월(아빕월) 15일에 이집트를 떠났으므로 때는 3월(시완월) 15일, 마침내 그들은 시내산에 이르렀다. 르비딤 광야를 떠난 이스라엘 백성들은 시내산에 이르러 산 아래 넓게 펼쳐진 광야에 진을 쳤다. 시내산 아래 남쪽으로 8-10km 가량 뻗어 있는 광활한 평지였다.

오늘날 그곳은 세바예(Shebaye) 평지로 추정된다. 그곳 평지에서는 어디서든지 우뚝 솟아 있는 해발 2,286m의 시내산이 잘 보였다. 평지 이곳저곳에 200만 명이 넘는 이스라엘 백성들이 각자 자신들의 장막을 쳤다.

"오, 마침내 시내산에 도착했구나."

모세는 감회가 새로웠다. 1년 전쯤 이곳에서 장인 이드로의 양 떼를 치다가 활활 불타오르는 떨기나무 가운데서 하나님의 부르심을 받아 위대한 출애굽의 사명을 부여받았던 기억이 떠올랐다. 그때 하나님은 이집트를 탈출한 이스라엘 백성들이 이곳 시내산에 이르러 하나님을 경배하게 될 것이라고 말씀하셨다. 과연 그날이 온 것이다. 그렇게 시내산을 바라보며 지난날의 감회에 젖어 있던 모세에게 하나님의 말씀이 임했다.

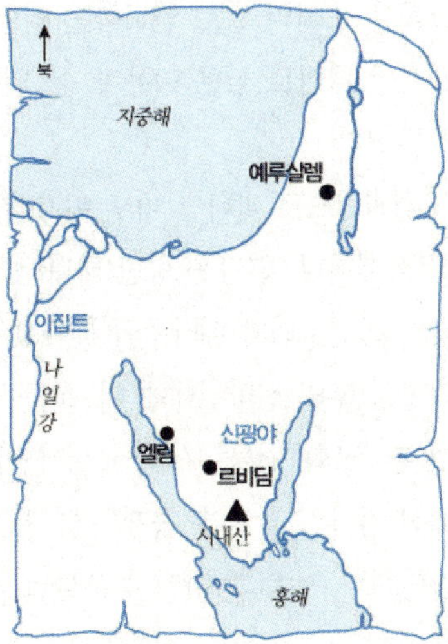

▲ 시내산-율법을 받고 성막을 짓다

"모세야, 지금 시내산으로 올라오너라."

모세는 하나님의 명령에 순종하여 시내산으로 올라갔다. 주께서는 모세를 시내산으로 불러 말씀하셨다.

"너는 야곱의 자손들인 이스라엘 백성들에게 일러주어라."

"네, 말씀하신 대로 전달하겠습니다."

"나는 너희를 독수리 날개에 실어 이곳으로 인도하였다. 너희가 내 말에 순종하고 나와 맺은 언약을 잘 지킨다면, 너희는 뭇 민족 가운데 나의 소중한 보배가 될 것이다. 너희는 거룩한 민족이 되어 나를 섬기는 제사장 나라가 될 것이다. 너는 이 말을 전하도록 하라."

하나님께서 이스라엘을 제사장 나라로 삼으셨다는 내용이다. 고대로부터 제사장은 하나님과 사람 사이를 중재하는 역할을 한다. 이스라엘이 하나님의 제사장 나라가 되었다는 것은 그들이 하나님과 열방 사이에서 중재자 역할을 할 것이라는 뜻이다.

하나님이 열방 중 먼저 이스라엘에게 구원의 도(율법과 규례)를 베풀면 이스라엘은 그 도에 순종하고, 또 그 도를 열방에 널리 전함으로써 그들을 구원의 길로 인도하는 역할을 맡은 것이다. 이것이 이스라엘을 제사장 나라로 삼은 이유다. 온 인류를 구원하시려는 하나님의 오묘한 경륜이다.

결과적으로 말하면 이후 이스라엘은 제사장 나라의 역할을 감당하는 데 실패한다. 열방을 향한 하나님의 구원 경륜을 망각하고 선민의식에 젖어 독선주의와 배타주의에 빠졌기 때문이다. 그리하여 제사장 나라의 역할은 후일 신약시대에 이르러 구속사적으로 승화되어 영적 이스라엘이 된 '교회'(건물로서의 교회가 아니라, 성도의 모임으로서의 교회)가 대신 감당하게 된다. 좁게는 하나님의 신령한 성전이 된 성도 개개인이 감당한다. 이런 의미에서 오늘날 성도는 '왕 같은 제사장'으로 불리는 것이다.

시내산에서 내려온 모세는 장로들을 불러 모은 뒤 하나님이 산 위에서 자기에게 명하신 말씀을 모두 전했다. 그러자 이스라엘 백성을 대표하는 장로들이 모세의 말을 경청한 후 한목소리로 일제히 대답했다.

"우리가 언약을 잘 지키고 주님의 말씀에 순종하겠습니다. 제사장 나라의 사명을 잘 감당하겠습니다."

"좋습니다. 여러분은 분명 하나님의 말씀대로 따르겠다고 약속했습니다. 이제 나는 다시 시내산에 올라가 이 사실을 하나님께 전하겠습니다."

모세가 시내산에 올라가 장로들의 말을 그대로 주께 아뢰었다. 그러자 주께서 모세에게 말씀하셨다.

"좋다. 그러면 내가 직접 시내산의 꼭대기에 강림하겠노라. 내가 그리 하는 까닭은, 내가 너와 말하는 것을 백성들로 하여금 듣게 하여, 앞으로 그들이 항상 너를 믿게 하려는 것이니라."

주께서 모세에게 계속 말씀하셨다.

"모세야, 백성들에게로 가서 오늘과 내일 그들을 정결하게 하여라.

옷을 깨끗이 빨게 하고, 셋째 날을 맞이할 준비를 하라고 일러라. 그 셋째 날에 내가 온 이스라엘 백성들이 지켜보는 가운데 시내산의 꼭대기에 강림하겠노라."

"네, 주님. 분부대로 하겠습니다!"

"모세야, 이번에도 너만 올라와야 한다. 산기슭에 경계선을 정한 뒤 백성들은 넘어오지 않게 하여라. 경계선을 넘어 이 산에 발을 들여놓는 자는 누구든지 죽음을 면치 못할 것이다."

하나님이 강림하시는 곳의 부근 일대는 하나님의 신성(神性)으로 인해 지극히 거룩하기 때문에 타락한 인간이 절대로 범접해서는 안 된다는 경고였다. 그럴 경우, 누구든지 그 신적 거룩함의 빛에 쏘여 죽임을 면할 수 없었다. 마치 태양 가까이 이르는 자는 악한 자든 선한 자든 그 뜨거운 열기에 죽임당하는 것과 같은 이치다.

시내산에서 내려온 모세는 이스라엘 장로들을 불러 모아 하나님의 말씀을 전했다. 이 말씀을 이스라엘 장로들은 다시 백성들에게 전했다.

"지금부터 이틀 동안 몸을 정결하게 하여 셋째 날을 준비하십시오. 주께서 시내산의 꼭대기에 강림하실 것입니다. 각자 몸을 씻고 옷을 빨고 여인과 잠자리를 갖지 않도록 하십시오."

여인과의 잠자리를 금한 이유는 거룩하고 엄숙한 시내산 의식을 앞두고 육신의 소욕을 절제하여 오로지 하나님께 온 마음을 집중하도록 하기 위함이었다. 이렇게 이스라엘 백성들은 모세의 지시에 따라 각자 몸과 옷을 성결하게 하고 셋째 날을 준비했다.

여호와 하나님께서 시내산에 강림하시다 (19:16-25)

셋째 날 아침이 되었다. 시내산의 꼭대기에서는 천둥이 울리고 번개가 치며 빽빽한 구름이 산 위를 온통 뒤덮었다. 나팔 소리가 점점 크게 울려 퍼졌다. 여호와 하나님을 호위하는 수많은 천군 천사가 힘차게 부는 하늘의 초자연적인 나팔 소리였다.

장엄하신 하나님의 강림을 알리느라 자연이 동원되고 하늘의 천사도 호위 무사로 내려왔다. 그런 장엄한 광경에 시내산 아래의 장막에 있던 이스라엘 백성들은 모두 무서워 벌벌 떨었다.

"자, 우리 모두 시내산의 꼭대기에 강림하시는 하나님을 맞이합시다."

모세는 산꼭대기에 강림하시는 하나님을 맞이하려고 백성을 장막에서 데리고 나왔다. 모세와 백성들은 시내산기슭에 정해 놓은 경계선 밖에 섰다.

시내산의 꼭대기는 물론이고 산중턱까지 자욱한 연기에 휩싸였다. 그 연기는 화덕에서 나는 연기처럼 연신 뭉클뭉클 치솟아 올랐다. 시내산 전체가 크게 요동쳤다. 나팔 소리는 점점 더 커져 갔다. 하나님의 강림은 실로 찬연했고 장엄했다. 폭풍우가 있었고, 빽빽한 구름 가운데 크나큰 화염이 있었다. 온 땅을 뒤흔드는 듯한 지진이 있었다. 인간이 감당하기 힘든 우렁찬 소리(천둥, 나팔 소리), 인간이 차마 바라볼 수 없는 강력한 빛(번개, 화염), 인간의 마음을 압도하는 장엄한 영광(구름, 연기)이 펼쳐졌다.

하나님은 본질상 영(靈)이시기에 어떤 구체적인 형상으로 자신을 나타내지 않으신다. 그래서 우레와 번개와 구름과 연기와 화염 가운데서 강림하신 것이다. 그런 초자연적인 장엄한 현상을 통해 하나님이 몸소 강림하셨음을 가시적으로 확인시켜 주신 것이다. 그 셋째 날, 하나님은 예고하신 대로 시내산의 꼭대기에 친히 내려오셨다.

"오, 주님!"

시내산 아래에서 모세가 소리쳐 하나님을 불렀다. 그러자 하나님께서 시내산의 꼭대기에서 모세에게 대답하셨다.

"모세는 산으로 올라오너라!"

모세가 두렵고 떨리는 마음으로 경계선을 넘어 조심스럽게 산 위로 올라갔다. 그때 여호와께서 모세에게 말씀하셨다.

"모세야, 너는 다시 내려가서 백성들에게 단단히 경고하여라. 백성들이 나를 보려고 연기를 헤치고 산 위로 올라오려다가 목숨을 잃을까 염려스럽도다. 누구든지 경계선을 넘어 산 위로 올라오면 내가 몸소 내려가 그들을 칠 것이다."

"오, 주님, 그들은 산 위로 올라오지 못합니다. 주께서 제게 명하신 대로 시내산의 사방을 빙 둘러 경계 표시를 해두었기 때문입니다."

"좋다! 그렇다면 이제 너는 내려가서 아론과 함께 올라와라. 제사장들과 백성들은 가까이 오지 못하게 하여라. 너와 아론 외에 누구든지 가까이 오면 내가 그들을 쳐 죽일까 염려스럽도다."

모세는 시내산 아래로 내려가서 백성들에게 하나님의 말씀을 그대로 전했다. 이때 하나님께서 강림하신 시내산은 '호렙산'으로도 불리는 곳이다. 오늘날 '모세의 산'이란 뜻을 지닌 해발 2,286m 높이의 '예벨 무사'(Jebel Musa)로 추정된다.

20
십계명

나 외에 다른 신 두지 마라
이웃의 재산을 탐내지 마라
산위에서 들려오는 주의 음성
시내산에서 주신 십계명

시내산 위에서 십계명이 주어지다 (20:1-17)

하나님은 모세를 시내산 정상으로 부르셨다.

"모세야, 너는 혼자 산꼭대기까지 올라오너라."

그런 뒤 모세에게 열 마디의 말씀인 십계명(十誡命)을 주시면서 이스라엘 백성들에게 전하라고 하셨다. 이처럼 십계명은 시내산의 꼭대기에 몸소 강림하신 하나님께로부터 직접 나온 말씀으로 그 신적(神的)인 기원을 가진다. 모든 율법의 핵심인 십계명은 선민 이스라엘의 최고 법전이다. 뒤이어 주어지는 생활과 종교에 관한 모든 법령과 규례의 기본 골격이 된다.

십계명은 크게 두 부분으로 구분된다. 제1계명부터 제4계명까지는 하나님의 백성들이 여호와 하나님께 대하여 지켜야 하는 대신(對神)계명이다. 제5계명부터 제10계명까지는 하나님의 백성들이 사람에 대하여 지켜야 하는 대인(對人) 계명이다.

시내산의 꼭대기에 강림하신 여호와 하나님은 우레와 번개, 큰 나팔소리, 자욱한 안개, 빽빽한 구름, 맹렬한 화염 가운데서 그 장중한 목소리를 발하여 모세에게 십계명을 베푸셨다.

이렇게 시내산 정상에서 십계명이 주어지는 동안에 백성들은 산 아래에서 그 장엄한 광경에 압도되었다. 크게 두려워 떨며 하나님께 경배 드렸다. 십계명을 주시기 전에, 하나님은 먼저 무슨 근거와 자격으로 십계명을 베푸는지를 일러주셨다.

"나는 너희의 하나님 여호와니라. 내가 너희를 이집트 땅에서 이끌어 내었고, 내가 너희를 이집트의 종살이에서 해방시켰노라."

그렇다. 하나님은 이스라엘 백성들을 이집트의 종살이에서 해방시켜 주신 구원자시다. 유월절 어린 양의 피 값을 지불하고 그들을 이끌어낸 구속자로서 십계명을 부여하시는 것이다. 여기에서 '유월절 어린 양'은 장차 갈보리 언덕의 십자가에서 죽임당할 '메시아 예수'를 예표한다. 이제 시내산의 꼭대기에 강림하신 여호와 하나님께서는 장중하게 십계명을 선포하신다.

1. "너희는 나 외에 다른 신들을 두지 마라."

십계명 중 제1계명이다. 여호와 하나님의 유일성을 선언한 계명이다. 무엇보다 올바른 신관(神觀)을 정립시켜 주는 계명이다. 당시에는 나라와 민족과 개인마다 온갖 잡신과 수호신들이 숭배되었다. 다신교적 사상과 범신론적 사상이 팽배했다. 그런 시대에 하나님은 여호와만이 유일하고 참된 신임을 분명히 선포하신 것이다.

2. "너희는 신상을 새기지 마라. 위로 하늘에 있는 것이나 아래로 땅에 있는 것이나 땅 밑의 물속에 있는 것이나 어떤 것이든지 그 모양을 본떠 우상을 만들지 마라. 너희는 우상을 만들어 그 앞에 절하지

말고 섬기지 마라."

십계명 중 제2계명이다. 하나님의 형상에 관한 계명이다. 절대로 하나님을 그 어떤 형상으로도 만들어서 섬기지 말라는 것이다. 이방의 수많은 우상들처럼 피조물 된 그 무엇으로써 형상화시키지 말라는 것이다. 보이지 않는 영인 하나님은 오직 신령한 마음과 진실한 마음으로 예배드려야 하는 것이다.

3. "너희는 너희 하나님 여호와의 이름을 망령되이 부르지 마라. 나 여호와는 내 이름을 함부로 부르는 자들에게 그 죄를 묻겠노라."

십계명 중 제3계명이다. 여호와의 이름을 경외하라는 명령이다. 이름은 인격을 의미한다. 이름은 한 인격의 품성이나 영광을 대표한다. 여호와께서도 그 이름을 통해 자신의 품성을 인간들에게 계시하고 영광 받으시기를 원하셨다.

그러므로 사람은 여호와의 이름을 거짓 맹세나 헛된 사욕이나 괜한 말장난 등에 함부로 사용해서는 절대로 안 된다. 오직 신령하고 진실한 예배나 찬양이나 감사나 기도나 신앙 고백 등에 사용해야 한다. 그렇지 않고 여호와의 이름을 함부로 사용했다가는 반드시 그 죗값을 치를 것이다.

4. "너희는 안식일을 기억하여 거룩하게 지켜라. 엿새 동안 일하되 너희 모든 일을 힘써 행하라. 이렛날은 너희 하나님 여호와의 안식일이므로 너희는 어떤 일도 해서는 안 된다. 너희도, 너희 아들도, 너희 딸도, 너희 남종들도, 너희 여종들도, 너희 가축도, 너희 집에 머무는 나그네까지도 일을 해서는 안 된다. 나 여호와가 엿새 동안 하늘과 땅과 바다와 그 안에 있는 모든 것들을 지었고 이렛날에는 쉬었기 때문이다. 그래서 나 여호와가 그 안식일을 복되게 하고 거룩하게 하였노라."

십계명 중 제4계명이다. 안식일 성수(聖守)에 관한 명령이다. 하나님께 대한 제1계명부터 제4계명 중 유일하게 '하라'(Do)라는 적극적 계명이다. 제1계명부터 제3계명까지는 '하지 마라'(Do not)라는 금지 계명이었다. 그만큼 제4계명인 안식일 성수는 어떤 상황과 여건에서도 적극적으로 찾고 기억하여 준수하라는 뜻이다.

안식일을 거룩히 지키는 방법은 이러하다.

첫째, 엿새 동안은 힘써 일해야 한다. 만일 엿새 동안 힘써 일하지 않으면 제7일에 안식을 누릴 근거를 잃게 된다. 엿새 동안 힘써 일한 신성한 노동이 비로소 제7일을 안식일 되게 만드는 것이다.

둘째, 자신은 물론이고 자신에게 딸린 모든 식솔들까지 안식에 참예하도록 해야 한다. 자신은 안식하면서 자신의 영향력 아래 있는 다른 사람들이 일하게 한다면 그것은 온전한 안식일이 아니다.

셋째, 창조주요 구속주인 여호와 하나님을 경배하고 그분께 영광을 돌려야 한다. 안식일의 안식은 아무것도 하지 않은 채 그저 빈둥빈둥 노는 상태가 아니다. 하나님께 지음 받은 피조물로서 적극적으로 창조주께 경배와 영광을 돌리는 날이다.

이렇게 7일 중 한 날을 거룩히 구별하여 하나님께 바침으로써 나머지 엿새를 포함한 자신의 모든 날과 전체 삶이 오직 하나님께 속하였음을 신앙고백하는 날이 안식일이다.

5. "너희는 너희 부모를 공경하라. 그래야만 너희 하나님 여호와께서 너희에게 주신 땅에서 너희가 오래도록 살 것이다."

십계명 중 제5계명이다. 부모 공경에 대한 계명이다. 이 계명은 대인계명 중 으뜸이다. 인간은 부모를 통해 육신이 조성되고 하나님의 생령을 부여받기에 부모 공경 없이 하나님 공경이 있을 수 없다. 하나님은 눈에 보이는 육신의 부모를 공경하는 도리를 통해 눈에 보이지 않는 영혼의 아버지인 하나님을 공경하는 도리를 일깨워 주신 것이다.

6. "너희는 살인하지 마라."

십계명 중 제6계명이다. 인간 생명의 존엄성과 신성함에 관한 계명이다. 인간은 본질상 거룩하신 하나님의 형상과 모양을 좇아 지음 받아 생명을 부여받았기에 하나님의 소유다. 살인 행위는 하나님의 형상을 파괴하는 죄요, 하나님의 소유를 빼앗는 죄가 된다. 나아가 인간의 생명에 대한 하나님의 주권을 모독하고 훼손하는 죄가 되는 것이다. 이런 사실에 근거하여 중세시대의 교부(敎父) 어거스틴은 자신의 생명을 스스로 끊는 자살도 일종의 살인 행위로 규정하였다.

7. "너희는 간음하지 마라."

십계명 중 제7계명이다. 남녀의 깨끗한 성윤리를 명하신 계명이다. 하나님께서는 태초에 한 남자와 한 여자의 혼인을 통해 신성하고 행복한 가정을 만들어 주셨다. 따라서 가정이라는 울타리를 벗어나 남편이나 아내 외의 대상과 성관계를 맺는 간음 행위는 하나님이 세워주신 신성한 혼인제도를 저버리고 깨뜨리는 중대한 죄다.

8. "너희는 도둑질하지 마라."

십계명 중 제8계명이다. 이웃의 소유물을 침해하지 말라는 계명이다. 이것은 사유 재산의 권리를 인정하고 보호하는 계명으로 사회 유지와 경제 발전의 기초가 되는 법이다. 단순히 금은 패물 같은 유형의 물건만 아니라 타인의 지식, 기술, 공로 등 일체 무형의 것들까지도 정당한 대가나 수고 없이 자신의 것으로 가로채는 행위도 포함된다. 모든 소유물은 신성하고 정당한 노동의 대가를 통해서 얻어야 한다.

9. "너희는 너희 이웃에 대하여 거짓 증언을 하지 마라."

십계명 중 제9계명이다. 이웃에 대한 위증(僞證) 금지의 명령이다. 거짓 증언은 무고하게 타인의 명예를 훼손시킬 뿐만 아니라 심지어 타인의 생명까지 빼앗는 사악한 죄로 마땅히 삼가야 하는 행위다.

10. "너희는 너희 이웃의 재산을 탐내지 마라. 너희 이웃의 아내도, 그의 남종도, 그의 여종도, 그의 소도, 그의 나귀도, 너희 이웃이 가진 어떤 것들도 너희는 탐내지 마라."

십계명 중 제10계명이다. 이웃의 소유에 대한 탐욕을 경계하는 계명이다. 이기적인 소욕(所慾)을 추구하여 남의 것을 욕심내는 탐심이야말로 모든 죄악의 뿌리다.

특별히 이 열 번째 계명은 십계명 중 독특하게도 사람의 마음 상태까지 법으로 규제한 계명이다. 따라서 이 계명은 사람의 마음 상태까지 일일이 살피시는 살아계신 여호와 하나님의 존재를 인정하지 않고서는 지킬 수 없는 계명이다. 아니, 지키지 않아도 되는 계명이다. 오직 그런 여호와 하나님의 존재를 인정하고 믿는 여호와 신앙으로써만 지킬 수 있는 마음속 계명이다. 이것이야말로 다른 이방 나라의 모든 법들과는 비교할 수 없는 십계명의 신적 기원을 입증하고 그 고결한 도덕성을 드러내준다.

하나님과 이스라엘 백성 사이의 중재자 모세 (20:18-21)

모세가 시내산 정상에서 하나님께로부터 십계명을 전수받는 동안 산 아래의 백성들은 산 정상의 장엄한 광경에 압도되어 벌벌 떨고 있었다. 천둥이 요란하게 울리고 번개가 쉴 새 없이 내리치며 나팔 소리가 크게 울려 퍼지고 있었다. 그런 가운데 자욱하고 빽빽한 연기

속에 시뻘건 화염이 치솟는 광경을 멀리 바라보면서 모두가 두려워 떨었다. 백성들은 뒤로 물러나 시내산과 멀찌감치 거리를 두고 서 있었다.

"아, 저렇게 크게 울어대는 천둥은 들어본 적이 없네."

"저 번쩍이는 번개를 보게나!"

"우와! 저 벼락이 우리에게 내려친다면 뼈도 찾을 수 없을 거야."

여호와 하나님이 얼마나 광대하고 엄청나신 분인지 실감이 났다. 이때 모세는 하나님의 임재 현장에 있었다. 내리치는 벼락 하나가 스치고 지나가기만 해도 잿더미로 변해 버릴 무시무시한 현장에서, 그러나 모세는 오히려 평안함을 느꼈다. 하나님께서 그를 품어 주셨기 때문이다.

모세는 그렇게 십계명을 전수받았다. 십계명은 여호와 하나님이 모세뿐 아니라 이스라엘 백성 전체를 향해서도 직접 말씀하신 것이다. 하지만 백성들은 그 광경이 너무나 두려워 모세에게 대신 하나님의 말씀을 전달해줄 것을 간청했다.

"오, 모세여! 당신이 하나님과 우리 사이에 중재자가 되어 주십시오. 당신이 하나님께 듣고 그 말씀을 우리에게 전달해 주시면, 우리가 그 말씀을 듣겠습니다. 여호와 하나님께서 우리에게 직접 말씀하시지 않도록 해주십시오. 그렇게 된다면, 그 말씀에 너무나 압도되어 우리가 죽을까 심히 두렵습니다."

그러자 모세가 백성들에게 말했다.

"여러분, 여호와 하나님을 두려워하지 마십시오. 여호와 하나님께서는 여러분을 시험하려고 강림하신 것입니다. 하나님 두려운 줄을 알게 하여 죄를 짓지 않게 하시려고 시내산의 꼭대기에 강림하신 것입니다."

"아, 그럴지라도 우리는 너무나 두렵고 떨립니다. 부디 우리를 대신해서 여호와의 말씀을 듣고 그 말씀을 우리에게 대신 전해 주십시오."

그렇게 해서 모세 혼자 여호와 하나님이 계시는 시내산 정상의 짙은 구름과 불타는 화염 쪽으로 가까이 나아갔다. 하나님과 이스라엘 백성들 사이의 중보자 역할을 감당한 것이다. 이때 백성들은 몹시 두려워하는 마음으로 시내산에서 떨어져 멀찌감치 서 있었다.

하나님께 제물을 바칠 제단을 쌓는 규정 (20:22-26)

시내산 정상에서 십계명을 선포하신 뒤, 하나님은 모세에게 이어 말씀하셨다.

"모세야, 너는 이스라엘 백성들에게 이렇게 말하여라."

"네, 주님. 말씀하십시오."

"주께서 친히 이르시기를 '너희는 내가 시내산 정상에서 너희에게 말하는 것을 직접 보았다. 그러므로 너희는 나를 어떤 신상으로도 만들지 마라. 은으로든 금으로든, 그 무엇으로든 내 신상을 만들어서는 절대로 안 된다.' 하여라."

'아, 조금 전에도 말씀하셨는데, 다시 말씀하시는 것을 보면 아주 중요한 명령임에 틀림없다.'

모세는 더욱 정성을 가다듬었다. 이는 십계명 중 제2계명으로, 하나님의 형상 제작과 숭배를 엄히 금하는 명령이다. 사람들은 본질적 속성상 눈에 보이지 않는 것을 믿지 못하고 눈에 보이는 것을 믿고 숭배하려는 강력한 경향이 있다. 그러하기에 하나님은 제2계명을 특별히 다시금 강조하신 것이다. 그 어떤 피조물 중 하나로 하나님의 형상을 만든다는 것은 영으로 존재하시는 하나님, 만물을 창조하신 하나님을 그 얼마나 모독하는 행위인가!

하나님은 이어 모세에게 제사를 드리는 제단을 만들도록 지시하셨다. 여호와 하나님께 제사를 드리기 위해 쌓는 모든 제단은 이방 나라들의 정교하고 화려한 제단과는 달리, 단순하게 흙으로 쌓은 토단(土壇)이어야 했다. 또한 돌로 제단을 쌓을 때는 정 따위로 다듬지 않은 자연석 그대로 투박하게 쌓아야 했다. 그 이유는 이러하다.

첫째, 정교하고 화려한 제단으로 인해 사람의 마음이 하나님께 집중하지 못하고 제단에 쏠리는 것을 방지하기 위함이었다.

둘째, 공교하고 화려한 제단 자체가 경배 대상이 되는 일이 없도록 하기 위함이었다. 제단은 하나님을 경배하기 위한 순수한 도구일 뿐이다. 그런 용도에만 충실하게 부합되도록 제단을 만들라는 명령이었다.

또한 층계를 밟고 제단 위로 올라가는 일이 없도록 하라고 명하셨다. 높은 제단을 층계로 오를 때 사람 하체의 맨살이 드러나기 때문이다. 여기서 사람의 하체 맨살은 '벌거벗음'을 가리키는 말이다.

에덴 동산에서 사람의 타락 이후 그것은 '수치'를 가리키는 말이 되었다. 그래서 이후 모세 율법에서는 제단에서 제사를 집전하는 제사장의 의복을 만들 때, 아예 하체 맨살을 가리는 고의(袴衣, 속바지)를 만들어 입도록 규정했다.

21
눈에는 눈, 이에는 이

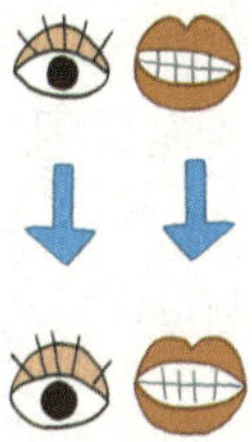

사람을 쳐서 죽인 자는 사형시키고
사람을 유괴한 자도 사형시켜라
손해가 있으면 모조리 갚아라
눈에는 눈, 이에는 이로 갚아라

히브리인 남종과 여종에 관한 법령 (21:1-11)

"모세야, 귀 기울여 잘 들어라. 이제부터는 내가 여러 법령과 규례를 네게 일러줄 것이다. 너는 그 법령들과 규례들을 이스라엘 백성들에게 선포하여 그들로 그대로 지켜 행하도록 하여라."

"네, 주님! 말씀하옵소서."

시내산 정상에 강림하신 여호와 하나님은 이스라엘 백성들에게 적용될 법령과 규례를 일러주셨다. 이 같은 법령과 규례는 모세가 하나님께 부여받은 뒤 백성들에게 전달해 주었다. 그래서 이른바 '모세 율법'이라 불린다.

모세 율법은 하나님께서 모세에게 직접 말씀해 주신 것이기에 신적 기원을 지닌다. 또한 모세 시대(주전 15세기)의 여건과 상황이 반영되었다. 따라서 모든 모세 율법에 대해 오늘날의 시각에서 문자 그대로 이해해서는 안 되고, 당시의 여건과 상황을 충분히 감안하여 살펴보아야 한다. 하나님은 입을 열어 모세에게 말씀하셨다. 먼저 히브리인 종에 관한 법령을 일러주셨다.

“너희가 히브리인 남자를 종으로 샀을 경우에 6년 동안만 부리고 안식년이 되는 제7년째에는 아무런 대가 없이 그 종을 자유롭게 풀어주어야 한다. 만일 그 히브리인 남종이 홀몸으로 들어왔으면 홀몸으로 풀어주고, 아내를 데리고 들어왔으면 아내도 함께 풀어주어야 한다.”

비록 히브리인들이 종 되었던 이집트에서 해방되어 자유인이 되었지만, 당시 이스라엘 사회는 어떤 경우에 한해 종의 제도를 인정했다. 히브리인이 동족의 종이 되는 경우는 두 가지였다. 하나는 가난하여 자신을 스스로 종으로 파는 경우이고, 다른 하나는 도적질했지만 배상 능력이 없는 경우다.

하지만 히브리인은 종이 된 지 7년이 되는 해 곧 안식년에는 종의 몸에서 풀려나 자유인이 될 수 있었다. 6일 간의 천지창조 사역 후 일곱째 날에 쉬신 하나님의 안식에 근거하여 ‘일곱째’가 되는 날(日)이나 해(年)는 안식일 또는 안식년이었기 때문이다. 하나님의 말씀은 계속되었다.

“만일 주인이 그 히브리인 남종에게 아내를 구해주어 장가들게 하였고, 그래서 그 여자가 그 남종에게 자녀를 낳아주었다면 제7년째 되는 안식년에 그 히브리인 남종은 처자(妻子)를 남겨두고 혼자서만 나가야 한다. 그 남종의 아내와 자녀들은 주인의 소유이기 때문이다.”

결혼하지 않은 채 종이 되었다가 주인의 배려로 결혼하여 아내와 자녀를 얻게 된 남종의 경우에 해당되는 법령이다. 이때 그 남종은 자기 혼자만 자유를 얻었는데, 주인집에서 얻은 아내와 그 아내로 인해 얻은 자녀는 주인의 소유로 간주되었기 때문이다. 그렇다면 그 남종이 자기 혼자서만 자유를 얻지 않겠다고 주장하면 어찌해야 할까? 이럴 경우를 대비하여 법령이 주어졌다.

"만일 그 남종이 분명히 말하기를 '나는 주인님과 나의 처자식을 사랑하기 때문에 혼자서는 자유의 몸이 되지 않겠습니다.' 한다면, 주인은 그 남종을 재판관들 앞으로 데리고 가서 그 사실을 확인시킨 뒤, 그 남종을 문짝이나 문설주에 바짝 세워놓고 그의 귓바퀴를 송곳으로 뚫어야 한다. 그러면 그 남종은 처자식과 함께 살면서 죽을 때까지 자기 주인을 섬겨야 한다."

이처럼 송곳으로 종의 한쪽 귓바퀴를 뚫고 그 송곳을 문설주에 꽂아두는 행위는, 스스로 원해서 종신토록 종이 될 자에게 행하는 고대 히브리 사회의 의식이었다. 다른 사람의 말을 듣는 귀는 예속과 복종을 상징하는 신체기관으로, 그것을 뚫는 것은 곧 주인의 말에 평생 복종하겠다는 것을 다짐하는 의식이었던 것이다. 이어 하나님은 모세에게 히브리인 첩(妾)에 대한 법령을 일러주셨다.

"어떤 사람이 다른 누구에게 자기 딸을 첩으로 팔 경우 그 첩은 7년이 되어도 남종처럼 자유의 몸이 되지 못한다. 그 여자를 자기 첩으로 삼으려고 사온 주인은 그 여자를 사온 뒤 마음에 들지 않으면 몸값을 받고 그 여자를 되팔 수 있다. 하지만 그 주인은 마음을 바꿈으로써 그 여자와의 신의를 저버렸으므로 이방인들에게 그 여자를 되팔 권리는 없다. 반드시 동족에게만 되팔 수 있다."

고대 사회에서 아들딸들은 그 아버지의 소유로 간주되었기에 매매(賣買)가 허용되었다. 여기서 첩을 이방인에게 되팔 수 없도록 한 이유는 이렇다. 동족 간에는 인격적인 대우를 받을 수 있고 또 합당한 경우에는 자유인이 될 수도 있었지만, 이방인에게 팔린다면 그런 것들이 불가능했기 때문이다. 하나님의 말씀은 이어졌다.

"만일 주인이 값 주고 사들인 그 여종을 자기 아들과 맺어주어 며느리로 삼았다면, 그는 며느리 된 그 여종을 자기 딸같이 대우해 주어야 한다. 또한 첩 있는 주인이 다른 새로운 첩을 들이더라도 먼젓번에

취한 첩을 박대하지 말고 그녀에게 먹을 것과 입을 것을 대어주어야 하며, 그녀와 잠자리를 갖는 의무도 소홀히 해서는 안 된다. 만일 주인이 이 세 가지 의무를 먼젓번 첩에게 해주지 않는다면, 주인은 아무런 대가 없이 첩이 된 그 여종을 자유의 몸으로 풀어주어야 한다."

일단 첩으로 취한 여종에게 주인이 남편 자격으로 마땅히 책임져야 할 세 가지 의무에 관한 법령이다. 세 가지 의무는 ① 음식 제공 ② 의복 제공 ③ 동침이다. 이 같은 법령은 당시 가장 비천한 자들 가운데 하나인 여종의 권리와 인격에 대해서까지 세심하게 배려하시는 하나님의 인자하심을 잘 보여준다.

살인, 유괴, 상해에 관한 법령 (21:12-27)

때는 출애굽한 지 정확히 두 달이 지난 시점이고, 장소는 시내산 정상이다. 법령을 선포하시는 분은 여호와 하나님이시고, 법령을 부여받는 자는 이스라엘 백성을 대표하는 모세다.

빽빽한 구름, 자욱한 연기, 활활 타오르는 화염, 천지를 진동하는 우레, 쉴 새 없이 번쩍이는 번개, 지축을 뒤흔드는 지진, 그리고 천군천사의 우렁찬 나팔소리 가운데 시내산 정상에 강림하신 여호와 하나님은 목소리를 발하시어 모세에게 말씀하셨다.

"누구든지 사람을 죽게 한 자는 반드시 사형에 처해야 한다. 그러나 고의로 죽인 것이 아니고 실수로 죽였다면 나 여호와가 그자의 목숨을 그 사람의 손에 붙인 것이 되므로 내가 그 사람에게 피신처를 마련해 줄 것이다. 그러나 누구든지 악한 마음을 품고 일부러 이웃을 죽였을 경우에는 그가 내 제단으로 피신했더라도 너희는 그를 끌어내어 반드시 사형에 처해야 한다."

악한 마음을 품고 고의로 살인한 자는 십계명 중 제6계명을 범한 살인죄로 인해 사형에 처해졌다. 그러나 실수로 사람을 죽인 자, 곧 과실치사로 사람을 죽인 자는 하나님이 마련해 주신 피난처로 몸을 피함으로써 목숨을 부지할 수 있었다. 이는 후일 가나안 정착 후에는 도피성(逃避城) 제도로 보다 구체화된다.

"자기 부모를 때린 자는 반드시 사형에 처해야 한다. 또한 자기 부모를 향해 욕하고 저주하는 자도 반드시 사형에 처해야 한다."

자기 부모에 대해 손발이나 도구를 사용하여 폭행을 가한 자는 마치 살인자처럼 여겨져 사형에 처해졌다. 또한 비록 손발이나 도구를 사용하지 않았더라도, 자기 부모를 향해 욕하고 저주한 것은 말로써 폭행한 것이므로 역시 사형에 처해졌다. 이처럼 부모를 욕하거나 저주하는 죄는 하나님을 저주하는 죄와 더불어 혀를 함부로 사용한 죄를 물어 사형에 처한 두 가지 죄 가운데 하나였다. 이는 하나님께서 부모의 권위를 얼마나 높이 존중하고 있는지를 잘 보여준다.

"사람을 유괴한 자가 유괴해낸 그 사람을 팔았든지 잡아두었든지 그 유괴자를 반드시 사형에 처해야 한다."

사람을 유괴한 것은 타인의 생명을 도적질한 행위이므로, 자신의 생명으로 배상해야 한다는 원리다. 하나님은 모세에게 계속 법령을 일러주셨다. 이번에는 상해(傷害)에 관한 법령이다.

"이웃끼리 서로 다투다가 한 사람이 상대방을 돌이나 주먹으로 쳤다 하자. 만일 맞은 자가 죽지는 않았지만 그로 인해 몸져눕게 되었을 경우, 피해자가 지팡이를 짚고라도 몸을 움직일 수 있으면 때린 자는 처벌을 면한다. 하지만 가해자는 맞은 사람이 완전히 나을 때까지 생활비와 치료비를 전부 대주어야 한다."

이런 경우에 가해자는 일단 감금되었다가 피해자가 살아나면 석방되어 치료비와 손해배상을 지불해야 했다. 그러나 피해자가 죽으면 살인자가 되어 사형에 처해졌다.

"주인이 남종이나 여종을 때려 그 자리에서 숨지게 하면 그자는 반드시 처벌받아야 한다. 하지만 매를 맞은 종이 하루나 이틀 뒤에 자리에서 일어나면 주인은 처벌을 면하게 된다. 종은 주인의 재산이기 때문이다. 주인이 남종이나 여종의 눈을 때려 멀게 했다면 주인은 눈을 멀게 한 대가로 그 종을 자유의 몸으로 풀어주어야 한다. 또 주인이 남종이나 여종의 이빨을 쳐서 부러뜨렸다면 그는 이빨을 부러뜨린 대가로 그 종을 자유의 몸으로 풀어주어야 한다."

주인이 자기 소유의 종을 때려 상해를 입혔을 경우에 해당되는 법령이다. 고대 사회라는 당시의 상황과 여건이 반영되었다. 즉, 종은 주인의 재산이라는 바탕이 전제되었다.

"서로 싸우다가 임신한 여자를 밀쳐서 아이를 유산시킨 남자는 다른 심각한 상처가 없다면 그 여자의 남편이 요구하는 대로 혹은 재판관의 판결대로 배상해야 한다. 하지만 그 임산부가 심각한 상처를 입어 목숨을 잃었다면 그자 또한 자기 목숨으로 갚아야 한다."

임신한 여자에게 상해를 입혔을 경우에 해당되는 법령이다. 이때 상해를 입은 임산부의 남편이 지나친 배상액을 요구할 경우에 대비하여 해결책까지 제시되었다. 즉, 그럴 경우에는 양자가 재판관의 판결에 따라야 했다.

"이웃에게 상해를 가한 자에게는 이렇게 하여라. 눈은 눈으로, 이는 이로, 손은 손으로, 발은 발로, 화상은 화상으로, 상처는 상처로, 멍은 멍으로 갚도록 하여라."

이른바 동해보복법(同害報復法, Lex Talionis)이다. 이 법은 절대로 보복을 위한 법이 아니다. 이 법은 개인적으로 필요 이상의 과도한 보복을 삼가게 하는 법이다. 즉, 해(害)를 가한 만큼만 처벌받게 하여 공의로운 대가를 치르게 함으로써 궁극적으로 올바른 사회질서를 수립하는 데 그 목적이 있었다. 이 같은 동해보복법의 원리는 오늘날까지도 사법적 판결에 있어 유효하게 적용될 수 있는데, 당시 고대 중근동

나라들의 다른 법령 체계들과 비교해볼 때 매우 우수한 것이었다.

가축으로 인해 생긴 피해를 배상하는 법령 (21:28-36)

모세 율법의 항목은 가축들에게도 적용된다. 황소가 뿔로 사람을 들이받아 죽게 하면, 그 황소는 어떻게 처리해야 할까. 두 가지 해결 방식이 있었다.

제1항. 소의 들이받는 습관을 몰랐을 경우에는 소만 죽이고 주인은 형벌을 면한다.

제2항. 소에게 들이받는 습관이 있어 주인이 이전에 주의를 받았는데도 그 소를 단속하지 않았을 경우에는 주인에게 살인죄가 적용된다. (단, 피해자 가족이 배상을 원할 경우에는 요구된 배상액을 지불하고 사형을 면한다.)

그렇지만 죽은 자가 종인 경우에는 달랐다. 종은 주인의 재산으로 여겨졌기에, 당시 종의 몸값에 해당하는 은 30개만 그 주인에게 지불하면 해결되었다. 은 30개는 은 30세겔을 뜻하는데, 세겔은 고대 사회의 화폐 및 무게 단위다. 당시 1세겔은 일반 노동자의 4일치 품삯에 해당되는 금액이었다.

오늘날 원화로 따져 하루치 품삯을 10만 원으로 계산한다면, 1세겔은 40만 원에 해당하고, 종의 몸값인 30세겔은 1,200만 원에 달하는 금액이다. 하나님은 계속해서 모세에게 말씀하신다.

"자, 어떤 사람이 구덩이를 파 두었다 치자. 구덩이를 파 놓고도 메우지 않아서 거기에 가축이 빠져 죽으면 구덩이를 판 사람은 가축의 임자에게 죽은 가축 값을 배상해 주어야 한다. 하지만 죽은 가축은 구덩이를 판 사람의 차지가 된다."

"또 어느 집 황소가 남의 집 황소를 들이받아 죽였다 치자. 들이받은 황소의 임자는 그 황소를 팔아 그 돈을 죽은 황소의 임자와 절반씩 나눠 가져야 하고 또 죽은 황소의 고기도 절반씩 나눠 가져야 한다. 하지만 그 황소가 본래 들이받는 버릇이 있는 줄을 알고도 임자가 그 황소를 단속하지 않았다면 들이받은 황소의 주인은 살아있는 자기 황소를 죽은 황소의 임자에게 내어주고 대신 죽은 황소를 가져와야 한다."

이 같은 피해 보상법은 가축의 주인이 의무 소홀로 인해 이웃이나 상대방에게 피해를 주었을 경우, 그에 상응하는 대가를 지불하게 함으로써 결코 자신의 의무를 태만하지 말 것을 교훈하는 데 그 목적이 있다.

비단 이 법령뿐만 아니라 우리가 모든 모세 율법에서 주목할 사실은 이것이다. 즉, '알고 있었느냐, 아니면 모르고 있었느냐' 하는 인지성(認知性) 여부다. 또는 '일부러 그랬느냐, 아니면 실수로 그랬느냐' 하는 고의성(故意性) 여부다. 그에 따라 처벌 및 배상 수위가 확연히 달라졌다. 이처럼 여호와 하나님은 무엇보다 사람의 생각과 마음을 중시하시고 감찰하시는 분이시다.

22
생활에 필요한 각종 법령

남편을 여읜 여자 괴롭히지 말고
아비 없는 아이들도 학대하지 마라
그들이 울부짖으면 그들처럼 되리니
네 이웃의 약자 정성껏 보호해라

각종 재산 침해에 관한 손해배상의 법령(22:1-15)

시내산 정상에 강림하신 여호와 하나님은 중재자 모세를 통해 신정국가(神政國家) 이스라엘의 백성들이 지켜야 할 여러 법령과 규례를 부여해 주고 계신다. 이제 하나님은 개인의 재산과 소유물을 보호해 주기 위해 절도와 과실로 인한 손해배상의 법령, 나아가 선민에게 반드시 요구되는 육체와 영혼의 성결을 유지하기 위한 윤리와 종교에 관한 법령을 일러주신다.

"모세야, 귀 기울여 내 말을 잘 듣고 있느냐?"

"예, 주님. 잘 듣고 있습니다. 말씀하소서."

모세는 바짝 귀 기울여 하나님의 말씀을 들었다. 그리고 들은 말씀을 하나도 빠짐없이 마음 깊숙이 차곡차곡 새기고 있었다. 이를 정리해 본다.

■ 도둑질에 관한 법령

이웃의 소나 양을 훔쳐다가 도살하거나 내다팔다 들통 나면 소는 한 마리당 다섯 마리로, 양은 한 마리당 네 마리로 갚아 주어야 한다.

도둑이 한밤중에 몰래 침입하다 들켜 맞아죽었다면 주인은 죄가 없다. 그러나 밝은 날에 도둑을 죽였다면 죽인 사람에게도 죄가 있다. 과잉방어에 해당되기 때문이다.

도둑은 훔친 것을 반드시 다 갚아야 한다. 만일 가진 것이 없으면 자기 몸을 팔아서라도 갚아야 한다.

■ 가축 관리에 관한 법령

주인으로서 자기 가축을 잘 단속하지 못한 부주의, 자기 밭의 잡초나 가시덤불을 태우려고 불을 놓았다가 그 불을 잘 단속하지 못해 이웃에게 손해를 끼친 부주의 등에 대하여 마땅한 책임을 져야 한다는 법령이다. 이처럼 부주의로 인해 끼친 모든 피해에는 그에 대한 책임과 배상이 반드시 뒤따랐다.

■ 보관 책임에 관한 법령

은행 제도가 발달하지 않은 고대 사회에서는 장기간 집을 비우고 여행할 때 돈이나 중요한 물품을 이웃에게 맡겨 보관하는 일이 많았다. 그때 이웃에게 맡긴 돈이나 물품이 없어졌고 도둑도 잡히지 않았을 경우, 돈이나 물품을 맡은 자는 착복(着服) 여부에 대해 재판관 앞에서 재판을 받았다. 또 같은 물품을 두고 양자가 서로 소유권을 주장하는 경우에도 재판을 받아 해결했다.

■ 맹세에 관한 법령

고대 히브리 사회에서 어떤 문제가 생겼는데 입증할 증인이 없는 경우, 당사자들은 최종적으로 여호와께 대한 맹세로 문제를 해결했다. 히브리인들에게 맹세란 여호와의 거룩한 이름과 절대적인 권위를 빌어 자기 말의 정당성과 진실성을 최종 보증하는 엄숙하고 신성한 행위였다.

따라서 여호와 앞에서 여호와의 이름으로 맹세한 자의 맹세는 그대로 신뢰하는 것이 여호와 신앙을 가진 이스라엘 공동체의 독특한 사회규범이었다. 만일 그 맹세가 거짓된 것이라면 십계명 중 제3계명을 어긴 죄, 곧 하나님의 성호(聖號)를 망령되이 사용한 크나큰 죄를 범하여 하나님의 더 큰 형벌을 면할 수 없었다.

■ 빌려 온 가축에 관한 법령

이웃에게 가축을 빌려 왔는데 그 가축이 다치거나 죽었다면, 가축을 빌린 사람은 가축 주인에게 배상해야 한다. 하지만 가축 주인이 그 가축과 함께 있었다면 배상할 필요가 없다. 만일 그 가축에 대해 돈을 주기로 하고 빌린 것이라면, 가축 주인에게 약속한 돈을 내는 것으로 배상하면 된다.

모세는 하나님의 법령을 잘 받아 기록하고 마음에 깊이 새긴다. 이스라엘 백성을 거룩하게 세워 가시려는 하나님의 자상함을 느낀다. 이스라엘 백성이 이런 법령을 제대로 지키고 산다면, 온 세상에 하나님의 구원과 축복을 전해 주는 제사장 국가가 되어, 구원과 축복의 통로가 되리라.

"내 말을 잘 기록하고 있느냐?"

"네, 하나도 빠짐없이 잘 새겨듣고 기록하고 있습니다."

"그래, 하나님의 백성은 반듯하게 살아야 한다. 생각도 반듯, 행동도 반듯! 내가 거룩하니 너희도 거룩해야 한다. 그래야 가나안 원주민들과 구별되어 내 백성은 뭔가 다르다는 것을 온 세상이 알게 될 것이다."

"네, 하나님…."

하나님께서 이스라엘 백성의 재산 소유권에 대해 상세하게 규정을 만들어 주신 것은, 법률상의 쓸데없는 분쟁 소지를 미연에 차단함으로써 이스라엘 사회를 보다 안정시키고 공의롭게 만드는 데 기여하기 때문이다. 애매모호한 규정은 개인과 사회의 갈등을 증폭시키는 반면, 분명하고 상세한 규정은 분쟁과 갈등 해결에 큰 도움을 준다. 그 결과 이스라엘 공동체를 더욱 단단하게 결속시킬 것이기 때문이다.

윤리와 종교에 관한 성결의 법령 (22:16-31)

여호와 하나님은 자기 백성 된 이스라엘이 하나님의 거룩한 백성답게 성결한 삶을 살아가는 데 요구되는 세부 법령들을 주셨다. 이 같은 성결법(聖潔法)은 여호와 하나님이 지극히 거룩하므로 하나님의 백성 된 자들도 그분을 본받아 거룩해야 한다는 성결의 원리에 따라 주어진 것이다.

"어떤 남자가 아직 정혼하지 않은 처녀를 꾀어 잠자리를 가졌다 치자. 그러면 그 남자는 반드시 신부의 몸값을 내고 그 처녀에게 장가들어야 한다. 하지만 그 처녀의 아버지가 자기 딸을 그 남자에게 주지 않겠다고 하면, 그 남자는 처녀의 몸값만을 그녀의 아버지에게 지불해야 한다."

당시 신랑이 신부를 데려올 때 결혼지참금 조로 장인 될 신부의 아버지에게 주는 신부 몸값은 은(銀) 50세겔이었다. 세겔(Shekel)은 고대 히브리사회의 화폐 단위로, 1세겔은 노동자 4일치의 품삯이었고, 당시 노예 한 사람의 몸값은 30세겔이었다.

그런데 이때 신부의 아버지가 사위될 사람을 못마땅하게 여겨 자기 딸을 내어주지 않겠다고 하면, 남자는 처녀의 몸을 더럽힌 데 대한 배상금만 물어야 했다. 이것은 그 여자가 처녀일 경우에 한한 것이고,

만일 유부녀와 동침했을 경우에는 가차 없이 둘 다 사형에 처해졌다.

"너희는 너희 가운데 무당을 살려두지 마라. 또 짐승과 교접하는 자는 반드시 사형에 처해야 한다. 그리고 여호와 외에 다른 신들에게 제사를 드리는 자도 반드시 죽여야 한다."

이스라엘 공동체에서 사형으로 엄히 다스려야할 세 가지 사항이 연달아 주어졌다. 무당과 수간자(獸姦者)와 우상 숭배자를 처형하라는 법령이다.

인간의 영육을 미혹하고 사냥하는 무당은 하나님의 절대주권에 도전하는 자다. 또 짐승과 교접하는 수간자는 하나님의 형상과 모양대로 지음 받은 존귀한 인간을 짐승과 동일시함으로써 하나님의 거룩함을 훼손하는 자다. 그리고 쇠와 나무와 돌로 만든 우상을 숭배하는 자는 하나님의 유일성을 부정하는 자다.

그렇기 때문에 이스라엘 사회에서 반드시 제거해야 했다. 무엇보다 이런 자들은 자신뿐만 아니라 이스라엘 공동체 전부를 오염시키는 자들이기 때문에 가차 없이 제거되어야 했다. 하나님의 말씀은 계속 이어졌다. 가난하고 소외된 이웃에게 자비와 긍휼을 베풀라는 법령이다.

"모세야, 너희는 이집트 땅에서 나그네로 지냈음을 잊지 말고 너희 가운데 기거하는 나그네를 괴롭히거나 학대하지 마라. 또 과부나 고아를 못살게 굴지 마라. 만일 너희가 그런 자들을 학대하므로 그들이 내게 울부짖으면, 나는 반드시 그들의 호소를 들어주어 너희를 칼에 쓰러지게 할 것이다. 그러면 너희 아내는 과부가 되고 너희 자식들은 고아가 될 것이다."

"또 너희가 가난한 동족에게 돈을 빌려 주었다면, 그에게 모진 사채업자처럼 굴지 말고 높은 이자를 받지 않도록 하여라."

"또 만일 네 이웃이 빚을 져서 너희가 이웃의 겉옷을 담보로 잡았다면, 너희는 해가 지기 전에 그 겉옷을 돌려주어야 한다. 생각해 보라. 그에게 걸칠 것과 덮을 것이라고는 그 겉옷밖에 없는데, 그걸 돌려주지 않는다면 그가 무엇을 덮고 잠을 자겠느냐? 만일 너희가 해가 진 뒤에도 돌려주지 않아서 그가 내게 부르짖으면 나는 그의 호소를 들어줄 것이다. 나는 자비로운 하나님이니라."

하나님의 백성 된 이스라엘 공동체에서 소외된 자들, 곧 연약하고 가난한 자들에 대한 하나님의 배려와 긍휼이 배여 있는 법령들이다. 나그네, 과부, 고아는 이스라엘 사회의 3대 약자들이다. 이런 자들을 괴롭히거나 학대하지 말고 잘 대해주라고 명한 것이다. 또한 자비로우신 하나님은 가난한 자들에 대한 배려도 잊지 않으셨다. 가난한 자들에게서 높은 이자를 받거나 채권자로서 모질게 굴지 말 것을 명하셨다.

특히 가난한 자들에게 담보로 잡은 겉옷은 해가 지기 전에 반드시 돌려줄 것을 명하셨다. 히브리인들이 입는 겉옷은 마치 모포처럼 통으로 되어 있어 밤의 추위를 막는 데 필수적인 것이었기 때문이다. 물론 여기서 '겉옷'은 생필품을 대표하는 말이다.

이런 법령들의 핵심은 이것이다. 즉, 소외되고 연약하고 가난한 자들에게 인정 없이 모질고 쌀쌀맞게 굴지 말라는 것이다. 이스라엘 백성들은 하나님의 자비와 긍휼을 입은 백성인 만큼, 그들도 하나님의 백성답게 자비로우신 하나님의 품성을 본받아 자기보다 연약하고 가난한 이웃에게 자비와 긍휼을 베풀도록 하라는 명령이다. 덧붙여 하나님은 모세에게 몇 가지 법령을 더 말씀해 주신다.

"너희는 재판관을 욕하지 말고 지도자에 대해서도 악담하지 마라."

"또 너희는 거두어들인 농작물의 처음 것이나 포도즙을 짤 때 처음 나온 것은 지체 없이 내게 바쳐야 한다. 또한 너희 맏아들도 내게 바쳐야 한다. 마찬가지로 너희 소나 양의 첫 새끼도 내게 바치되 이레 동안은 그 어미 품에 두었다가 여드레째 되는 날에 내게 바쳐라."

"또 너희는 내 앞에서 거룩한 백성이 되어야 한다. 그러니 들에서 맹수에게 찢겨죽은 짐승의 고기를 먹지 말고 그 고기를 개들에게 던져주어라.”

재판관이나 지도자에 대한 정당한 권위를 인정하라는 것, 농작물이나 밭작물이나 가축이나 사람의 처음 것은 하나님께 바치라는 것, 그리고 맹수에게 찢겨죽은 짐승의 고기를 먹지 말라는 법령이다. 모두 하나님의 백성답게 올바르고 거룩하게 살아가는 데 요구되는 법령들이다.

맹수에게 찢겨죽은 짐승의 고기는 종교 의식상 부정한 것으로 간주되었기 때문에 먹을 수 없었다. 또 작물이나 가축의 처음 것들을 하나님께 바치는 것은 모든 것의 소유권이 하나님께 있음을 인정하는 신앙 행위다. 처음 것은 나머지 모든 것들을 대표하기 때문이다. 이때 사람의 처음 것 곧 맏아들은 그의 생명 속전(贖錢)에 해당되는 은(銀) 5개를 바치는 방법으로 하나님께 드려졌다.

또한 가축의 첫 새끼가 여드레째 바쳐진 것은 새끼로 하여금 7일 동안은 어미의 젖을 빨도록 하기 위함이고, 더불어 모든 가축은 태어난 지 적어도 7일이 지나야 제구실을 할 수 있기 때문이다. 더 나아가 이 규례는 태어난 지 제8일째에 사내아이에게 시행되는 할례(割禮) 의식법과 밀접하게 관련된 것이다. 제8일은 하나님이 천지를 창조하시고 안식을 취하신 그 다음날로서 새로운 주간이 시작되는 첫 날이기 때문이다. 즉, 하나님 안에서 새로운 출발과 새로운 헌신을 다짐하는 날이기 때문이다.

23
사회 정의를 위한 법령과 3대 절기

여섯째 해에는 땅에 씨를 뿌려라
일곱째 해에는 땅을 묵혀 두어라
엿새는 땀 흘려 일하고
이렛날에는 일을 쉬고 안식해라

공의와 자비에 관한 법령 (23:1-9)

시내산 정상에 강림하신 여호와 하나님이 이스라엘 백성을 대표하는 모세에게 계속해서 율법을 부여하신다. 하나님께 택함을 받은 이스라엘 백성이 거룩하신 하나님의 백성답게, 거룩한 공동체의 삶을 살아가는 데 요구되는 각종 법령과 규례를 세세하게 연속적으로 일러주신다.

"모세야, 졸리느냐? 쉬었다 할까?"

"아닙니다, 하나님! 산 아래에서 백성들이 제가 내려오기만 기다리고 있을 것입니다. 하나님께서 주시는 법령을 받고 속히 내려가야 합니다."

"서두를 필요는 없다. 그들에게는 아론과 미리암, 여호수아가 있지 않느냐?"

"그러기는 합니다만…."

"이 높은 정상에 올라오는 것이 쉬운 일은 아니다. 너도 그동안 그들에게 많이 시달렸으니 내 품에서 안식하며 내가 주는 법령을 잘 새겨듣고 정리하도록 하라!"

"네, 주님. 말씀하신 대로 하겠습니다!"

바람이 불었다. 높은 산 정상에서 불어오는 바람 같지 않게 따뜻한 산들바람이었다. 모세는 하나님의 어루만지심을 느꼈다. 모세의 입가에 미소가 감돌았다. 어머니의 품에 안긴 아기들이 느끼는 안락함을 느꼈다. 이제 하나님은 이스라엘 사회에서 구현되어야 할 공의와 자비에 관한 법령과 규례를 말씀하신다.

"너희는 거짓 소문을 퍼뜨리지 마라. 또 부당한 증언을 하여 악한 사람을 이롭게 해서는 안 된다. 재판정에서 증언할 때 다수를 좇아 왜곡된 증언을 해서는 안 된다. 가난한 사람이라고 무조건 편들어 주어서도 안 된다. 또한 가난한 사람의 송사라고 그에게 불리한 재판을 해서도 안 된다."

"명심하겠습니다!"

"거짓된 고발에 휘둘리지 말고 죄 없는 사람과 정직한 사람에게 유죄를 판결해서는 안 된다. 나는 그런 악한 자들을 용납하지 않을 것이다."

"명심하겠습니다!"

"재판관은 뇌물을 받지 마라. 뇌물은 현명한 사람을 눈멀게 하고 의로운 사람의 말을 왜곡시키기 때문이다."

십계명 중 제9계명인 "너희는 너희 이웃에 대하여 거짓 증언을 하지 마라."는 계명을 보충하는 세부적인 법령이다. 송사(訟事)에서 일어날 수 있는 부조리한 일들에 관해 삼가 경계할 것을 명하는 내용이다. 중심된 내용은 증인의 거짓 증언인 위증 금지, 재판관의 편파적인 판정 금지, 뇌물 수수 금지에 대한 것이다. 시시비비를 올바로 가려 판결하시는 공의(公義)의 하나님께서는 이스라엘 사회의 법정에서도 실현되어야 한다는 것이다.

“원수의 소나 나귀가 길을 잃고 헤매는 것을 보거든 그 가축을 그 임자에게 끌어다 주어라. 또 너희를 미워하는 자의 나귀가 무거운 짐을 지고 가다가 쓰러진 것을 보거든, 내버려두지 말고 나귀를 일으켜 세우는 것을 힘껏 거들어 주어라.”

“지침대로 하겠습니다.”

“나그네를 압제하지 마라. 너희도 한때는 이집트 땅에서 나그네로 몸 붙여 살았으니 나그네의 심정을 잘 헤아릴 수 있지 않느냐?”

“나그네로 살았던 것을 잊지 않고 잘 돌보겠습니다.”

자비하신 하나님의 백성 된 자들 역시 이웃에 자비를 베풀어야 한다는 내용이다. 주목할 것은 그 대상이다. 자신과 가깝거나 좋아하는 자들, 혹은 자신을 좋아하는 사람들만이 아니다. 재판이나 분쟁 등을 통해 원수 된 자들, 나그네처럼 사회적으로 소외된 자들에게도 자비를 베풀어야 한다는 법령이다.

안식일과 안식년, 이스라엘 3대 절기에 관한 법령 (23:10-19)

“모세야, 잘 듣고 있느냐?”

“네, 주님! 말씀하시옵소서. 귀담아 듣고 있습니다.”

“좋다. 잘 새겨듣고, 산을 내려가면 이스라엘 백성들에게 일러주어라.”

“네, 명심하겠습니다.”

“너희는 엿새 동안은 땀 흘려 힘써 일하고 이레째 날은 쉬어라. 그래야 너희가 부리는 소나 나귀뿐만 아니라 네 여종의 자식과 네게 몸 붙여 사는 나그네들도 숨을 돌릴 게 아니냐?”

십계명 중 제4계명, 즉 “너희는 안식일을 기억하여 거룩하게 지켜라”는 안식일 준수의 계명에 대한 반복이다. 특별히 여기서는 종과 나그네와 가축에 대한 자비와 긍휼에 초점이 맞추어져 있다. 하나님의 백성 된 자들은 천지창조의 사역 후 제7일에 쉬신 하나님의 안식에 기꺼이 동참하되, 자신뿐만 아니라 자신의 집에 속한 것들(종, 나그네, 가축 등)까지도 함께 동참토록 해야 한다.

"너희는 여섯 해 동안은 땅에 씨를 뿌리고 곡식을 거두어들이되, 일곱째 해에는 그 땅을 묵혀두어라. 그 땅에서 자연적으로 자라나는 것들은 너희 백성들 가운데 가난한 자들로 하여금 거두어 먹을 수 있게 하고, 남은 것들은 들짐승이 먹게끔 내버려 두어라. 포도밭이든 올리브나무 밭이든 모든 전답(田畓)에서 그렇게 해야 하느니라."

제7년째에 준수해야 할 안식년(安息年)에 관한 법령이다. 안식년은 제7일에 지켜야 하는 안식일 준수의 정신에 바탕을 두고 있다. 엿새 동안 힘써 일하고 제7일에 안식을 누려야 하는 것처럼, 6년 동안 힘써 논밭을 가꾸어 작물을 거두어들이되, 제7년째에는 그 땅에 안식을 주어야 한다는 개념이다.

이때 안식년 기간 동안 자연적으로 논밭에서 자라나는 작물들은 모두 가난한 사람들의 차지가 되었다. 땅의 안식과 더불어 가난한 자들을 보살피시는 하나님의 자비와 긍휼이 깃든 법령이다. 대신 하나님은 안식년 직전 해인 제6년째에 두 배의 소출을 거둘 수 있게끔 복을 베풀어주셨다.

"너희는 해마다 내 앞에서 세 차례의 절기를 지켜라."

이어서 하나님은 이스라엘 백성들이 해마다 지켜야 하는 3대 절기에 관해 일러주셨다. 이스라엘의 3대 절기는 ① 무교절 ② 맥추절 ③ 수장절이다.

■ 무교절, 유월절

"먼저 너희는 누룩을 넣지 않은 빵을 먹는 무교절을 지켜라. 내가 너희에게 이미 명한 대로 아빕 월의 정한 시기에 이레 동안 누룩을 넣지 않은 빵을 먹어야 한다. 그 달에 너희가 이집트에서 해방되었기 때문이니라. 무교절에 내 앞에 나올 때는 누구든지 빈손으로 나타나서는 안 되느니라."

이스라엘의 3대 절기 중 가장 먼저 지켜야 할 절기는 '무교절'이었다. 이 절기는 종교력 첫 달인 아빕 월(정월) 14일 저녁에 지키는 유월절 다음날부터 이후로 일주일 동안 지켰다. 이 무교절 기간 동안에는 오직 누룩 없는 빵, 곧 무교병(無酵餠)만 먹어야 했다. 그 이유는, 이때 누룩은 죄와 부패를 상징하여 옛 사람이 먹는 음식으로 간주되었기 때문이다.

따라서 누룩 없는 빵은 하나님 안에서 죄 사함을 받고 성결한 삶으로 거듭 태어난 새 사람이 먹는 음식으로 여겨졌다. 이런 의미에서 무교절은 무교병을 먹으면서 출애굽의 구원 역사를 베푸신 하나님의 은혜를 기리면서 감사하는 절기다. 무교절은 흔히 '유월절'로도 불린다.

■ 맥추절, 오순절, 칠칠절

"너희는 또 밭에 씨를 뿌려 힘써 농사지은 첫 열매를 거두어들이는 맥추절을 지켜라."

유월절 다음으로는 '맥추절'을 지켜야 했다. 맥추절(麥秋節)은 밀 수확이 끝난 때를 기념하여 드리는 봄 작물 추수의 감사제다. 무교절 기간 중 첫 수확한 보릿단을 하나님께 바친 날로부터 7일이 일곱 번 지난 후, 그러니까 제50일째 되는 날에 지켰다. 그래서 맥추절은 '오순절' 또는 '칠칠절'로도 불린다.

■ 수장절, 초막절, 장막절

"그리고 너희는 연말에 한 해 동안 애써 농사지은 것을 한 군데 모아들이는 수장절을 지켜라."

무교절과 맥추절 다음으로는 '수장절'을 지켜야 했다. 수장절(收藏節)은 원래 가을걷이를 한 뒤 한 해의 곡물을 저장한 것을 감사하는 절기다.

종교력 티쉬리 월(제7월, 오늘날 태양력으로는 9월 중순~10월 중순) 15일부터 일주일 동안 지켰다.

그러나 후대에는 출애굽 이후 40년 광야생활 동안 하나님의 인도하심과 보호하심을 기념하는 역사적인 의미가 첨가되어 준수되었다. 그래서 수장절은 '초막절' 또는 '장막절'로도 불렸다. 이 절기 동안 이스라엘 백성들은 집 바깥의 야외에 초막을 짓고 그곳에서 생활하면서 지난날의 광야생활을 체험하고 회상하면서 하나님의 은혜를 기렸다.

"너희는 이렇게 한 해에 세 차례씩, 너희 모든 이스라엘 남자들은 여호와 하나님의 성소에 올라와 절기를 지켜야 한다."

이스라엘 백성들이 매년 지켜야 할 3대 절기는 하나님의 성소가 있는 데로 올라와 지켜야 했다. 이어 하나님은 절기 준수와 관련된 몇 가지 법령도 일러주셨다.

"너희가 유월절 희생제물의 피를 나에게 바칠 때는 누룩 넣은 빵과 함께 바쳐서는 안 된다."

"또 너희는 내게 바친 유월절 희생제물의 기름을 아침까지 남겨두어서도 안 된다."

"또 너희는 너희 땅의 첫 열매들 가운데서 가장 좋은 것을 너희 하나님 여호와의 집에 가져오라."

"또 너희는 새끼염소를 그 어미의 젖으로 삶아서는 안 된다."

여기서 주목할 점은 새끼염소를 그 어미의 젖으로 삶지 말라는 법령이다. 새끼염소를 그 생명의 공급원인 어미의 젖으로 삶는 행위는 생명의 존엄성을 경멸하는 야만적이고 무자비한 행위로 여겨졌다. 또한 이런 행위는 당시 이방 가나안 사람들의 종교적 행위와 밀접하게 관련되었다. 그들은 그렇게 함으로써 그 삶은 물에 주술적인 능력이 생긴다고 보았다.

그래서 그들은 보다 많은 소출을 위해 그렇게 삶은 물을 농작물이나 포도원 등에 뿌리는 다산의식(多産儀式)을 집행하기도 했다. 그러니까 하나님은 이 같은 이방인들의 잔인한 야만적 행위 및 허황된 주술적 행위를 엄격히 금하신 것이다.

장차 약속의 땅에서 준수해야 할 사항들 (23:20-33)

시내산 정상에 강림하신 여호와 하나님은 지금까지 모세에게 여러 법령과 규례를 말씀하셨다. 하나님의 백성으로 선택받은 이스라엘 백성들이 하나님의 백성답게 살아가는 데 필요한 법령들과 규례들이었다.

날들이 많이 지났다. 이제는 슬슬 산 아래로 내려갈 때가 되었다. 모세는 산 아래로 내려가기가 싫었다. 하나님과 함께 밤을 지내고 낮을 보내는 것이 얼마나 좋은가. 모세는 하나님과 함께 있는 시간이 참 행복했다. 하지만 그의 자리는 하나님과 늘 함께 있을 수 있는 이곳 이 자리가 아니었다. 산 아래로 내려가야 했다. 십계명과 여러 규례를 백성에게 전달하러 내려가야 했고, 그들과 한데 어울려 삶을 가꾸어 나가야 했다.

하나님은 결론적으로 이스라엘 백성들이 장차 들어가 거기에 정착해서 살아갈 약속의 땅 가나안에서 준수해야 할 사항들을 일러주셨다. 더불어 그 땅에서 하나님의 말씀에 순종할 때에 누리게 될 갖가지 복에 대해서도 말씀해 주셨다.

장차 이스라엘 백성들이 들어가서 살아가게 될 가나안 땅은 타락하고 부패한 이방인들의 세속 문화가 횡행하는 곳이었다. 그래서 이스라엘 백성들이 하나님의 법령과 규례대로 살아가려면 각별한 각오와 성결과 헌신이 요구되었다. 하나님도 이를 아시고, 순종할 때 누리게 될 축복과 불순종할 때 겪게 될 재앙을 밝히 일깨워주셨다.

"모세야, 내가 너희 앞에 한 천사를 보내 주마. 그 천사는 길을 인도하고 지켜주어 내가 마련한 곳으로 데려갈 것이다. 그러므로 그의 말에 귀 기울이고 잘 따라야 한다. 내 이름으로 행하는 그를 거스르지 않도록 부디 조심해라."

"네, 주님!"

"너희가 그의 말을 귀담아 듣고 그가 말한 대로 잘 준행하면, 나는 너희 원수를 나의 원수로 삼고 너희의 대적을 나의 대적으로 여길 것이다. 나의 천사가 너희 앞에서 너희를 인도할 것이다."

"잘 알겠습니다."

"그렇다. 그가 너희를 아모리 사람, 헷 사람, 브리스 사람, 가나안 사람, 히위 사람, 여부스 사람이 사는 가나안 땅으로 데리고 갈 것이다. 나는 너희 조상들에게 약속한 대로 너희를 위해 가나안 족속을 쓸어버릴 것이다."

하나님께서는 이스라엘 백성들보다 천사를 가나안 땅으로 먼저 보내겠다고 약속하셨다. '그 천사'는 신적인 지위와 능력에 비추어 볼 때 단순한 일반 천사가 아니다. 그렇다고 모세나 여호수아도 아니다. 구속사적으로 면밀하게 고찰하면, 그 천사(the Angel)는 구약 시대에도 활동하신 제2위 하나님, 곧 성자(聖子) 하나님 되시는 '메시아(그리스도) 예수'다. 후일 신약시대에는 그 천사가 사람의 몸을 입고 이 땅에 오셔서, 영적 이스라엘, 곧 교회(성도들의 모임)를 하늘 가나안으로 인도하셨다. 하나님의 말씀은 이어졌다.

"너희는 가나안 땅의 주민들이 섬기는 신에게 절하거나 섬기지 마라. 그들의 이방 관습을 절대로 따르지 마라. 모든 우상을 철저히 때려 부수고 석상(石像)들을 깨뜨려야 한다. 너희는 오직 너희 하나님 여호와만 섬겨야 한다."

십계명 중 제1계명을 다시금 확인시키는 말씀이다. 하늘 아래와 땅 위에 오직 여호와 하나님만이 참신이며 유일한 신이고, 그 외 모든 이방의 신들은 헛되고 거짓된 우상에 불과하므로 결코 숭배해서는 안 된다는 말씀이다. 그리고 거기에 그치지 말고 가나안 족속의 헛되고 거짓된 우상들을 모조리 때려 부수어 철저히 제거하라는 명령이다.

이어 하나님은 이스라엘 백성이 그렇게 함으로써 하나님의 말씀에 순종하면 복이 주어질 것이라고 약속하셨다.

"내가 너희 음식과 물에 복을 내릴 것이고, 너희 가운데서 모든 질병을 없애 버릴 것이다."

"너희 땅에서는 유산하거나 아이를 배지 못하는 여인이 없을 것이고, 모두 주어진 생명의 날들을 채울 것이다."

"너희가 만나는 민족들은 너희 앞에서 모두가 겁에 질려 벌벌 떨 것이고, 너희 원수들은 너희와 싸울 생각조차 하지 못하고 너희 앞에서 등 돌려 줄행랑을 칠 것이다."

하나님께서는 순종에 따르는 복과 함께, 가나안 땅을 어떻게 차지할 것인지에 대해 말씀하셨다.

"나는 너희가 가는 곳에 말벌을 앞서 보내 히위 사람과 가나안 사람과 헷 사람을 너희 앞에서 다 쫓아낼 것이다."

"말벌…?"

"그렇다. 말벌이다. 내가 말벌로 가나안 땅을 정복하되 1년 안에 다 쫓아내지 않겠노라. 만일 그리되면, 가나안 땅이 너무 황폐해져 들짐승이 우글거려 너희를 해칠까 우려되기 때문이니라."

"네… 주님. 그러합니다."

"나는 가나안 원주민들을 차츰차츰 쫓아낼 것이다. 그렇게 해서 너희는 점차 수효가 불어나 마침내 그 땅을 온전히 차지하게 될 것이다."

여기서 '말벌'은 실제의 말벌 떼가 아니다. 마치 말벌 떼같이 두렵고 날쌘 힘으로 이스라엘 백성들을 도와 가나안 족속을 쫓아낼 하나님의 모든 초자연적 개입과 도우심을 가리킨다.

하나님께서는 가나안 땅의 정복이 1년 이상 걸릴 것이라고 암시하셨다(실제로는 대략 7년 걸렸다). 그 이유는, 적은 수효로 급격히 가나안 땅 전부를 정복하는 데 따르는 그 땅의 황폐화 현상을 우려하셨기 때문이었다. 하나님의 자상한 배려였다.

이어 하나님은 이스라엘 백성들이 차지하게 될 가나안 땅의 범위에 관해서도 말씀하셨다.

"나는 너희 땅의 경계를 홍해에서 블레셋 사람의 바다까지, 또 광야에서 유프라테스 강까지로 정할 것이다. 그 땅에 사는 가나안 주민들을 너희 손에 넘겨주겠으니, 너희 앞에서 다 쫓아내도록 하여라."

하나님이 정해 주신 가나안 땅의 사방 경계는 이렇다. 동쪽은 아라비아 광야, 서쪽은 블레셋 사람의 바다인 지중해다. 남쪽은 홍해, 북쪽은 유프라테스 강이다.

모든 말씀을 마감하면서 하나님은 다시금 가나안 족속의 우상을 섬기지 말 것을 강조하셨다.

"너희는 가나안 족속은 물론이고, 그들이 섬기는 신들과 어떤 언약도 맺지 마라. 너희가 그들의 신들을 섬기게 되면, 그것은 분명코 너희를 실족시키는 덫이 되고 말 것이다."

앞서 하나님은 가나안 땅의 우상들을 섬기지 않는 데 그치지 말고 그 우상들을 모조리 때려 부술 것을 명하셨다. 이제는 한 걸음 더 나아가 그런 우상들을 섬기는 가나안 족속을 완전히 멸절시키거나 쫓아낼 것을 명하셨다.

그렇게 하지 않을 경우, 도리어 가나안 족속들이 이스라엘 백성들을 미혹하여 우상 숭배의 자리로 이끌고 갈 것이기 때문이다. 그런 이유로 하나님께서는 이스라엘 백성들로 하여금 여호와 신앙의 순수성을 유지하도록 하기 위해 가나안 족속의 철저한 멸절을 명하신 것이다.

24
시내산에서 맺은 언약

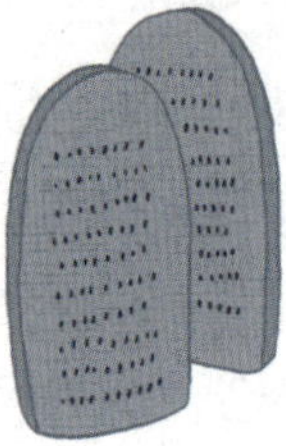

주께서 오라고 부르시자
모세는 시내산의 주 앞으로 가네
율법을 주신 주께서 친히 돌을 깎아
십계명 두 돌판을 주시네

하나님이 이스라엘 백성과 시내산 언약을 체결하시다 (24:1-18)

"모세야, 이제 산에서 내려가서 아론과 그의 두 아들 나답과 아비후, 그리고 이스라엘 장로 70명과 함께, 나 여호와에게로 다시 올라오도록 하여라."

시내산 정상에 강림하신 여호와 하나님은 지금까지 이스라엘 백성들이 준수해야 할 여러 규례와 법령을 모세에게 친히 말씀해 주셨다. 이제 하나님은 이 같은 규례와 법령에 기초하여 이스라엘 백성들과 언약을 체결하기를 원하셨다.

"네, 주님!"

"일단은 너만 내게로 가까이 나아오고, 너와 함께 올라온 사람들은 내게로 가까이 다가와서는 안 된다. 멀리 떨어져서 내게 경배하도록 하여라."

"네! 명심하겠습니다."

"물론 백성들은 당연히 함께 올라오면 안 된다."

"네, 주님. 지시하신 대로 하겠습니다."

마침내 모세는 하나님이 말씀하신 규례와 법령을 다 들었다. 시내산 정상에서 일어나 이스라엘 백성들이 장막 치고 있는 산 아래 평지로 내려왔다.

"와, 모세다! 모세가 살아서 내려왔다!"

시내산 정상의 장엄한 광경에 압도당한 채, 산 밑에서 오랫동안 벌벌 떨며 하나님을 경배하던 이스라엘 백성들은 산 위에서 내려오는 모세를 보고 매우 반가워하며 소리 질렀다. 하나님의 위엄과 장엄함이 워낙 컸기 때문에 모세가 산 정상에서 어쩌면 죽었을지도 모른다고 생각했던 것이다.

산 아래 이스라엘 장막으로 돌아온 모세는 여호와께서 자신에게 일러주신 모든 말씀과 규례와 법령을 빠짐없이 전했다. 모든 말씀을 전해들은 백성들은 한목소리로 대답했다.

"알겠습니다. 주께서 이르신 모든 말씀과 규례와 법령을 그대로 실천하겠습니다. 주께서 명하신 대로 어김없이 순종하겠습니다."

"좋습니다. 여러분, 그렇다면 우리는 주님과 언약을 체결할 수 있습니다. 내일 하나님과 언약을 체결하도록 하겠습니다."

모세는 주께서 하신 말씀을 모두 두루마리에 기록했다. 다음날 아침, 모세는 일찍 일어나 산 밑에서 제단을 쌓고 이스라엘 12지파를 나타내는 12개의 기둥을 세웠다. 그런 뒤 청년들에게 지시했다.

"너희는 가서 짐승을 잡아 주님께 번제물을 드리고, 또 수송아지를 잡아 화목제물을 올려 드리도록 하라. 그런 뒤 그 희생 제물의 피를 내게로 가져오너라."

청년들은 모세의 지시대로 행한 뒤 희생 제물의 피를 가져왔다. 모세는 수송아지의 피를 절반은 양푼에 담고, 나머지 절반의 피는 제단

위에 뿌렸다. 그런 다음 언약의 책을 들고 백성들에게 읽어 주었다. 언약의 책은 여호와 하나님이 시내산 정상에서 모세에게 주셨던 모든 말씀과 규례와 법령을 적어 놓은 두루마리였다. 그 책의 말씀을 다 듣고 이스라엘 백성들이 화답했다.

"아멘! 주께서 말씀하신 모든 것을 그대로 실천하겠습니다. 우리가 주님의 말씀대로 순종하겠습니다."

"여러분, 여러분이 주님의 말씀대로 따르겠다고 대답하였으니 이제 희생 제물의 피로 하나님과 언약을 체결하고자 합니다."

모세는 양푼에 담은 수송아지의 남은 피를 백성들 위에 뿌리면서 말했다.

"여러분에게 뿌린 이 피는 지금까지 주께서 하신 모든 말씀에 근거하여 주께서 여러분과 맺으신 '언약의 피'입니다. 이렇게 피로 언약이 체결되었으니, 여러분은 주님 말씀대로 따르겠다는 그 맹세를 절대로 깨뜨리지 말아야 합니다."

고대 세계에서 흔히 개인이나 부족이나 나라 간에 동맹을 맺거나 계약을 체결할 때, 희생 제사를 지낸 뒤 그 희생 제물의 피를 나누어 마시거나 뿌리는 풍습이 있었다. 이때 하나님과 이스라엘 백성도 이 같은 당시의 풍습에 따라 상호 언약을 체결했던 것이다. 이른바 '시내산 언약'이다.

이제 언약 체결의 비준(批准)을 위해 백성들의 대표자들인 장로들이 하나님께로 나아가야 했다. 모세가 그들에게 말했다.

"여러분은 나를 따라 산으로 올라갑시다. 주님께서 그리 하라고 명하셨소."

모세는 하나님의 지시에 따라 아론과 그의 두 아들 나답과 아비후, 그리고 이스라엘 백성들을 대표하는 70명의 장로들과 함께 시내산으로 올라갔다. 그들은 언약 비준의 대표자들이었다. 하지만 그들은 정상에서 멀찌감치 떨어진 산중턱쯤에 머물렀다. 하나님이 그렇게 하라고 모세에게 지시하셨기 때문이다.

그들은 산중턱쯤에서 시내산의 꼭대기에 강림하신 이스라엘의 하나님 여호와를 뵈었다. 산꼭대기에는 자욱한 연기, 빽빽한 구름, 불타는 화염이 있었다. 온 천지를 울리는 우레, 번개, 나팔 소리가 끊임없이 들렸다. 그런 가운데 여호와 하나님이 발 딛고 계신 곳은 마치 청옥(靑玉)을 깔아 놓은 듯 발밑이 하늘빛처럼 티 없이 맑고 깨끗했다.

이때 여호와 하나님은 장로들을 손으로 내치지 않으셨다. 그들은 산중턱쯤에서 여호와 하나님을 뵙는 중에 가져온 희생 제물의 음식을 나누어 먹고 마셨다. 동맹을 맺거나 언약을 체결한 뒤 음식을 함께 나누어 먹으면서 상호 친교를 나누던 풍습을 따른 것이다. 하나님과 이스라엘 대표자들도 희생 제물의 음식으로 거룩한 친교의 향연을 나누었다. 언약의 비준 의식이었다.

이렇게 계약 체결에 따른 비준과 친교의 향연이 마무리되자 모세와 장로들은 산 아래로 내려왔다. 얼마 후, 주님의 말씀이 모세에게 다시 임했다.

"모세야, 너는 혼자 산꼭대기로 올라와 내게 머물러 있어라. 이스라엘 백성들을 가르치기 위해 계명을 몸소 기록한 돌판을 네게 주겠노라."

모세는 장막에서 일어나 산꼭대기로 올라갈 채비를 했다. 산에 오르기 전, 모세는 아론과 훌을 비롯한 이스라엘의 장로들에게 일렀다.

"내가 돌아올 때까지 여기서 기다리십시오. 아론과 훌이 여러분과 함께 있으니, 내가 없는 동안 무슨 문제가 생기면 두 사람에게 문의하도록 하시오."

이렇게 당부한 후 모세는 자신의 보좌관 여호수아만 데리고 산꼭대기를 향해 올라갔다. 얼마를 올라가다가 여호수아는 중턱쯤에 머물게 하고, 하나님의 지시대로 혼자서 시내산의 정상까지 올라갔다. 정상부근에는 더욱 빽빽한 구름과 자욱한 연기가 여전히 뒤덮고 있었다. 여호와 하나님의 영광이 시내산을 온통 휘감았다.

시내산에 오른 지 엿새가 지나고 이레째 되는 날, 마침내 여호와께서 빽빽한 구름과 자욱한 연기 한가운데서 모세를 부르셨다.

"모세야, 거기 있느냐?"

"네, 하나님. 제가 여기 있습니다."

시내산 아래의 백성이 산 정상을 바라보니, 여호와 하나님의 장엄하고 찬연한 영광이 마치 산꼭대기에서 활활 타오르는 불같이 보였다.

"모세야, 이리 가까이 오너라."

모세는 산꼭대기를 휘감는 빽빽한 구름과 자욱한 연기 속으로 들어갔다. 그렇게 모세는 산 위에서 40일 밤낮을 지냈다. 40일 동안 떡도 먹지 않고 물도 마시지 않은 채 온전히 금식하면서 하나님의 율법과 계명과 규례를 받았다.

25
언약궤와 진설병 상과 등대

순금 등대는 밑판, 줄기, 잔과
꽃받침, 꽃잎을 한 덩이로 만들고
좌우 가지 세 개씩
일곱 등잔을 만들어라

하나님이 모세에게 성막 건축을 명하시다 (25:1-9)

"모세야, 너는 이스라엘 백성들에게 말하여 내게 예물을 바치게 하여라. 누구든지 마음에서 우러나와 기꺼이 바치는 것을 너는 내 예물로 받도록 하여라."

이스라엘 백성을 이집트에서 이끌어 낸 뒤 시내산에서 그들과 언약을 체결하신 여호와 하나님은, 이제 자신의 백성 가운데 임재(臨在)의 처소를 마련하기 원하셨다. 그 장소에 임하여 자신의 백성을 다스리고 그들과 소통하며 교제하기를 원하셨다.

하나님은 모세를 시내산 위로 불러 성막 건축을 지시하셨다. 먼저 성막 건축에 소요될 각종 예물을 바치게 하셨다. 모세가 백성들에게 말하여 예물로 받아들일 각종 항목들을 구체적으로 일러주시기까지 하셨다. 그것들은 앞으로 성막과 성막 안에 비치될 각종 기물들을 만들 때 필요한 재료였다.

"금, 은, 청동, 청색 실, 자주색 실, 홍색 실, 가늘게 꼰 모시실, 염소 털, 붉은 물을 들인 숫양 가죽, 오소리 가죽, 아카시아나무, 등잔 기름, 예식에 쓰는 기름, 분향할 때 쓰는 향, 그리고 제사장의 에봇과 흉패에 박을 줄마노를 비롯한 보석들을 가져와 바치도록 하여라."

여기서 에봇(ephod)은 대제사장의 의복 가운데 하나다. 가슴에 붙이는 흉패(胸牌) 바로 밑에 받쳐 입는 앞치마 모양의 소매 없는 옷이다. 그리고 흉패는 에봇 위 가슴 부분에 매단 패인데, 이스라엘 12지파를 상징하는 12개의 서로 다른 보석이 장식되어 있었다. 하나님은 계속해서 말씀하셨다.

"모세야, 내가 백성 가운데 머물려고 한다. 성막을 짓되, 내가 보여주는 식양(式樣)에 따라 짓도록 하라. 성막에서 사용할 기물들도 내가 네게 보여주는 모양대로 만들도록 하여라."

"네, 주님! 그리하겠습니다."

먼저 하나님은 성막에 안치할 기물부터 일러주신다. 궤(법궤), 속죄판, 진설병 상(떡상), 등잔대(촛대)가 그것들이다.

궤 (25:10-16)

"모세야, 아카시아나무로 궤를 만들어라. 궤를 만든 뒤, 순금으로 그 궤의 안팎을 입히고 궤의 둘레에는 금테를 둘러라. 내가 네게 줄 십계명 두 돌판을 그 궤 안에 넣어두어라."

성막의 여러 기물(器物) 중 가장 중심이 되는 '궤'(櫃)에 대한 식양이다. 그 안에 십계명 두 돌판을 보관했기에 '법궤', '언약궤', '증거궤'로도 불린다. 아카시아나무로 만든 뒤 순금으로 안팎을 입혔다.

"궤의 크기는 길이 2규빗 반(대략 112.5cm), 너비 1규빗 반(대략 67.5cm), 높이 1규빗 반(대략 67.5cm)이다."

"네, 잘 기록해 두겠습니다."

"또 운반하기 쉽게 네 모퉁이에 고리를 고정시켜라. 궤에 붙어 있는 고리는 꿴 채로 항상 있어야 한다."

"네! 든든하게 고리를 만들겠습니다."

"궤를 옮길 일이 있으면 반드시 레위인이 어깨로 메고 운반해야 한다. 절대로 손으로 궤를 잡아 운반해서는 안 된다."

"네, 명심하겠습니다."

"법궤 안에 보관할 것이 있다. 십계명 두 돌판이다."

"네, 하나님의 증거판을 그 궤 안에 잘 보관하겠습니다."

증거판(십계명 두 돌판)이 보관된 궤는 성막의 모든 기물들 중 가장 거룩하게 취급받아, 성막의 가장 깊숙한 안쪽인 지성소(至聖所)에 안치되었다.

속죄판 (25:17-22)

궤에 이어서 하나님은 그 궤를 덮을 뚜껑인 속죄판(贖罪板)에 관해 일러주셨다.

"모세야, 너는 순금으로 속죄판을 만들어라. 또 금을 두들겨 펴서 날개 달린 수호천사 둘을 만들어, 그것들을 속죄판의 양쪽 끝에 자리 잡게 하라. 또 그것들의 날개를 위로 높이 펼치게 하여, 그 날개가 속죄판을 감싸듯이 덮게 하여라."

속죄판은 쉽게 말해 궤를 덮고 있는 뚜껑이다. 그래서 길이 2규빗 반(대략 112.5cm), 너비 1규빗 반(대략 67.5cm)으로, 궤의 가로세로와 똑같았다. 그 뚜껑 위 양쪽 끝에 '그룹'(cherubim)이라 불리는 수호천사의 형상이 활짝 편 날개를 서로 맞댄 채 있었다.

두 수호천사는 속죄판과 떨어지지 않게끔 속죄판을 만든 금을 계속 두드려 펴서 그 끝에 이어 붙였다. 그렇게 속죄판의 양쪽 끝에 이어놓은 두 수호천사는 서로 마주보게 하면서 그들의 얼굴이 속죄판을 향하도록 만들었다.

"모세야, 너는 그 속죄판을 궤 위에 얹어놓아라. 거기서 내가 너를 만날 것이다. 거기 속죄판 위에서, 곧 증거판(십계명 두 돌판)이 들어 있는 궤 위의 두 수호천사 사이에서 내가 이스라엘 백성들이 해야 할 모든 일들을 네게 명할 것이다."

하나님은 궤 뚜껑 위 양쪽 수호천사 사이를 자신의 지상 임재의 처소로 삼아, 거기서 이스라엘 백성들을 다스리고, 거기서 그들과 소통할 것이라고 말씀하신 것이다.

매년 종교력 7월 10일의 속죄일(贖罪日)에 대제사장이 이스라엘 백성을 대표하여 속죄의식을 행할 때 바로 이곳 속죄판 위에 희생제물의 피를 뿌렸다. 그러면 하나님은 이곳에서 이스라엘 백성을 대표한 대제사장을 만나셔서 속죄의 은총을 베푸셨다.

이런 사실에서부터 하나님이 자리 잡은 이 부분(두 수호천사 사이의 공간)은 '시은좌'(施恩座)라고도 일컬어진다. 시은좌는 '(속죄의) 은총을 베푸시는 (하나님의) 보좌'란 뜻이다.

진설병 상 (25:23-30)

이어 하나님은 빵을 차려놓는 떡상인 진설병(陳設餠) 상(床)에 관해 일러주셨다.

"모세야, 너는 또 아카시아나무로 상(床)을 만들어라. 그 상에 순금을 입히고 둘레에 금테를 둘러라. 또 금고리 4개를 만들어 그 상의 네 귀퉁이에 붙어 있는 네 다리에 붙이되, 상을 들 채를 끼울 수 있도록 그 고리들을 테두리 곁에 붙여라. 상을 들 채도 아카시아나무로 만들고 금을 입혀라. 그리고 상에 올려놓을 대접들, 숟가락들, 병들, 잔들을 모두 순금으로 만들어라."

빵을 차려놓는 상, 곧 진설병 상에 대한 양식이다. 이 기물은 성막의 성소 안 우측(북편)에 안치했는데, 상 위에는 이스라엘 12지파를 상징하는 12개의 빵이 각각 6개씩 쌓여 두 줄로 진설되어 있었다.

이렇게 진설된 12개의 빵은 매 안식일 전날 저녁에 새로운 12개의 빵으로 바꾸어놓았다. 그렇게 함으로써 상 위에 진설한 빵이 일 년 내내 떨어지는 일이 없도록 해야 했다. 이 진설병 상은 길이 2규빗(대략 90cm), 너비 1규빗(대략 45cm), 높이 1규빗 반(대략 67.5cm) 크기였다.

등잔대 (25:31-40)

진설병 상, 곧 떡상에 이어 하나님은 성소를 환하게 밝힐 등잔대(燈盞臺)에 관해서 일러주셨다. 하나님께서 말씀하시는 동안 모세는 귀담아 듣고 있었다.

“모세야, 너는 순금으로 등잔대를 만들어라. 순금 한 덩어리를 두드려 늘여서 아랫부분과 줄기와 거기서 뻗어 나가는 곁가지들을 만들어라.”

“네, 주님.”

“또 가지를 두드려 늘여서 꽃받침과 꽃잎 모양의 등잔을 만들어라. 줄기 양쪽에 등잔을 받칠 가지 여섯 개를 만들되 한쪽에서 세 개, 다른 쪽에 세 개가 뻗어 나오게 하여라.”

“잘 알겠습니다.”

“또 등잔 일곱 개를 만들어 각 등잔대 위에 올려놓아 앞을 환히 비추도록 하여라.”

“네.”

“또 등잔 부집게와 불똥 받는 그릇도 순금으로 만들어야 한다.”

성소 안을 환하게 비출 등잔대(燈盞臺)에 관한 양식이다. 이 기물은 진설병 상과 마주보도록 성막의 성소 안 좌측(남편)에 안치되었다. 전부 한 덩어리의 순금을 두드려 펴서 만들어졌고, 가지와 마디와 등잔 모두가 감복숭아꽃 모양의 꽃받침과 꽃잎 모양으로 만들어졌다.

등잔대와 등잔대에 딸린 모든 부속 기물들을 만드는 데 순금 1달란트가 사용되었다. 달란트는 고대에 중량의 최대 단위로 금(金) 1달란트의 무게는 대략 34kg이었다. 이 같은 금 1달란트의 화폐 가치는 은(銀) 22,500세겔에 해당되었다. 당시 은 1세겔의 가치는 노동자 4일치의 품삯이었고, 장정 노예 한 사람의 몸값은 은 30세겔이었다. 따라서 금 1달란트의 가치는 장정 노예 750명을 살 수 있는 몸값이었고, 노동자 9만 명에게 품삯을 지불할 수 있는 아주 큰 액수였다.

궤(법궤), 속죄판, 진설병 상(床), 등잔대 등에서 보듯, 성막 안의 주요 기물들은 모두 순금으로 만들어지거나 혹은 아카시아나무로 만든 뒤 순금으로 덧입혔다. 그 이유는 순금이 갖는 가치와 상징성 때문이다. 순금은 세상에서 가장 가치 있는 금속 가운데 하나로 그것은 순결, 명예, 고상함, 영광 등을 상징한다. 무엇보다도 순금은 변질되거나 녹슬지 않는다. 따라서 성소의 주요 기구들에 순금을 사용하는 것은 그러한 순금의 특성을 잘 반영하고 있다.

"모세야, 너는 내가 이 산 위에서 네게 보여준 식양 그대로 너는 모든 기물들을 만들어야 한다."

성막의 모든 기물(器物)을 만들 때 사람의 생각이나 장식이나 도안 등을 조금도 덧붙이지 말고, 오직 하나님이 일러주신 그 식양 그대로 100% 순전히 따를 것을 명하시는 말씀이다. 성막에 비치될 각각의 기물들은 그 모양이나 크기나 재료 등에 있어서 하나님이 일러주신 것에서 한 치의 다름이나 틀림이 있어서는 안 되었다.

26

성막의 덮개와 휘장

청색, 자색, 홍색 실로 수놓아
성막 덮개를 만들어라
염소 털로 두 번째 덮개,
사양 가죽으로 세 번째 덮개 만들어라

성막의 덮개 (26:1-14)

시내산의 꼭대기에 강림하신 여호와 하나님은 먼저 모세에게 십계명을 비롯해 여러 법령들과 규례들을 부여하셨다. 그리고 이어 성막 건축에 관해서 일러주셨다. 모세는 두 번째로 시내산 정상에 올라가 40일 밤낮을 지내며 하나님께로부터 성막 건축에 관한 구체적인 계시를 받았다.

성막 건축에 관한 내용을 듣기 전에, 모세는 성막 안에 비치해야 할 여러 가지 성물들을 다시 정리해 본다. 궤(법궤), 속죄판, 진설병상(떡상), 등잔대(촛대)…. 하나같이 귀하고 거룩한 성물들이다. 정성껏 제작하는 일은 또한 모세가 감당해야 할 부분이다.

이제 하나님은 성막 덮개, 널판, 지성소 휘장, 성소 휘장에 관해서 말씀하신다. 먼저 성막 덮개의 식양에 대해 일러주신다. 성막을 덮는 덮개는 모두 네 겹으로 이루어졌다.

"모세야, 성막의 덮개에 관한 식양이니라. 성막 덮개는 네 겹으로 이루어져야 한다. 가장 먼저 제일 안쪽에 덮을 제1덮개에 대해 일러줄 테니 잘 들어라."

"네, 주님! 말씀하소서."

하나님께서 일러주신 제1덮개의 식양은 이러했다. 제1덮개는 성막의 제일 안쪽에 덮을 덮개다. 제1덮개는 열 폭 크기의 천으로 이루어졌는데, 각각의 폭은 길이 28규빗(대략 12.6m), 너비 4규빗(1.8m)으로 10개의 폭이 치수가 똑같았다. 따라서 제1덮개의 전체 크기는 길이 12.8m, 너비 18m다.

또한 열 폭의 천은 다섯 폭씩 둘로 분리되었는데, 분리된 폭의 가장자리에는 각각 50개씩, 도합 100개의 청색 고리가 달려 있어 덮개를 서로 연결시키는 역할을 했다. 또 금 갈고리도 각각 50개씩, 도합 100개를 만들어 100개의 청색 고리에 연결하여 전체가 하나의 덮개가 되게끔 했다.

덮개를 모두 하나로 연결시키지 않고 이처럼 다섯 폭씩 두 개로 나누어 연결시킨 뒤 다시금 그곳을 고리로 연결하게끔 만든 까닭은 이동할 때 덮개를 접기 쉽고 편하게 하기 위함이었다. 또한 제1덮개는 성막에 출입하는 제사장들의 눈에 띄는 위치에 있었기에, 다른 3개의 덮개들과는 달리 여러 색실들로 매우 아름답게 수놓아졌다.

"모세야, 이번에는 두 번째 덮개다. 두 번째 덮개로 첫 번째 덮개를 잘 덮어야 한다. 두 번째 덮개는 첫 번째 덮개보다는 길이가 조금 길다."

"네, 주님!"

하나님께서 일러주신 제2덮개의 식양은 이러했다. 제2덮개는 제1덮개를 덮는 덮개다. 이처럼 제1덮개를 덮을 제2덮개는 한 폭의 길이가 30규빗(약 13.5m), 너비는 4규빗(약 1.8m)이다. 제1덮개에 비해 너비는 똑같았지만, 길이가 2규빗(약 90cm) 더 길었다. 또한 폭도 하나 더 많았다. 이렇게 열한 폭의 치수가 모두 똑같았다.

따라서 제2덮개는 제1덮개를 완전히 덮고도 길이는 한 폭이 더 남았고, 너비는 2규빗(약 90cm)이 더 남았다. 그렇게 남은 2규빗(약 90cm)은 성소의 좌우 양편 곧 남쪽과 북쪽에 각각 1규빗(대략 45cm)씩 늘어뜨렸다. 또한 제2덮개의 폭은 열한 폭으로 제1덮개의 열 폭보다 한 폭의 치수가 더 컸다. 그 여유분 중 절반(반 폭)은 성소의 입구(동쪽)에, 나머지 절반(반 폭)은 성소의 후면(서쪽)에 늘어뜨렸다.

이어서 하나님은 성막을 덮을 제3덮개와 제4덮개에 대해 일러주셨다. 물론 제3덮개는 제2덮개를 덮었고, 제4덮개는 제3덮개를 덮었다. 그러니까 제1덮개가 가장 안쪽 덮개요, 제4덮개가 가장 바깥쪽 덮개다.

"모세야, 그런 다음에 너는 제2덮개 위에 붉은 물을 들인 숫양 가죽으로 제3덮개를 만들어 씌우고, 또 제3덮개 위에 오소리 가죽으로 제4덮개를 만들어 씌우도록 하여라."

제3덮개와 제4덮개는 그 재료만 계시되었을 뿐, 치수는 계시되지 않았다. 하지만 제2덮개를 덮어씌워야 했기 때문에 그보다는 분명 컸을 것이다.

특별히 성막의 제일 바깥을 덮을 제4덮개는 튼튼하고 방수(防水)가 되는 오소리 가죽으로 만들어졌다. 그 까닭은 거친 사막의 모래와 먼지, 거센 바람과 열기, 그리고 이따금씩 내리는 비를 막기 위해서였다.

성막의 널판 (26:15-30)

"모세야, 이번에는 성막의 뼈대를 이루는 널판이니라. 너는 아카시아 나무로 성막을 세울 널판을 만들어라."

성막의 덮개 다음으로, 하나님은 성막의 뼈대를 이룰 널판에 대해 일러주셨다. 하나님께서 모세에게 일러주신 널판의 식양은 이러했다.

널판 한 개의 크기는, 길이 10규빗(약 4.5m)에 너비 1규빗 반(약 67.5cm)이었다. 이런 널판들이 모두 48개 필요했다. 또 그 널판들을 견고하게 고정시키는 촉꽂이와 은(銀) 밑받침은 널판 하나마다 2개씩이니, 각각 96개씩 필요했다.

또한 널판들을 더욱 튼튼하게 고정시키기 위해 널판들을 가로지르는 가로대는 좌우(남쪽과 북쪽)와 뒤쪽(서쪽)에 각각 5개씩, 도합 15개가 필요했다. 성막의 전면(동쪽)은 출입구이므로 널판과 가로대가 필요 없었다.

널판들은 모두 아카시아나무를 사용하여 만든 뒤 금으로 입혔다. 성막의 여러 기물들에 특별히 아카시아나무가 사용된 까닭은 분명했다. 그 나무는 시내 반도에서 쉽게 구할 수 있는데다, 그 재질이 단단하고 벌레에도 강하고 내구성을 지니고 있어 목재로 매우 적합했기 때문이다.

"모세야! 성막을 지을 모든 재료들은 백성들이 넉넉히 가져올 테니 걱정하지 마라."

"오, 주님. 걱정하는 게 아닙니다. 성막의 식양이 너무나 정교해서 놀라움을 금치 못하겠습니다."

지성소 휘장과 성소의 휘장 (26:31-37)

널판에 이어 하나님은 '휘장'에 대해 일러주셨다. 휘장은 공간을 구분 짓는 커튼이다. 휘장은 두 종류가 있었다. 하나는 지성소와 성소를 구분 짓는 '지성소 휘장'이고, 다른 하나는 성막 뜰과 성막 본체를 구분 짓는 '성소 휘장'이다. 하나님은 먼저 지성소 휘장에 대해 일러주셨다.

"모세야, 너는 청색 실, 자주색 실, 홍색 실, 가늘게 꼰 모시실로 지성소 휘장을 짜되 수호천사(그룹) 모양의 무늬를 넣어 휘장을 짜라."

하나님께서 모세에게 일러주신 지성소 휘장의 식양은 이러했다. 지성소 휘장은 '성소'와 '지성소'를 구분하는 휘장이다. 이를 알기 위해 먼저 성막의 구조에 대해 알아보자.

성막은 크게 '성막 뜰'과 '성막 본체'로 이루어져 있다. 그 중 성막 본체는 또 성소(聖所)와 지성소(至聖所)로 구분된다. 여기서 지성소는 성막의 가장 안쪽에 있는 지극히 거룩한 곳으로, 거기에는 증거판(십계명 두 돌판)이 들어 있는 법궤(언약궤, 증거궤)가 모셔져 있었다. 이곳에는 오직 이스라엘의 대제사장이 1년 1차 속죄일(매년 7월 10일)에만 들어가 이스라엘 백성들을 위해 속죄 의식을 집전할 수 있었다.

휘장을 짤 때 청색 실, 자주색 실, 홍색 실을 사용했다. 그런 색상은 품위가 있고 고급스러운 왕의 색상으로 매우 귀하고 가치 있었다. 하나님의 성막과 휘장에 그런 색상을 사용한 것은 하나님께 마땅히 최고의 경배와 찬양과 영광을 돌리기 위함이다. 지성소 휘장에 이어 하나님은 '성소 휘장'에 대해 일러주셨다.

"모세야, 너는 또 청색 실, 자주색 실, 홍색 실, 가늘게 꼰 모시실로 무늬를 놓아 짜서 성소 입구에 드리울 휘장을 만들어라."

성소 입구에 매달 '성소 휘장'에 관한 말씀이다. 성소 휘장은 성막 뜰과 성소를 구분하는 휘장이다. 이렇게 성막 본체에는 두 개의 휘장이 있었는데, 하나는 성막 뜰에서 성소로 들어가는 입구에 드리워진 '성소 휘장'이고, 다른 하나는 성소에서 지성소로 들어가는 입구에 드리워진 '지성소 휘장'이다.

성소에는 세 가지 주요 기물이 있었다. 곧 성소 안 북쪽엔 진설병상(陳設餠床)이 있었고, 그 맞은편 남쪽엔 등잔대(燈盞臺)가 있었다. 그리고 지성소 휘장 바로 앞에는 분향단(焚香壇)이 있었다. 이곳 성소에는 이스라엘의 제사장들이 매일 들어가 정기적으로 향불과 등잔불을 피우고, 일주일마다 떡을 교체하는 등 여러 가지 제사 의식을 집전했다.

모세는 왕궁 생활을 했기에 휘장의 색상들이 지니는 가치를 너무나도 잘 알았다. 그런 색상들은 한눈에 보기에도 품위가 있고 고급스러운 왕의 색상으로 매우 귀하고 가치가 있었다.

'오, 하나님의 성막과 휘장에 그런 색상을 사용한 것은 주님께 마땅히 최고의 경배와 찬양과 영광을 돌리기 위함이리라….'

모세는 생각할수록 하나님의 지식과 지혜가 얼마나 깊고 다양하며 전문적인가를 알았다. 여호와 하나님은 이스라엘 백성들의 신일 뿐만 아니라, 천지만물을 아름답고 정교하게 지으신 창조주이시며 위대한 예술가였다.

27
번제단과 성막 뜰

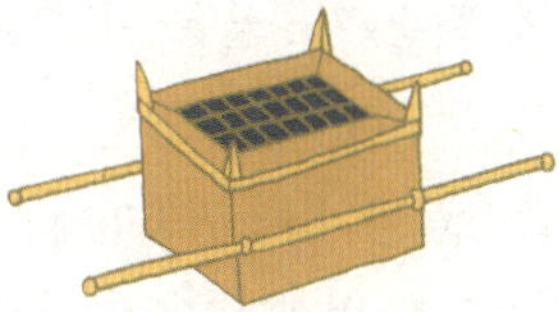

번제단 그물망도 놋으로 만들어라
조각목으로 만든 채는 놋으로 싸고
번제단 양편 고리에 꿰어 메어라
산에서 보인 식양대로 만들어라

번제단 (27:1-8)

"모세야, 주의 깊게 잘 듣고 있느냐?"

"네, 주님! 제게 일러주시는 한 말씀, 한 말씀을 귀담아 잘 듣고 마음에 새기고 있습니다."

"좋다. 이번에는 번제단에 관한 식양을 일러주도록 하마."

지금 하나님은 시내산 정상에서 성막 건축과 성막 안에 비치될 여러 기물들에 관한 제반 식양을 모세에게 일러주고 계신다. 두 번째로 시내산 정상에 올라간 모세는 40일 밤낮을 머물며 하나님께 계시를 받고 있는 중이다. 이번에는 하나님께 바칠 모든 희생 제물을 불사를 '번제단'의 식양에 관한 말씀이다.

"모세야, 번제단을 만들어라. 아카시아나무로 만들되…."

하나님께서 모세에게 일러주신 번제단의 식양은 이러했다. 번제단(燔祭壇)은 하나님께 제사를 드릴 때 각종 희생 제물을 불사르는 기물이다. 불로 희생 제물을 태우는 제단이기에 '번제단'이라 불렸다. 또 아카시아나무로 만든 뒤에 놋으로 전체를 감쌌기 때문에 '놋단'으로도 불렸다.

번제단의 규모는 이러했다. 길이 5규빗(약 2.25m), 너비 5규빗(약 2.25m)으로 네모반듯했다. 또 높이는 3규빗(약 1.35m)이다. 번제단은 성막 뜰의 중앙에 비치되었다.

또 번제단 윗면의 네 귀퉁이에는 뿔을 만들어 붙이고, 번제단 전체를 놋으로 입혀야 했다. 또 번제단에 딸린 여러 기구들도 만들어야 했는데 전부 놋으로 만들어야 했다. 번제단에 딸린 기구들은 이러했다. 재 담는 통, 부삽, 피 뿌리는 대야, 고기 갈고리, 화로 등.

또 놋으로 그물망을 엮어 만들고, 그 그물망의 네 귀퉁이에 놋 고리 4개를 달아야 했다. 그런 다음에 놋 그물망을 번제단 가장자리 밑으로 달아내려 그 놋 그물망이 번제단의 중간까지 닿게 해야 했다.

또 번제단을 옮길 때 사용할 '채'를 만들어야 했는데, 아카시아나무로 만들고 놋으로 입혀야 했다. 그 채들을 번제단의 양쪽 옆구리에 있는 고리에 꿰어, 채로 번제단을 들어 올릴 수 있게 해야 했다.

성막 울타리 (27:9-19)

"모세야, 너는 성막 울타리를 만들어라. 가는 실로 꼬아 짠 모시로 남쪽 울타리를 칠 휘장을 만들되…."

번제단에 이어 하나님은 바깥세상과 성막 뜰을 구분 짓는 '성막 울타리'에 관해 말씀하셨다. 즉, 성막 울타리는 하나님이 임재하신 거룩한 구역과 일반 사람들의 구역을 구분 짓는 휘장(커튼)이다. 그러니까 성막 울타리 안에 '성막 뜰'이 있었다. 성막 뜰은 성소와 지성소로 이루어진 성막 본체를 둘러싼 성막의 마당이다. 사방 주변에는 세마포 휘장이 쳐져서 일반 사람들의 지역과 경계를 이루고 있었다.

하나님께서 모세에게 일러주신 성막 울타리의 식양은 이러했다.

먼저 성막 울타리의 크기는 남북(南北)의 가로 길이가 50규빗(약 22.5m)이고, 동서(東西)의 세로 길이가 100규빗(약 45m)이었다. 이렇게 세마포 휘장으로 구분된 성막 울타리 안, 곧 성막 뜰에서는 희생 제물로 바쳐질 짐승을 대기시키거나 또는 그 짐승을 잡았으며, 제사를 드린 후에는 남은 화목제물의 고기를 함께 나누어 먹기도 했다.

성막 뜰에는 번제단과 물두멍이 비치되었다. 물두멍은 제사를 집전하는 제사장들이 제사 전에 손발을 씻는 데 사용하는 커다란 놋대야를 가리킨다.

한편, 바깥에서 성막으로 들어가는 출입구 곧 성막의 정문은 이렇게 만들어졌다. 우측에 밑받침 3개를 놓고 그 위에 기둥 3개를 세운 다음, 거기에 15규빗(대략 6.75m) 길이의 세마포 휘장을 쳤다. 이렇게 똑같이 좌측에도 밑받침 3개를 놓고 그 위에 기둥 3개를 세운 다음, 15규빗(대략 6.75m) 길이의 세마포 휘장을 쳤다.

그리고 출입구 중앙에는 길이가 20규빗(대략 9m) 되게 청색 실, 자주색 실, 홍색 실, 가늘게 꼰 모시실로 무늬를 놓아 만든 휘장을 쳤다. 이 중앙 휘장은 4개의 밑받침 위에 세워진 4개의 기둥에 의해 드리워졌다.

등잔 기름과 등불의 관리에 대하여 (27:20-21)

성막 울타리에 이어 하나님은 등잔대에 사용할 등잔 기름에 대해 말씀하셨다.

"모세야, 너는 백성에게 명하여 올리브 열매를 찧어 짜낸 깨끗한 기름을 가져오게 하여라. 너는 그 기름으로 등잔대의 등불을 밝혀라. 그 등불은 언제든 절대로 꺼져서는 안 되고, 언제나 끊임없이 타오르고 있어야 하느니라."

"네! 잘 알겠습니다."

"모세야, 또 너는 법궤가 비치된 지성소의 휘장 밖, 곧 성소 안 좌측(남쪽)에 있는 등잔대에 그 등불을 켜 두어라. 그리고 이스라엘의 제사장이 될 아론과 그의 아들들에게 아침부터 저녁까지 그 등불이 꺼지지 않도록 항상 주의 깊게 보살피라고 일러주어라. 이는 이스라엘 백성들이 대대로 지켜야 할 법규이니라."

"네! 주님. 명심하겠습니다."

성소 안 좌측(남쪽)에 있는 등잔대의 불을 밝히는 등잔 기름과 그것의 올바른 관리에 대한 말씀이다. 등잔 기름은 올리브를 찧어 짜낸 순수하고 깨끗한 기름을 사용해야 했다.

아론과 그의 아들들, 곧 이스라엘의 제사장들은 매일 항상 드리는 저녁 번제 때 이 올리브기름으로 등잔대의 불을 밝혀야 했다. 그리고 다음날 항상 드리는 아침 번제 때에 이 등불을 꺼야 했다.

이렇게 성소 안에 등불을 켜 놓아야 했던 이유는, 네 겹의 덮개로 덮인 성소 내부는 매우 어두웠기 때문이다. 낮에는 성소 출입구 쪽에서 햇볕이 들었으므로 등불을 켤 필요가 없었지만, 밤에는 반드시 등잔대의 불을 켜서 성소 내부를 환하게 밝혀야 했다.

당번 제사장은 저녁부터 아침까지 하루도 끊이지 말고 매일 저녁 순수한 올리브기름을 사용하여 등잔대의 불을 켜야 했다. 또 다음날 아침에는 반드시 그 등불을 꺼야 했다. 이렇게 세심하게 등잔대의 불을 관리해야 했다.

28

제사장의 거룩한 의복

대제사장이 달 판결 흉패 만들어라
12지파 새겨진 열두 보석 박고
흉패 안에는 우림과 둠밈을 넣어라
성소에 들어갈 때 가슴에 달아라

대제사장의 거룩한 예복을 지어라 (28:1-5)

지금까지 하나님은 성막 건축과 관련하여 성막과 그 안에 비치될 여러 기물들의 식양과 제작에 관해 말씀하셨다. 이제 하나님은 그 성막에서 봉사할 사역자, 곧 하나님과 이스라엘 백성 사이에 중보자(仲保者)가 되어 각종 제사 의식을 담당할 제사장에 관해 모세에게 일러주신다.

"모세야. 이스라엘의 제사장은 레위 지파, 그것도 아론 집안에서만 세우도록 하여라. 그러므로 너는 이스라엘 백성들 가운데 네 형 아론과 아론의 아들들인 나답, 아비후, 엘르아살, 이다말을 불러 나를 섬기는 제사장으로 삼아라."

"다른 지파, 다른 집안 출신은 안 됩니까?"

"그렇다. 제사장 직분은 선출직이 아니라 대물림 제도니라. 이스라엘 12지파 중 오직 레위 지파, 레위 지파 중에서도 네 형 아론 집안의 신체 건강한 남자들만 제사장이 될 수 있느니라."

이렇게 해서 레위 지파의 아론은 이스라엘의 초대 대제사장이 되었다. 그리고 아론의 네 아들인 나답, 아비후, 엘르아살, 이다말은 일반 제사장이 되었다. 이때 아론은 84세였다. 출애굽을 놓고 이집트 왕과 한창 겨룰 때 모세는 80세였고, 아론은 모세보다 3살 많은 83세였다. 출애굽 이후 시내산에 머물던 때는 그때로부터 약 1년이 흘렀기 때문이다.

이스라엘 백성들 중 아론의 집안이 제사장 집안으로 선택받은 분명한 이유는 알 수 없다. 여호와 하나님께서 개인, 집안, 종족, 나라를 선택하시는 것은 오직 그분의 고유한 절대주권에 속하는 비밀스러운 경륜이다.

하나님은 이스라엘 12지파 중 레위 지파 소속의 사람들만이 성막과 성막의 물건들을 관리할 수 있다고 명하셨다. 또한 레위 지파 중에서도 아론과 그의 자손들만이 제사장으로 봉사할 수 있다고 명하셨다. 하나님은 계속해서 모세에게 말씀하셨다.

"모세야, 너는 특별히 네 형 아론이 입을 거룩한 옷을 짓되 품위 있고 아름답게 예복을 지어야 한다. 너는 옷 만드는 기술자들에게 아론이 입을 대제사장 예복을 짓게 하여라. 그래서 아론이 그 예복을 입고 내 앞에서 거룩한 대제사장의 직무를 수행하여 나를 섬기게 하여라."

대제사장은 일반 제사장들을 관리하고 통솔하는 이스라엘 종교의 최고 직분이다. 모세의 형 아론이 초대 이스라엘의 대제사장이 되었다(아론의 네 아들은 일반 제사장들이다). 하나님은 대제사장으로 위임받을 아론의 거룩한 예복을 지으라고 명하신 것이다.

하나님은 대제사장의 옷이 품위 있고 아름답게 지음받기를 원하셨다. 그래서 이스라엘 백성들의 눈에 대제사장이 영예롭고 존귀하게 보이기를 바라셨다. 그 이유는 분명하다. 이스라엘 백성들이 대제사장의 직무, 곧 하나님과 백성들 사이의 중재자로서 하나님께 제사 드리는 일의 고상한 가치와 거룩함을 느끼고 깨닫기를 원하셨기 때문이다. 이처럼 대제사장의 예복은 하나님의 거룩함과 영광을 대변해야 했으므로 아주 정교하고 아름답게 만들어졌다. 대제사장의 예복과 관련해서 하나님은 계속 말씀하셨다.

"모세야, 의복 기술자들이 지어야 하는 대제사장의 예복은 이러하다. 흉패, 에봇, 에봇에 받쳐 입는 겉옷, 수를 놓아 짠 속옷, 머리에 쓰는 관(冠), 관에 붙이는 성패(聖牌), 그리고 허리띠니라. 그들이 예복을 만드는 데 쓸 재료는 금실, 청색 실, 자주색 실, 홍색 실, 그리고 가늘게 꼰 모시실이니라."

대제사장의 예복은 7가지 장식으로 구성되었다. ① 에봇 ② 흉패(가슴받이) ③ 겉옷 ④ 속옷 ⑤ 관(冠) ⑥ 성패(聖牌) ⑦ 허리띠. 한편, 대제사장인 아론의 예복과 달리 일반 제사장들인 아론의 네 아들(나답, 아비후, 엘르아살, 이다말)을 위해 만들어진 일반 제사장 예복은 단순히 3가지의 장식, 곧 ① 속옷 ② 허리띠 ③ 관(冠)으로 구성되었다.

대제사장의 거룩한 예복 중 에봇 (28:6-14)

가장 먼저 하나님은 대제사장의 거룩한 예복 중 에봇(Ephod) 제작에 관해 구체적으로 일러주셨다.

"모세야, 에봇을 지어라. 에봇은 금실, 청색 실, 자주색 실, 홍색 실, 가늘게 꼰 모시실로 정교하게 짠 옷감으로 지어야 하느니라."

"네, 주님! 그리하겠습니다."

"또 에봇의 양끝에는 에봇을 조일 수 있는 어깨끈 2개가 달려 있어야 한다. 에봇 위로 잡아맬 띠는 에봇을 지을 때와 같이 금실, 청색 실, 자주색 실, 홍색 실, 가늘게 꼰 모시실로 정교하게 짜서 에봇에 붙여야 한다."

"네, 주님!"

"그런 다음에 줄마노 두 개를 가져다가 그 보석에 이스라엘 열두 아들들의 이름을 새겨라. 그들의 나이 순서대로 보석 하나에 여섯 지파의 이름을 새기고, 다른 보석에 다른 여섯 지파의 이름을 새겨라. 이렇게 이스라엘 열두 아들들의 이름을 두 보석에 새긴 후에 그 보석들을 금테에 박아라. 그리고 두 보석을 박은 금테를 에봇의 두 어깨끈 위에 달도록 하여라."

"잘 알겠습니다."

"좋다. 이렇게 대제사장 아론은 나 여호와 앞에서 이스라엘 12지파의 이름을 양 어깨에 달고 다니며 기념해야 한다. 또 금으로 고리들을 만들고, 순금으로 된 사슬을 노끈 꼬듯 꼬아 두 줄로 만들어 그 고리들에 달아매도록 하여라. 너는 이렇게 에봇을 만들어야 하느니라."

에봇의 식양과 제작에 관한 하나님의 말씀을 요약하면 이러하다. 에봇은 대제사장의 예복 장식품 가운데 하나인데, 가슴에 붙이는 흉패(가슴받이) 바로 밑에 받쳐 입었다. 조끼처럼 팔 부분이 없으며, 앞치마처럼 무릎까지 내려오는 옷이다. 후일에 이 에봇은 하나님의 뜻을 묻는 도구로 사용되기도 했다.

에봇의 어깨끈(견대) 위에 박혀 있는 두 개의 보석(줄마노)에는 이스라엘 열두 아들(12지파)의 이름을 새겨야 했는데, 그들의 나이 순서대로 새겨야 했다. 따라서 보석 하나에 여섯 명(6지파: 르우벤, 시므온, 레위, 유다, 단, 납달리), 또 다른 보석 하나에 여섯 명(6지파: 갓, 아셀, 잇사갈, 스불론, 요셉, 베냐민)의 이름을 새겨야 했다.

대제사장의 거룩한 예복 중 흉패 (28:15-30)

에봇 다음으로 하나님은 대제사장의 거룩한 예복 중 흉패(胸牌)의 식양과 제작에 관해 일러주셨다.

"모세야, 너는 대제사장이 판결을 내릴 때 쓸 흉패를 짜도록 하여라. 에봇 짜는 방식대로 금실, 청색 실, 자주색 실, 홍색 실, 가늘게 꼰 모시실로 무늬를 놓아가며 짜야 하느니라."

흉패(胸牌)는 일종의 가슴받이다. 대제사장의 예복 장식품 가운데 하나로, 가슴에 매다는 장방형(長方形)의 패다. 에봇 바로 위에 매달았다. 흉패의 네 모퉁이는 고리에 의해 에봇에 견고하게 부착되었다. 위쪽의 두 고리는 어깨끈(견대)의 양 고리에 사슬로 매여졌고, 아래쪽의 두 고리는 에봇의 띠 위편에 달린 사슬로 매여졌다. 하나님은 계속 말씀하셨다.

"모세야, 너는 두 겹으로 네모나게 흉패를 만들되 길이와 너비가 각각 한 뼘씩 되게 하여라. 그리고 보석 열두 개를 네 줄로 흉패에 끼워 박아라. 첫째 줄에는 홍옥수와 황옥과 취옥을, 둘째 줄에는 홍옥과 청옥과 백수정을, 셋째 줄에는 풍신자석과 마노와 자수정을, 그리고 넷째 줄에는 감람석과 줄마노와 벽옥을 박아야 하느니라."

"네, 주님! 지시하신 대로 하겠습니다."

"모세야, 열두 개의 보석들은 모두 금테에 끼워 박아 넣어야 한다. 이처럼 보석이 열두 개인 까닭은 이스라엘의 아들들이 열두 명이기 때문이니라. 보석마다 이스라엘 12지파의 이름들을 하나씩 인장처럼 새겨 넣어라."

흉패에는 가로 세 줄, 세로 네 줄로 모두 열두 개의 보석이 달려 있어야 했다. 그리고 그 보석들 위에는 이스라엘 12지파의 이름이 하나씩 새겨져야 했다. 이 같은 흉패는 대제사장이 하나님 앞에서 이스라엘 백성들의 중보(仲保) 사역을 수행함을 나타낸다. 하나님은 그 사실을 확인해 주셨다.

"대제사장 아론이 성소에 들어갈 때는 항상 이스라엘 열두 아들들의 이름이 기록되어 있는 판결 흉패를 가슴에 달고 들어가야 한다. 아론이 성소에 들어갈 때마다 나 여호와가 그것을 보고 이스라엘 12지파를 영원히 잊지 않겠노라."

이제 하나님은 흉패에 관해 말씀을 마무리하신다.

"모세야, 또 판결 흉패 속에는 우림과 둠밈을 항상 넣어두어라. 그래서 아론이 성소에 들어갈 때마다 우림과 둠밈이 항상 가슴 위에 있게 하여라. 여호와 앞에서 이스라엘 백성들의 소송 사건 등을 판결할 때, 아론이 나의 뜻을 물어볼 수 있도록 이 흉패를 항상 가슴 위에 달고 있어야 한다."

"주님, 우림과 둠밈은 무엇입니까?"

"우림은 '빛'이고, 둠밈은 '완전함'이다. 이스라엘 백성들을 '빛'과 '완전함' 가운데로 이끄는 성물이니라."

흉패에는 또한 주머니가 달려 있어, 그 주머니 안에 하나님의 뜻을 묻는 일종의 제비뽑기 도구인 '우림'과 '둠밈'을 넣었다. 그래서 흉패는 흔히 '판결 흉패'로 불렸다. 그 이유는 국가의 중요한 일에 대해 어떤 결정을 내려야 할 때 대제사장은 흉패 속에 있는 '우림'과 '둠밈'으로 하나님께 가부(可否)를 물어 판결했기 때문이다.

여기서 우림(Urim)은 '빛'이란 뜻이고 둠밈(Thummim)은 '완전함'이란 뜻이다. 대제사장은 국가의 중요한 일에 관해 하나님의 뜻을 물을 때 흉패 안주머니에 있는 이것들(우림, 둠밈)을 사용했다. 그것은 매끈한 돌로 된 한 쌍의 제비도구였다.

대제사장은 우림과 둠밈 중 하나를 임의로 선택하여 '하라'(yes) 혹은 '하지 말라'(no)로 하나님의 뜻을 판별했다. 말하자면 우림과 둠밈은 그 이름의 뜻대로 이스라엘을 '빛'과 '완전함' 가운데로 이끄시는 하나님의 신성한 제비뽑기 도구였다.

대제사장의 거룩한 예복 중 겉옷 (28:31-35)

"모세야, 너는 에봇 아래 받쳐 입는 겉옷을 청색 옷감으로 만들어라."

흉패 다음으로 하나님은 대제사장의 거룩한 예복 중 겉옷의 식양과 제작에 관해 일러주셨다. 이 겉옷은 에봇 아래 받쳐 입는 옷이다.

"모세야, 너는 웃감 한가운데에 머리를 집어넣을 수 있도록 구멍을 내고, 그 구멍 가장자리를 갑옷 깃처럼 누벼서 찢어지지 않게 하여라. 또 청색 실, 자주색 실, 홍색 실을 엮어 석류 모양으로 술을 만들어 그 겉옷 가장자리에 돌아가며 달고, 또 금방울을 만들어 그 석류 모양의 술 사이사이에 교대로 빙 돌아가며 달아라."

"네, 주님! 그대로 만들겠습니다."

"모세야, 대제사장 아론이 나 여호와를 섬기러 성소에 들어갈 때나 성소에서 나올 때, 항상 이 겉옷을 입어 거기에 달려 있는 금방울 소리가 들리게 하여라. 그래야만 아론이 죽지 않을 것이니라."

겉옷은 대제사장의 거룩한 예복 장식품 가운데 하나다. 에봇 안쪽에 받쳐 입는 옷으로, 무릎 아래까지 내려오는 긴 옷이다. 특별한 것은, 이 옷의 하단부에 금방울과 석류 모양의 술이 빙 돌아가며 교대로 부착되어 있다는 것이다.

대제사장의 예복에 금방울을 단 까닭은 이러하다. 즉, 대제사장이 성소 안에서 몸을 움직일 때마다 옷에 매달린 금방울에서 소리가 울리게 함으로써 대제사장으로 하여금 경건하고 신중한 자세로 실수 없이 제사를 집전하도록 항상 깨어 있게 하기 위함이다. 또한 성소 바깥의 사람들은 성소 안에서 울리는 금방울 소리를 통해 대제사장의 움직임을 확인할 수 있었다. 하나님의 말씀을 듣던 중 모세는 갑자기 의문이 생겼다.

"주님, 성소 바깥에서 금방울 소리가 들리지 않으면 어찌 된 것입니까?"

"성소 바깥의 사람들은 성소 안에서 울리는 방울소리로 대제사장의 움직임을 확인할 수 있느니라. 방울소리가 계속 울리면 사역 중이고, 소리가 없으면 불경한 태도 때문에 화를 당한 것이니라."

"네에? 대제사장이 사역을 감당하다가도 주님의 진노로 즉사할 수 있다는 말입니까?"

"그렇다. 누구도 내 앞에서 특권은 없다. 내 면전에서는 어떤 죄도 용납될 수 없다. 나는 여호와니라."

"만일 대제사장이 지성소 안에서 죽게 되면 누가 들어가서 그 시신을 끄집어내야 합니까?"

"그 해의 대제사장 외에는 누구도 지성소 안에 들어갈 수 없다. 그러기에 대제사장이 지성소로 들어갈 때는 발목에 굵은 끈을 묶도록 하여라. 만일 방울소리가 멈추거든 화를 당한 줄 알고 그 줄로 끌어내도록 하라."

"오, 주여! 제발 그런 일이 없기를 바랍니다."

"나도 같은 마음이니라."

대제사장의 거룩한 예복 중 성패 (28:36-38)

겉옷 다음으로 하나님은 대제사장의 거룩한 예복 장식품 가운데 성패(聖牌)의 식양과 제작에 관해 일러주셨다.

"모세야, 너는 순금으로 패(牌)를 만들고 그 패 위에 인장반지를 새기듯 '여호와께 성결'이라는 글자를 새겨 넣어라. 그런 뒤 그 패를 청색 실로 꼰 끈으로 관(冠) 앞쪽에 붙여라."

"네, 주님!"

"대제사장 아론은 이 성패를 항상 이마에 달아야 한다. 그 성패가 아론의 이마에 항상 붙어 있으면, 나 여호와가 이스라엘 백성들이 드리는 거룩한 예물을 기꺼이 받아주겠노라."

성패(聖牌)는 대제사장이 머리에 쓰는 관(冠) 전면에 부착된 순금 패다. 그 위에 '여호와께 성결'이라는 글귀가 새겨져 있었다. 이처럼 '여호와께 성결'이란 글귀가 새겨진 성패를 대제사장이 이마에 달고서 여호와께 나아가 예물을 바칠 때 비로소 그 예물이 하나님께 기꺼이 받아들여졌다.

대제사장의 거룩한 예복 중 속옷, 관, 허리띠 (28:39-41)

다음으로 하나님은 대제사장의 예복 장식품 가운데 속옷, 관(冠), 허리띠의 식양과 제작에 관해 일러주셨다.

"모세야, 너는 가는 모시실로 속옷을 짜라. 또 가는 모시실로 관을 만들고, 또한 수(繡)를 놓아 띠를 만들어라. 너는 아론과 그의 아들들이 입을 속옷을 만들고, 예복에 맬 허리띠와 머리에 쓸 관도 만들어라."

속옷은 겉옷 아래 받쳐 입는 흰 세마포 속옷이다. 관(冠)은 대제사장이 머리에 쓰는 터번(turban) 모양의 흰 세마포 모자다. 띠는 허리에 두르는 끈으로서, 옷이 내려오거나 흐트러지지 않도록 고정하는 역할을 한다.

"모세야, 너는 제사장들이 품위 있고 아름답게 보이게 하여라. 내가 지시한 대로 만든 예복을 네 형 아론과 그의 네 아들에게 입힌 다음, 그들에게 기름을 부어 성별한 후에 제사장의 직임을 맡기도록 하여라. 그래서 그들이 제사장의 일을 하면서 나를 섬기게 하여라."

대제사장인 아론과 일반 제사장인 그의 네 아들의 예복은 달랐다. 맡은바 직능의 차이 때문이다. 대제사장은 하나님의 법궤가 안치된 지성소 안까지 들어와 직무를 감당했으므로, 그의 예복이 일반 제사장들의 예복보다 훨씬 화려하고 아름다웠다.

대제사장의 예복은 흉패, 에봇, 겉옷, 속옷, 관, 띠, 성패 등 7가지의 장식품으로 구성된 반면, 일반 제사장들의 예복은 단순히 속옷, 관, 띠 등 3가지 장식품으로 이루어졌다.

고의, 곧 속바지에 관하여 (28:42-43)

마지막으로 하나님은 고의(袴衣)에 관해 일러주셨다. 고의는 아랫도리를 가리기 위해 입는 '속바지'다.

"모세야, 너는 또 아론과 그의 아들들이 그들의 하체 맨살을 가릴 수 있도록 가는 모시실로 고의를 만들되 허리부터 넓적다리까지 닿게 하여라."

"네, 주님!"

"아론과 그의 아들들이 성막으로 들어갈 때나 성막에서 일을 보려고 제단 가까이 다가갈 때는 반드시 이 고의를 입게 하여라. 그래야만 그들이 하체 맨살을 드러내는 죄를 짓지 않게 되어 목숨 잃는 일이 없을 것이다. 이는 아론과 그의 후손들이 대대로 지켜야 할 규정이니라."

이처럼 제사장들은 성막에서 제사 의식을 집전할 때 반드시 고의(속바지)를 입어 아랫도리(하체) 맨살을 가려야 했다. 그 이유는 이러하다. 즉, 인류의 조상 아담의 타락 이후 부패한 인간이 지극히 거룩하신 하나님 앞에서 '수치'를 상징하는 하체의 벌거벗음을 드러내서는 안 되었기 때문이다.

29

제사장 위임식

위임식의 희생 제물 준비해라
그 짐승의 머리에 안수한 뒤
짐승을 잡아 피 뿌리고 불살라라
주 앞에 속죄제와 번제로 드려라

제사장 위임식에 대해 일러주시다 (29:1-37)

시내산 정상에 강림하신 여호와 하나님은 가장 먼저 십계명을 선포하셨다. 그런 뒤에 그에 따른 각종 법령과 규례를 일러주셨다. 이어 하나님은 자신의 지상(地上) 임재 처소인 성막을 건축할 것을 명하시면서, 그것과 관련하여 성막의 각종 기물들과 그것들의 식양과 제작에 관해 자세히 일러주셨다.

그런 다음, 하나님은 자신과 이스라엘 사이에 중보자가 되어 성막에서 봉사할 제사장들이 입을 거룩한 예복에 관해 일러주셨다. 이제 하나님은 대제사장과 제사장으로 선택받은 아론과 그의 네 아들(나답, 아비후, 엘르아살, 이다말)을 제사장 직분에 위임하는, 위임식 절차에 관하여 모세에게 일러주신다.

"모세야, 아론과 그의 아들들을 제사장으로 성별하여 세우는 절차는 이러하니라."

■ **제사장 위임식(委任式)에 필요한 제물들**

제사장 위임식 때 필요한 제물들은 수송아지 한 마리, 숫양 두 마리, 그리고 누룩 넣지 않은 빵과 과자다. 여기서 수송아지 한 마리는 속죄제용 제물로, 숫양 두 마리 가운데 한 마리는 번제용 제물로, 다른 한 마리는 화목제용 제물로 필요했다. 그리고 고운 밀가루로 만든, 누룩 넣지 않은 빵과 과자는 소제용 제물로 필요했다.

이때 빵과 과자에 누룩을 넣어서는 안 되는 이유는, 누룩은 그 부풀어 오르게 하는 발효성(醱酵性)으로 인해 '죄'와 '부패'를 상징하는 것으로 여겨졌기 때문이다.

■ **위임식을 치를 제사장들을 정결하게 성별해야 함**

제사장 위임식에 필요한 제물을 마련하였으면, 이제 위임식을 치를 당사자들인 아론과 그의 아들들을 정결하게 성별해야 했다. 이때 모세는 위임식을 주관하는 자였다.

모세는 제사장 위임식을 치를 아론과 그의 아들들을 물로 정결하게 목욕시킨 뒤, 그들에게 제사장 예복을 입혀야 했다. 이스라엘 역사상 맨 처음 제사장으로 위임받은 사람은 다섯 명이다. 즉 아론과 그의 네 아들(나답, 아비후, 엘르아살, 이다말)이다.

아론은 제사장들의 으뜸인 대제사장으로 위임받았고, 아론의 네 아들은 일반 제사장으로 위임받았다. 대제사장으로 위임받을 아론의 예복은 일곱 가지 장식(속옷, 겉옷, 에봇, 흉패, 띠, 관, 성패)으로 구성된 반면, 일반 제사장으로 위임받을 아론의 네 아들은 단순히 세 가지 장식(속옷, 띠, 관)으로 구성되었다.

제사장 예복을 입힌 다음, 모세는 그들의 머리 위에 거룩하게 구별하는 데 쓰는 기름을 가져다 부어야 했다. 기름을 부어 바르는 행위는 오직 하나님만의 특별한 용도를 위해 거룩하게 구별하는 성별(聖別)

의식이다. 그래서 성막과 성막 안의 기물들, 그리고 신정국가 이스라엘의 왕과 제사장과 선지자는 기름 부음을 받았다.

■ 제사장 위임식 때 주님께 드려야 하는 제사

속죄제, 번제, 화목제, 소제 등 네 가지 제사를 순서대로 드렸다.

속죄제: 가장 먼저 '속죄제'(贖罪祭)를 드려야 했다. 속죄제는 하나님께 죄 사함을 구하는 제사다. 제사장이 이스라엘 백성을 대표하여 제사장의 직무를 수행하기 전에, 자신의 죄부터 하나님께 사함 받는 일이 우선되어야 함을 보여준다.

이때 아론과 그의 아들들이 희생제물의 머리 위에 손을 얹는 안수(按手) 행위는 자신의 죄를 희생제물에게 전가하는 의식이다. 그래서 희생제물의 피를 번제단의 네 귀퉁이 뿔에 바르는 행위는 대속(代贖)의 피로써 죄 사함 받는 것을 상징한다.

구속사의 관점에서 살펴보면, 이처럼 대속의 피를 흘린 모든 희생제물의 실체는 바로 골고다 십자가 위에서 피 흘리신 유월절 어린양, 곧 '메시아(그리스도) 예수'다.

번제: 속죄제 다음으로 '번제'(燔祭)를 드려야 했다. 제사장 위임식 때 드리는 번제는 미리 준비된 숫양 두 마리 가운데 한 마리로 드렸다. 희생제물의 고기를 번제단 위에서 모조리 불살라 그 향기로 여호와를 기쁘게 해드리는 제사다. 이때 희생제물 전부를 불사른 것은, 제사장이 자신의 몸 전체를 온전히 불사르듯 주님을 위해 온전히 봉사하고 헌신하겠다는 것을 상징했다.

화목제: 번제 다음으로 '화목제'(和睦祭)를 드려야 했다. 제사장 위임

식 때 드리는 화목제는 미리 준비된 숫양 두 마리 가운데 번제용 제사로 쓰고 남은 또 다른 한 마리로 드렸다. 이때 특이한 점은 희생제물의 피를 제사장들의 오른쪽 귓불과 오른손 엄지와 오른발 엄지에 발랐다는 것이다.

성경의 일반적인 용례상 '오른쪽'은 올바름과 능력과 축복 등 좋은 것들을 상징하고, 반면 '왼쪽'은 그릇됨과 나약함과 저주 등 나쁜 것들을 상징한다. 그래서 희생제물의 피를 신체의 오른쪽 부위에 바른 것이다.

이 같은 의식은 삶의 모든 부분이 하나님 앞에서 거룩하게 구별된 자답게 살아가야 한다는 것을 나타내는 상징적 의식이다. 즉 듣고 생각하는 것(귓불)과 행하는 것(손)과 가는 곳(발)마다 성별된 자답게 살아가야 한다는 것이다. 또한 특별히 만들어진 성별용 기름으로 제사장으로 위임받는 사람들과 그들이 입고 있는 옷을 거룩하게 구별하였다.

소제: 제사장 위임식 때 드리는 화목제는 미리 준비된 숫양 두 마리 가운데 번제용으로 쓰고 남은 또 다른 한 마리를 사용했는데, 이때 미리 준비하여 바구니에 담아두었던 빵과 과자도 소제용 제물로 함께 사용되었다.

여기서 알아야 할 것이 있다. 이스라엘 백성들이 하나님께 드리는 제사 종류에는 다섯 가지가 있다. ① 번제 ② 소제 ③ 속죄제 ④ 화목제 ⑤ 속건제가 그것이다. 그 중 독특하게도 소제(素祭)는 짐승이 아니라 곡식을 제물로 삼아 드리는 제사다.

따라서 소제에는 짐승의 피가 없기에 단독으로 드려질 수는 없었다. 반드시 짐승의 피가 있는 다른 제사들(번제, 속죄제, 화목제, 속건제)과 함께 드려져야 했다. 하나님께 드리는 제사의 대원칙은 반드시 희생제물의 피가 있어야 했기 때문이다. 하나님의 구속사에서, 그 희생제물의 피가 메시아 예수의 십자가 보혈(寶血)을 상징했기 때문이다.

화목제 희생 제물 중 제사장들의 몫: 하나님은 제사장 위임식 때 드려야 하는 화목제 제사와 관련해서, 그 희생제물 가운데 제사장의 몫이 어떤 것인지에 관해 일러주셨다. 제사장들은 다른 생업 없이 하나님의 성막에서 전적으로 이스라엘 백성을 대신하여 제사 드리는 일에 전념해야 했다. 따라서 제사장들은 생계를 유지할 방도가 달리 없었다. 그래서 하나님은 제사 예물 가운데 일정한 몫을 제사장들의 몫으로 할당해 주셨다. 그 중 화목제 제물 가운데서는 흔들어 바치는 제물의 가슴 부위와 치켜들어 바치는 제물의 뒷다리 부분이 제사장들의 몫이었다.

여기서 우리가 또 알아야 할 것이 있다. 앞서 언급하였듯이, 구약시대에 하나님께 드리는 제사의 종류로는 다섯 가지가 있었다. 번제, 소제, 화목제, 속죄제, 속건제가 그것이다. 그런데 이러한 제사들은 각기 규정된 방법에 따라 드려져야 했다. 그래서 제사 드리는 방법으로는 네 가지가 있었다. ① 화제 ② 요제 ③ 거제 ④ 전제가 그것이다.

■ 제사 드리는 네 가지 방법

화제: 화제(火祭)는 희생 제물을 번제단 위에서 '불태워 드리는' 방법을 말한다. 이때는 희생 제물을 태운 연기가 하늘로 잘 올라가도록 골고루 태워야 했다.

요제: 요제(搖祭)는 화목제를 드리는 경우에 있어서 희생 제물의 가슴 부위나, 토지의 첫 열매를 바칠 때 제사장이 그 제물을 높이 든 후에 앞뒤로 '흔드는' 방법을 말한다.

거제: 거제(擧祭)는 역시 화목제를 드리는 경우에 있어서 희생 제물의 우편 뒷다리나, 토지의 첫 소산물을 바칠 때 제사장이 그 제물을 위로 높이 '치켜들었다가 내리는' 방법을 말한다.

전제: 전제(奠祭)는 희생 제물 위에 포도주나 기름 등을 '부어 드리는' 방법을 말한다.

그러니까 화목제를 드릴 때 제사장의 몫은 흔들어 바치는 방식, 곧 요제로 바치는 희생제물의 가슴 부위, 그리고 치켜들어 바치는 방식, 곧 거제로 바치는 희생제물의 뒷다리 부위였다.

■ 대제사장의 예복에 관하여

제사장의 위임식 제사에 관해 말씀하시던 중, 하나님은 대제사장의 예복과 관련해서도 한 가지 지침을 일러주셨다. 이스라엘의 대제사장 직분은 '종신 세습제'였다. 전임 대제사장이 죽으면 그 직분은 특별한 일이 없는 한 죽은 대제사장의 장자(長子)가 물려받았다. 만일 장자에게 문제가 있으면 차남이 물려받았고, 차남에게 문제가 있으면 삼남이 물려받았다. 이렇게 순차적으로 승계되었다.

이스라엘의 초대 대제사장은 아론이었다. 그래서 아론이 죽으면 그가 입었던 대제사장의 성의(聖衣)는 아론을 이어 대제사장 직분을 계승할 그의 아들에게 전수되어야 했다. 그래서 새로 대제사장이 된 후임자는 대제사장의 예복을 따로 지어 입는 것이 아니라, 전임 대제사장의 예복을 그대로 물려받았다.

이렇게 대제사장의 거룩한 예복은 대대로 후임자에게 전수되었다. 그렇지만 후임자가 대제사장의 직무를 감당하기 위해서는 물려받은 대제사장 거룩한 예복을 입고 초대 대제사장인 아론이 했던 것과 똑같이 이레(7일) 동안 대제사장 위임식을 치러야 했다.

■ 제사장 몫의 희생 제물을 먹는 규례에 관하여

하나님은 제사장 위임식 때 화목제로 드려진 희생 제물 가운데 제사장의 몫으로 돌려진 희생 제물을 먹는 규례에 대해 일러주셨다.

원래 화목제는 제사를 드린 후에 그 희생 제물의 일정 부분을 할당받아 제물을 드린 사람과 제사장이 성막 뜰에서 함께 공동식사를 하는 것으로 절정을 이루었다.

화목 제물을 타인이 드렸을 경우에는 이렇게 제물을 드린 자와 제사장이 함께 나누어 먹었다. 하지만 제사장 위임식 때의 화목제는 제사장이 자신의 희생 제물을 드렸으므로 일반인들은 공동식사에 참여할 수 없었다. 오직 제사장들만 그 희생 제물을 먹을 수 있었다.

이때 제사장들이 주의해야 할 점이 있다. 그 희생 제물의 고기와 빵은 당일에만 먹고, 나머지는 모두 소각시켜야 한다는 사실이다. 먹고 남은 제물을 다음날 아침이 지나도록 남겨두어서는 안 되었다. 그 까닭은, 신성한 제사 의식에 사용된 거룩한 음식이 경솔하게 함부로 취급되는 것을 방지하기 위해서였다.

■ 제사장의 위임식 제사 기간에 관하여

제사장의 위임식 제사는 7일 동안 거행되어야 했다. 한 번의 위임식 제사를 7일에 걸쳐 거행하는 것이 아니라, 위임식 제사 자체를 매일 똑같이 7일 동안 7번 반복해서 거행해야 했다. 이처럼 제사장 위임식 제사를 7일 동안 7번이나 반복해서 거행한 이유는 이러하다.

일찍이 하나님께서 7일에 걸쳐 세상만물을 완전하게 전부 지으신 이래로, 성경에서 '7(일곱)'이란 숫자는 완전(完全)과 완성(完成)을 뜻하는 상징적 숫자가 되었다. 이러한 이유로 이스라엘의 중요한 종교 절기들은 대부분 7일 동안 거행되었다. 그렇게 7일 동안 절기를 지키는 것은 하나님께 온전한 봉헌과 완전한 예배를 드린다는 것을 상징한다. 예를 들면, 7일 동안 지켜야 하는 무교절(유월절)과 초막절(장막절)이 그렇다.

제사장 직분을 위임하는 데 7일이 걸리고, 또 7번 똑같은 제사를 반복한 것은 온전함과 완전함에 이르는 과정을 상징한다. 즉, 일반 사람들과는 달리 하나님의 거룩한 목적을 위해 쓰여질 제사장들을 온전히 그리고 완전히 거룩하게 구별한다는 것을 뜻한다.

제사장 위임식 때 드려야 하는 상번제 (29:38-46)

하나님은 또 제사장 위임식 때 제사장으로 위임받을 자들이 하루에 두 번, 아침과 저녁으로 하나님께 드릴 상번제에 관해 일러주셨다. 이처럼 매일 두 번, 아침과 저녁에 항상 드리는 번제라 하여 '상번제'(常燔祭)라 일컫는다.

제사장 위임식 때 제사장으로 위임받을 자들이 하나님께 바쳐야 하는 상번제 제물은 이러하다. 번제용 아침 제물로 어린 양 한 마리, 번제용 저녁 제물로 어린양 한 마리, 소제용 제물로 고운 밀가루 10분의 1에바에다 짠 기름 4분의 1힌을 넣어 반죽한 것, 그리고 전제용 제물로 포도주 4분의 1힌이다.

여기서 에바(Ephah)는 고대에 고체의 부피를 측량하는 단위로, 1에바는 대략 23리터(12되)다. 그리고 힌(Hin)은 고대에 액체의 부피를 측량하는 단위로, 1힌은 대략 3.8리터(2되)다. 따라서 10분의 1에바는 2.3리터(1.2되) 가량이고, 4분의 1힌은 0.95리터(0.5되) 가량이다.

이 같은 상번제 제물들은 번제단 위에서 화제와 전제로 하나님께 드려졌다. 화제(火祭)는 번제단 위에서 희생 제물을 온전히 불태워서 드리는 방법을 가리키고, 전제(奠祭)는 포도주나 기름이나 피를 희생 제물에 부어드리는 방법을 가리킨다.

마침내 하나님은 제사장 위임식과 관련해서 말씀을 마무리하신다.

"모세야, 나는 이스라엘 백성들 가운데 거주하여 이스라엘의 하나님이 될 것이다. 그러면 이스라엘은 나 여호와가 그들의 하나님인 것을 깨닫게 되고, 내가 그들 가운데 머물려고 그들을 이집트 땅에서 이끌어낸 그들의 하나님 여호와인 줄을 알게 될 것이다. 그러하다. 나는 이스라엘의 하나님 여호와니라."

이스라엘의 하나님 여호와는 이제 곧 건축될 성막 내 지성소의 법궤(언약궤, 증거궤) 뚜껑 위, 즉 속죄판(贖罪板) 위를 자신의 지상 거주의 처소로 삼으실 것이었다. 거기서 여호와 하나님은 방금 일러주신 대로 위임된 제사장들의 제사를 통해 이스라엘 백성들에게서 찬양과 영광과 경배를 받으실 것이었다. 바로 이것이 하나님이 이스라엘 백성들을 이집트 땅에서 이끌어내시어, 자신의 백성으로 삼으신 목적이었다.

30
분향단과 물두멍과 관유

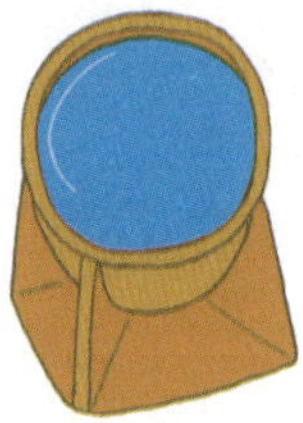

손발 씻을 놋쇠 물두멍 만들어라
물을 담아 아론과 그의 아들들이
회막에 들어갈 때 손발 씻어
죽지 않고 살아 있게 하라

성막의 기물들 중 분향단 (30:1-10)

시내산의 꼭대기에 강림하신 하나님! 그 하나님은 모세에게 성막 건축을 명하시고, 그 성막에 필요한 여러 기물들과 용품들의 식양과 제작에 관하여 일러주셨다. 법궤(언약궤, 증거궤), 속죄판, 진설병 상(床), 등잔대, 성막 덮개, 성막 널판, 지성소 휘장과 성소 휘장, 번제단, 성막 울타리, 등잔 기름 등이 그것들이다.

그렇게 성막 기물들과 용품들에 관해 일러주시다가 하나님은 잠시 멈추시고 그런 성막의 기물들과 용품들을 주관할 제사장에 관해 일러주셨다. 곧 제사장의 거룩한 예복과 제사장의 위임식에 관해 일러주셨다. 그런 뒤 하나님은 다시금 성막 기물들과 용품들에 관해 말씀하신다. 앞서 일러주신 것들에 이어 계속 말씀하시는 것이다. 이번에는 분향단에 관한 식양과 제작이다.

"모세야, 너는 아카시아나무로 분향단을 만들어라."

하나님께서 모세에게 일러주신 분향단의 식양과 제작에 관한 말씀을 요약하면 이러하다. 성막의 기물들 중 분향단(焚香壇)은 하나님께 향(香)을 태워 올리기 위한 제단이다. 아카시아나무로 만든 후에 순금으로 싸고 주위에 금테를 둘렀다.

분향단의 크기는 가로와 세로가 각각 1규빗(대략 45cm), 높이가 2규빗(대략 90cm) 되는 직육면체 모양이다. 놓인 위치는 법궤(증거궤, 언약궤)가 안치된 지성소의 휘장 바깥쪽 바로 앞, 곧 지성소 입구다.

성막 본체는 지성소와 성소로 구분되는데, 지성소에는 법궤가 놓였고, 성소에는 ① 분향단 ② 등잔대 ③ 진설병 상(床)이 놓였다. 그리고 지성소와 성소는 휘장으로 구분되었다. 분향단은 향을 사르는 단이기 때문에 '향단'으로 불리기도 했고, 금으로 만들어졌다고해서 '금단'이라 불리기도 했다.

이어 하나님은 제사장들이 분향단을 어떻게 관리해야 할 것인지에 대해서도 일러주셨다.

분향단 위의 향불은 1년 365일 24시간 내내 항상 피워져 있어야 했다. 절대로 향불을 꺼뜨려서는 안 되었다. 그래서 제사장들은 아침저녁으로 이 분향단 위에 향을 계속 살라 향불이 대대로 끊이지 않도록 잘 관리해야 했다.

분향단에 사용할 향은 일반 향이 아니고, 분향단 전용으로 특별히 만들어진 것만을 사용해야 했다. 또한 분향단은 오직 분향을 하기 위한 제단으로, 그 용도 외에 다른 제단으로는 일체 사용될 수 없었다. 또 대제사장은 1년 1차 속죄일(종교력 7월 10일)에 희생 제물의 피를 분향단의 네 뿔에 발라 분향단을 정결하게 하는 속죄의식을 거행해야 했다.

생명의 속전에 관한 규례 (30:11-16)

"모세야, 너는 이스라엘 백성들의 수효를 세어 인구조사를 하여라.

인구조사를 받은 사람들 가운데 스무 살 이상 되는 남자들은 각자 자기의 목숨 값으로 생명의 속전을 나 주께 바치게 하여라."

이때 하나님은 생명의 속전(贖錢)에 관한 규례를 일러주셨다. '생명의 속전'은 이집트에서 종살이하던 이스라엘 백성을 구원해 주신 하나님의 출애굽 사건에 그 바탕을 두고 있는 규례다. 죽을 수밖에 없는 상태에서 건져내어 새 생명을 허락해 주시고 죄를 덮어주신 하나님의 은혜에 감사하여 드리는 일종의 배상금 같은 것이다.

하나님께 구원의 은혜를 입은 이스라엘 백성들 가운데 20세 이상의 성인 남자들은 성소 세겔로 반(半, 1/2) 세겔(약 5g에 해당되는 은화)의 금액을 반드시 하나님께 바쳐야 했다.

이스라엘 백성들 중 20세 이상의 성인 남자들에게서만 은(銀) 반 세겔을 받은 까닭은, 고대로부터 이스라엘 사회에서는 20세 이상의 남자를 성인으로 인정했기 때문이다.

생명의 속전을 받을 때, '성소 세겔'로 받았다. 성경에 나타나는 세겔 종류는 세 가지다. '일반 세겔'과 '성소 세겔'과 '왕실 세겔'이 그것이다. 일반 세겔의 중량은 대략 11.4g이고, 성소 세겔은 그보다 가벼운 9.7g 정도다. 그리고 왕실 세겔은 일반 세겔의 두 배인 22.8g이다.

따라서 생명의 속전을 하나님이 성소 세겔로 받은 것은 일반 세겔보다 경감된 양임을 알 수 있다. 출애굽 이후 별로 가진 것 없이 광야에 머물고 있는 이스라엘 백성들의 형편을 고려한 하나님의 세심한 배려라고 볼 수 있다.

후대에 바벨론 유수(幽囚)에서 풀려나 예루살렘으로 귀환한 유대인들이 경제적인 어려움을 겪을 때에는 반(1/2) 세겔의 속전이 삼분의 일(1/3) 세겔로 줄어들기도 했다.

한편, 이때 광야에서 드려진 생명의 속전은 성막 건축 및 각종 제사 의식에 소용되는 비용으로 사용되었다(후일에는 그것이 성전세로 정착되었다). 하나님이 성막 건축과 성막의 여러 기물들 및 각종 제사에 대해 말씀하시는 도중에 생명의 속전에 관한 규례를 동시에 일러주신 것은 바로 그런 성막 건축과 성막 기물들을 만들고 각종 제사를 집전하는 데 드는 비용을 마련해 주시기 위함이었다.

성막의 기물들 중 물두멍 (30:17-21)

"모세야, 너는 놋으로 물두멍을 만들어라. 그것은 제사장의 손발을 씻도록 하기 위한 것이다."

분향단에 이어서 하나님은 성막의 다른 기물에 대해 모세에게 또 말씀하셨다. 즉, 성막의 여러 기물들 중 '물두멍'에 관해 일러주셨다. 이것은 받침대에 받쳐진 것으로, 둥글게 생긴 큰 대야 모양이었다.

물두멍의 용도는 제사장들이 주님께 희생 제물을 바치기 전에, 또는 성소에 들어가 제사장의 직무를 수행하기에 앞서, 정결 의식으로 손발을 깨끗하게 씻는 데 사용되었다.

물두멍이 놓인 위치는 '성막 뜰', 곧 번제단과 성소 입구 사이이다. 제사장들이 물두멍의 물로 손발을 씻는 정결 의식을 행하지 않고 부정한 상태로 제사장 직무를 수행하면 죽임을 면치 못했다. 절대 거룩하신 여호와 하나님께서 그런 부정한 상태를 절대로 용납하시지 않기 때문이다.

성막의 용품들 중 거룩한 기름 (30:22-33)

물두멍의 식양과 제작을 일러주신 데 이어 하나님은 성막의 여러 기물들과 제사장들을 거룩하게 구별하는 데 사용될 '거룩한 기름' 곧 관유에 관해 모세에게 일러주셨다.

"모세야, 너는 가장 좋은 향료를 장만하고, 그 향료들을 잘 섞어서 성별하는 데 쓰일 거룩한 기름을 만들어라."

하나님이 모세에게 일러주신 '거룩한 기름'에 관한 제조법과 용도를 요약하면 이러하다. 거룩한 기름은 품질이 아주 뛰어나고 값 비싼 최고급 향품들(몰약, 육계향, 창포, 계피)과 올리브기름으로 만들어져야 했다. 이때 몰약과 계피는 각각 500세겔(대략 5.7kg)이 필요했고, 육계향과 창포는 그 절반인 250세겔(대략 2.85kg), 그리고 올리브기름은 1힌(대략 3.8리터)이 필요했다. 여기서 '세겔'이나 '힌'은 고대의 도량형 단위들이다. 1세겔은 대략 11.4g 가량이고, 1힌은 3.8리터 정도다.

이런 향품들을 잘 섞어 만들어진 기름이 '거룩한 기름'으로 여겨졌는데, 그 까닭은 거룩하신 하나님의 거룩한 일에 쓰이도록 특별히 제조되었기 때문이다. 그래서 하나님에 의해 적시된 특별한 재료들로 고유한 방식을 좇아 만들어진 거룩한 기름은 제사장들과 성막 기물들을 성별하는 거룩한 목적에만 사용되었다.

제사장들과 성막 기물들에 거룩한 기름을 바르는 행위는 상징적인 성별 의식이다. 이는 그 기름이 발라진 사람들(제사장들)과 기물들은 이제부터는 일반적인 용도로 사용되어서는 절대로 안 되고, 오직 하나님의 거룩한 목적을 위해서만 사용되도록 거룩하게 구별해 놓았다는 의미를 갖는다. 이어 하나님은 거룩한 기름과 관련해서 주의해야 할 사항을 일러주셨다.

"모세야, 이 거룩한 기름을 제사장들이나 성막 기물들에게가 아닌, 다른 데 발라서는 절대로 안 된다. 만일 다른 용도로 쓰기 위해 이런 식으로 기름을 만드는 사람이나 혹은 이 기름을 일반 사람들의 몸에나 일반 물건들에게 바르는 자는 누구를 막론하고 이스라엘 공동체에서 추방당할 것이다."

특별히 만들어진 거룩한 기름을 본래의 거룩한 용도가 아닌 다른 용도로 사용할 경우 엄중한 경고가 주어졌다. 그렇게 경고하신 까닭은, 거룩한 기름은 여러 가지 최고급 향품들로 만들어졌기 때문에 사람들은 그것을 미용이나 화장 등 일반적인 고급 향수나 방향제(芳香劑)로도 사용할 가능성이 충분히 있었기 때문이다. 만일 그럴 경우에, 그런 행위는 하나님의 거룩함을 훼손시키는 중대한 범죄 행위로 간주되어, 하나님의 백성인 이스라엘 공동체에서 쫓겨나는 형벌을 당했다.

성막의 용품들 중 거룩한 향 (30:34-38)

거룩한 기름에 이어 하나님은 분향단(焚香壇)에서 사용할 거룩한 향(香)에 관해 모세에게 일러주셨다.

"모세야, 너는 향료를 마련하여 정결하고 거룩한 향을 만들어라. 이렇게 만든 향을 곱게 갈아서 성소 안, 곧 지성소 휘장 앞의 분향단 곁에 놓아두어라."

하나님께서 모세에게 일러주신 '거룩한 향'에 관한 말씀을 요약하면 이러하다. 분향단의 향불은 1년 365일 24시간 내내 타오르고 있어야 했는데, 제사장은 매일 아침저녁으로 분향단 위에서 향을 사를 때 반드시 특별히 제조된 거룩한 향만을 사용해야 했다. 다른 향을 사용해서는 절대로 안 되었다.

반면, 특별히 만들어진 거룩한 향은 분향단의 향불로만 전적으로 사용되어야 했고, 그 외 다른 용도로 사용되어선 안 되었다. 만일 그럴 경우에는 거룩한 기름을 잘못 사용했을 때에 뒤따르는 형벌과 똑같이 이스라엘 공동체에서 추방당했다.

한편, 거룩한 향을 제조할 때 여러 향료들에 소금을 쳐서 만들었다. 소금의 주된 기능은 부패를 방지하여 성질의 일관성을 유지시키는 것이다. 그런 의미에서 소금은 특별히 '언약의 불변성'을 상징하기도 한다. 이런 점에서 향에 소금을 치는 행위는 변치 않으시는 신실하신 하나님께 변치 않는 충성된 심령의 향을 하나님께 바쳐 올린다는 것을 의미한다고 볼 수 있다.

이렇게 해서 하나님은 성막과 성막에 딸린 여러 기물들과 성막에서 사용할 여러 용품들, 그리고 성막에서 제사 의식을 집전할 제사장과 제사장에 관한 예복 및 위임식 등에 관한 말씀을 모두 마치셨다.

하나님은 시내산의 꼭대기에 친히 강림하셔서 모세를 그리로 불러 이 같은 모든 말씀을 일러주셨다. 때는 출애굽 원년(주전 1446년경) 4월 말에서 5월 말쯤이다.

31
두 장인(匠人)과 안식일

시내산에서 말씀 마친 주께서는
증거의 돌판 두 개를 모세에게 주시네
그것은 주께서 친히 쓰신 것
주의 백성은 그 계명 지켜야 한다

성막 건축의 두 주역을 지명하시다 (31:1-11)

시내산 정상에 강림하신 여호와 하나님은 십계명을 비롯하여 여러 법령과 규례를 부여하신 뒤 이스라엘 백성과 시내산 언약을 맺으셨다. 그런 뒤 하나님은 이스라엘 백성 가운데 자신의 지상(地上) 임재 처소를 마련하기로 작정하시고 모세에게 성막 건축을 명하셨다.

하나님은 성막 건축을 명하시면서 성막에 비치될 여러 기물들의 식양(式樣)과 그 제작 방법을 구체적으로 일러주셨다. 더불어 성막에서 봉사할 제사장의 예복과 위임에 대해서도 일러주셨다.

이제 하나님은 실제로 성막을 건축하고 성막의 여러 기물들을 제작할 두 핵심 일꾼을 지명하신다. 성막 건축의 두 주역 곧 실무 책임자와 부책임자를 지명하신 것이다. 하나님이 모세에게 말씀하셨다.

"모세야, 이제 성막 건축의 실무자들을 세우도록 하여라. 보아라, 내가 훌의 손자요 우리의 아들인 브살렐을 가려 뽑았다. 그는 유다 지파 소속이다. 내가 브살렐을 하나님의 영(靈)으로 충만케 하여 온갖 종류의 기술과 능력과 지식을 갖추도록 하겠노라."

"오, 주님. 감사합니다."

"그는 정교한 솜씨를 발휘하여 금과 은과 놋으로 성막에 비치될 갖가지 기물들을 다 만들어낼 것이다. 진실로 그는 정교하고 아름답게 온갖 보석들과 나무들을 잘 다듬을 것이다. 여러 면에서 온갖 솜씨를 다 발휘할 것이다."

성막 건축의 실무 책임자로 우리(Uri)의 아들 브살렐이 지명되었다. 그는 야곱의 넷째 아들인 유다의 6대 후손으로 세공이나 조각 등의 공작(工作)에 탁월한 솜씨를 지닌 국보급 장인(匠人)이었다. 하나님은 브살렐이 본래 지닌 그의 탁월한 솜씨에 하나님의 영 곧 성령으로 더욱 능력과 지식과 기술을 충분히 발휘하도록 역사하셨다.

구약시대에 하나님은 종종 누군가로 하여금 예언, 지도력, 기술, 지혜 등의 특별한 재능을 한껏 발휘할 수 있도록 성령을 충만하게 채워 주시곤 하셨다. 성막 건축과 관련해서, 건축 현장에서 실무 책임을 맡았던 브살렐 역시 그가 지닌 지혜와 재주가 거룩한 용도로 온전히 발휘될 수 있도록 성령님이 강력하게 그를 주장하셨던 것이다.

브살렐의 조부(祖父) 훌(Hur)은 이스라엘 백성의 출애굽 이후 아말렉 족속과의 전투가 있었을 때, 아론과 더불어 기도하는 모세의 팔을 받쳐주어 전쟁을 승리로 이끈 인물로 유명하다. 당시에 훌은 모세와 아론에 이어 이스라엘 사회의 지도자들 중 한 사람이었다. 하나님은 계속해서 모세에게 말씀하셨다.

"모세야, 또 내가 아히사막의 아들 오홀리압을 가려 뽑아 그로 하여금 브살렐을 도와 함께 일하도록 하겠노라. 그는 단(Dan) 지파 소속이다. 오홀리압 외에도 재주 좋은 여러 기술자들에게 지혜를 주어 내가 네게 만들라고 명령한 모든 것들을 능히 만들 수 있게 하겠노라."

우리의 아들 브살렐에 이어 아히사막의 아들 오홀리압이 또한 지명되었다. 이들 두 사람이 성막 건축에 있어 실무를 맡은 두 주역이었다. 성막 건축의 총책임자는 모세였고, 브살렐은 실무 책임자였으며, 오홀리압은 실무 부책임자였다.

성막 기물들을 제작하는 공사를 진행함에 있어서 브살렐은 주로 금, 은, 놋이나 보석의 세공 및 목재(木材) 가공의 일에 관여했고, 오홀리압은 성막의 덮개나 성소와 지성소의 휘장, 성막 울타리의 휘장, 그리고 제사장의 예복 같은 직물(織物) 제조와 관련된 일을 담당했다.

이렇게 브살렐과 오홀리압 두 사람은 자신들의 수하에 여러 성막 기술자들을 거느린 채 각자의 전문 분야를 맡아 성막과 성막에 딸린 각종 기물들과 휘장들 및 제사장 예복을 정교하고 아름답게 제작하였다.

성막을 구성하는 주요 기물들은 이러하다. 성막은 성막 뜰과 성막 본체로 이루어졌고, 성막 본체는 다시 성소와 지성소로 이루어졌다. 성막 뜰에는 번제단과 물두멍이 놓였고, 성소 안에는 분향단과 등잔대와 진설병 상이 비치되었다. 그리고 성막의 맨 안쪽인 지성소 안에는 '언약궤' 또는 '증거궤'로도 불리는 법궤가 안치되었다.

안식일 규례를 다시금 강조하시다 (31:12-18)

"모세야, 너희는 안식일을 잘 준수해야 한다. 안식일은 너희에게 거룩한 날이니 반드시 안식일을 지켜라. 안식일을 모독하는 자는 마땅히 죽여야 하고, 안식일에 일하는 자는 누구든지 이스라엘 백성 중에서 제거되어야 한다."

성막 건축을 명하시는 마지막 부분에서, 하나님은 안식일 준수의 규례를 강조하셨다. 그 까닭은, 모두가 바쁘게 열심히 성막 건축을 진행함에 있어서 혹 발생할지도 모르는 안식일 위반 사태를 미연에 방지하기 위해 경각심을 일깨워주기 위함이었다. 성막 건축의 제반 일들이 무척 중요한 것이긴 해도 안식일을 지키는 일보다 선행될 수 없음을 분명히 일러주신 것이다.

"모세야, 안식일은 나 여호와와 이스라엘 백성들 사이에 맺은 영원한 언약의 표징이므로 대대로 이어져야만 한다. 그러므로 너희는 대대로 안식일을 준수하여라. 이로써 내가 너희를 거룩하게 구별한 너희 하나님 여호와임을 너희로 알게 하려는 것이니라."

이때 하나님은 안식일을 가리켜 대대로 이어질 영원한 언약의 표징(表徵)이라고 말씀하셨다. 이는 안식일을 지키는 것이 하나님의 백성임을 나타내는 표시라는 뜻이다. 실제로 그렇다. 매 7일째마다 행하는 안식일 준수는 이스라엘 백성이 하나님의 거룩한 백성이라는 사실을 규칙적으로 일깨워주는 역할을 했다. 대대로 그렇게 안식일을 준수함으로써 이스라엘 백성은 자신들이 하나님께 택함 받은 그분의 백성으로서 하나님과 독특하고 고유한 관계를 맺고 있다는 사실을 입증하는 것이다.

그렇다면 이 같은 안식일 규례가 신약시대의 성도들에게도 적용되는가? 문자적으로 그대로 적용되지는 않는다. 하지만 안식일에 깃든 정신과 교훈은 오늘날에도 여전히 유효하다. 후일 메시아 예수는 자신을 '안식일의 주인'이라고 말하면서 안식일의 문자적인 준수에 집착했던 바리새인들에게 안식일의 참된 정신을 일깨워주셨다. 안식일에는 안식일의 주인 되시는 주님의 영광을 위해서 주님이 원하시고 기뻐하시는 일을 적극적으로 행하는 것이 마땅하다.

"모세야, 이제는 네가 산을 내려갈 때가 되었다. 그러므로 내가 약속한 대로 네게 증거판 두 개를 주겠노라."

"오, 주님, 감사합니다."

여호와 하나님은 시내산 정상에서 모세에게 모든 말씀을 마치신 뒤에 증거판(證據板) 두 개를 모세에게 주셨다. 이 두 개의 증거판은 하나님이 손수 돌판에다 쓰신 것으로 십계명이 기록된 돌판이었다.

32
금송아지 사건

모세가 시내산에 머무를 때
산 아래 사람들은 아론을 부추겨
수송아지 신상 만들어 섬기니
주께서 크게 노하시네

이스라엘 백성들이 금송아지 우상을 숭배하다 (32:1-6)

"이게 어찌된 거야? 왜 모세가 여태 내려오지 않는 걸까?"

"혹시 번개를 맞았거나 불에 타 죽은 게 아닐까?"

"어쩌면 하나님과 함께 영원히 하늘로 올라갔을지도 몰라."

"아, 큰일이다! 이제 우리는 누구를 의지하고 따라야 하는 거지?"

시내산에 올라간 지 한 달이 넘도록 모세에게서 아무런 소식이 없자 산 아래 있던 이스라엘 백성들이 술렁술렁 동요하기 시작했다. 여기서 모여 수군거렸고 저기서 모여 웅성거렸다. 출애굽 때는 물론이고 이후에도 모세의 강력한 지도력에 전적으로 의존하던 이스라엘 백성들은 모세가 오랫동안 산에서 내려오지 않자 몹시 염려하고 불안해했다. 광야에서 오도가도 못 하는 미아 신세가 되는 것은 아닌지 걱정했다.

마침내 그들은 모세를 더는 기다리지 못하고 아론에게 우르르 몰려가 아우성쳤다. 아론은 당시 공석 중인 모세를 대신하여 임시 지도자로 위임받은 상태였다.

"아론, 아무래도 모세는 산에서 내려오지 않을 성싶소. 분명 무슨 일이 생긴 게 틀림없소. 그러니 우리를 약속의 땅으로 이끌어 줄 신을 만들어 주시오!"

"옳소! 우리가 이렇게 여기서 계속 우물쭈물하다가는 광야에서 다 죽게 생겼소. 지체하지 말고 속히 우리를 위해 새로운 신을 만들어 주시오!"

이스라엘 백성들은 자신들의 눈앞에서 모세가 사라지자 그를 대신하여 눈에 보이는 또 다른 새로운 인도자로 자기들의 신을 만들기를 원했다. 그들은 눈에 보이는 갖가지 우상을 만들어 섬기던 이집트에서 오랜 세월 동안 깊은 영향을 받았다. 출애굽 이후에는 모세를 신의 대리자로 여겨왔다. 그런데 모세가 오랫동안 시야에서 보이지 않자 심적 동요와 불안감으로 출렁이기 시작한 것이다. 그래서 그들은 이집트의 우상들처럼 눈에 보이는 형상의 신을 갖기를 강력히 원했다. 처음에는 약간의 무리가 조용히 요구하더니, 군중 심리가 발동하기 시작하자 여기저기 봇물 터지듯 새로운 신을 요구하는 목소리가 높아졌다.

"자, 자, 여러분! 조금만 진정해 보십시오. 하나님이 어떻게 우리를 이집트 땅에서 이끌어내셨는데 이제 와서 하나님을 버리고 새로운 신을 요구한단 말이오? 조금만 더 참고 기다려 봅시다. 분명 모세는 내려올 것입니다."

아론은 땀을 뻘뻘 흘리며 부르짖는 무리를 진정시키려고 애썼다. 그러나 소용없었다. 군중 심리가 발동한 무리는 막무가내로 걷잡을 수 없이 자신들의 요구를 관철시키려 했다. 그대로 두면 폭동이라도 터질 기세였다.

"그럴 수 없소! 더는 모세를 기다릴 순 없단 말이오. 우리를 이집트 땅에서 이끌어 낸 모세는 지금 어찌되었는지 깜깜소식이 아니오? 이대로 있다간 우리 모두가 광야에서 죽고 말 것이오."

"모세는 우리 여호와 주님께 계시를 받으러 산으로 올라갔소. 그러니 조금만 더 기다려 봅시다."

"듣기 싫다니까요. 어서 우리를 이끌어 줄 신을 만들어 달란 말이오! 기왕이면 이집트에서 우리가 섬기던 신으로 만들어 주시오!"

'아, 이를 어쩐다…?'

아론은 크게 번민했다. 이러지도 저러지도 못한 채 안절부절못했다. 그러는 사이에 백성들의 요구는 더욱 거세졌고, 더는 진정시킬 수 없을 정도로 사태가 험악해졌다. 마침내 아론이 굴복했다.

"알겠소, 알았으니 이제 조용히 하고 내 말을 들으시오! 정 그렇다면 새로운 신을 만들 재료를 내게로 가져오시오! 몸에 달려 있는 귀걸이며 팔찌 등 모든 금붙이들을 떼어 내어 전부 내게로 가져오도록 하시오!"

군중의 요구 앞에 쉽게 무너지는 아론의 나약한 모습이다. 한때 모세와 더불어 하나님의 지팡이를 손에 쥐고 막강한 파라오와 상대하며 하나님의 영광을 드러낸 아론은 이처럼 무기력하게 굴복하고 말았다.

아론의 승낙이 떨어지자 이스라엘 무리는 귀에 걸려 있던 금귀고리며 팔에 차고 있던 금팔찌 등을 떼어 내어 가져왔다. 그들은 새로운 신을 만드는 일에 적극적으로 행동했다. 당시 그들에게는 출애굽 때 이집트 사람들에게서 받은 금붙이가 많이 있었다.

"자, 여기 금붙이가 있소!"

"내 것도 받으시오! 이것으로 어서 우리의 신을 만들어 주시오!"

아론은 그들의 손에서 금귀고리와 금팔찌 같은 금붙이들을 받았다. 그것들을 녹이고 주조하여 수송아지 형상을 만들었다. 이런 주조(鑄造) 기술은 이집트에서 배운 것이다. 수송아지 형상의 신상이 모습을 드러내자 이스라엘 백성은 크게 감탄하여 소리쳤다.

"와, 보라! 금송아지 신이다! 이것이 우리를 이집트 땅에서 이끌어

낸 우리의 신이다!"

"오, 금송아지 신이시여! 우리를 가나안 땅으로 인도하소서!"

이스라엘 백성들은 오랜 이집트 생활을 통해 자신들의 생활 저변에 송아지 형상의 우상을 숭배하는 관습이 은연중에 깔려 있었다. 그들이 이집트에서 종살이할 때 이집트 사람들은 황소를 신으로 숭배하고 있었기 때문이다. 당시 이집트의 주요 도시 멤피스는 '아피스'(Apis)라 불리는 황소 신을 숭배하고 있었다. 헬리오폴리스는 '므네비스'(Mnevis)라 불리는 황소 신을 섬기고 있었다. 그래서 아론과 이스라엘 백성들도 금으로 황소 형상의 신을 만든 것이다.

그들은 번쩍번쩍 빛나는 금송아지를 보고 무척 좋아하고 기뻐했다. 아론도 덩달아 기분이 좋아져 금송아지 앞에 제단을 만든 후에 선포했다.

"자, 여러분! 내일은 우리 모두 금송아지 앞에서 큰 잔치를 벌입시다."

"좋습니다. 그렇게 합시다. 아론 최고! 금송아지 만세!"

아론과 백성들은 시내산 정상에 강림해 계시는 여호와 하나님을 까맣게 잊고, 더 이상 모세도 찾지 않았다. 시내 광야를 내리쬐는 태양 빛에 눈부시게 찬란한 황금빛을 발하는 금송아지 우상을 보고 모두가 뛸 듯이 좋아했다.

이튿날, 아론과 백성들은 아침 일찍 일어나 짐승을 잡아 금송아지 앞에 희생 제물을 바쳤다. 그런 뒤 빙 둘러앉아서 흥겹게 먹고 마셨다. 술에 취하고 흥이 오르자 누가 먼저랄 것도 없이 금송아지 앞에서 흥청망청 뛰놀았다. 우상 숭배에 뒤따르는 제전(祭典)을 벌인 것이다.

당시 이집트의 황소 숭배 제전에는 음란한 행위가 뒤따랐다. 황소는 고대 이집트 사람들이 주신(主神)으로 섬기던 우상이었다. 그들은 젊고 힘 좋은 황소(혹은 암소)를 성(性, Sex)과 다산(多産)의 상징이라고 보았다.

그런 이집트 사람들의 악한 풍습을 보고 배운 이스라엘 백성들 역시 금송아지 우상 앞에서 아주 문란하게 뛰놀았다. 남자들은 만취하여 비틀거렸고, 여인들은 반라 상태로 음란한 춤을 추었다. 하나님께서 내려다보시는 시내산 아래의 기슭에서 질펀한 우상 숭배의 음란한 제전이 벌어지고 있었다.

여호와 하나님의 진노와 모세의 중보기도 (32:7-35)

"아니, 저럴 수가…! 어떻게 저런 일이…!"

시내산 정상에 강림하신 여호와 하나님이 모세에게 모든 말씀을 막 마쳤을 때 하나님은 경악하셨다. 하나님이 다급하게 모세를 부르셨다.

"모세야, 모세야! 너는 속히 산에서 내려가라! 이집트에서 이끌어 낸 네 백성이 타락하고 부패하여 지금 제정신이 아니구나. 내가 그들에게 명령한 것을 벌써 잊어버리고, 수송아지 형상을 만들어 그 앞에서 엎드려 절하고 제물까지 바치는구나. 그러면서 한다는 말이 '보아라! 이 신이 우리를 이집트 땅에서 이끌어 낸 우리의 신이다!' 하고 떠들어대는구나."

하나님은 모세에게 이스라엘 백성을 '네 백성'이라 말씀하셨다. '내 백성'이라 부르기에는 너무나 화가 나서 꼴조차 보기 싫었던 것이다. 이때 하나님은 정말로 머리끝까지 화가 나셨다. 아주 심각한 상황이었다.

"아, 저들이 얼마나 패역하고 불순종하는 백성인지 내가 너무나 잘 알고 있다. 목을 꼿꼿하게 세운 채 고집만 부리고 내 말을 전혀 듣지 않으니, 이제부터는 나도 내 마음대로 하겠노라! 내가 엄청난 진노를 쏟아 부어 저들을 모조리 쓸어버리겠노라! 그러나 모세 너만은 살려두어 이후로 너를 통해 너의 후손이 큰 민족을 이루게 하겠노라!"

시내산 아래에서 금송아지 우상을 섬기는 이스라엘 백성을 진멸하고 모세를 제2의 아브라함으로 삼아 그의 후손을 통해 새로운 구속의 역사를 일구어 나가시겠다는, 참으로 무시무시한 말씀이었다. 그냥 해보는 빈 말씀이 결코 아니었다.

그렇다! 이때 하나님은 정말로 그러실 작정이셨다. 이제 실제로 그렇게 행하려는 자신의 처결(處決)을 말리지 말라는 식으로 모세에게 말씀하신 것이다. 이스라엘 백성은 시내산 정상에서 십계명과 율법을 한창 베푸는 와중에 십계명 중 제1계명과 제2계명을 보란 듯이 어겼다. 그래서 하나님은 금송아지 형상의 우상을 만들어 섬기는 이스라엘 백성들과 모든 관계를 끊으려 하셨다. 정나미가 뚝 떨어졌던 것이다.

'아, 안 된다! 그래서는 절대로 안 된다!'

모세는 다급해졌다. 200만 명이 넘는 목숨이 달려 있는 절체절명의 위기 순간이었다. 모세는 땅에 납작 엎드려 하나님께 애원했다. 그의 입술은 심하게 떨렸고 눈에서는 눈물이 하염없이 흘러내렸다.

"오, 주님, 그러지 마소서. 제발 진노를 거두어 주소서! 저들은 주께서 크신 능력과 강하신 팔로 이집트 땅에서 친히 이끌어내신 주님의 백성이 아니옵니까?"

하나님은 침묵하신다.

"주여, 주께서 진노하셔서 저들을 여기서 진멸하시면, 이집트 사람들이 뭐라 하겠습니까. 한껏 조롱하며 입방아 찧기를 '하하. 여호와가 이스라엘 사람들을 우리 땅에서 데리고 나간 것은, 결국 그들을 이 땅 위에서 완전히 쓸어버리기 위해서가 아닌가? 기껏 그렇게 하려고 우리 땅에서 그 난리법석을 피웠단 말인가?'라고 할 것입니다."

하나님은 여전히 침묵하신다. 아직도 이스라엘 백성들의 진에서는 난잡한 우상 숭배가 계속되고 있었다. 빠른 북소리와 아우성이 함께 어우러진 흥분과 광란의 도가니였다. 모세는 이스라엘 백성들을 향해 공의의 심판을 베푸시려는 하나님의 격노를 진정시키기 위해 간절한 목소리로 빌었다. 그의 목소리에 울음이 섞였다.

"오, 주님! 제발 분노를 거두어 주십시오! 부디 주님의 백성에게 끔찍한 재앙을 내리지 말아 주십시오!"

모세의 중보기도는 구구절절 맞는 말이었다. 이때 모세는 이스라엘 백성을 거듭거듭 '주님의 백성'이라 말한다. 하나님의 크신 영광이 아무런 사정도 모르는 이집트 사람들에 의해 조롱당하는 것이 무엇보다도 심히 염려된다고 말한다.

사실 그렇다. 모세는 핵심을 잘 짚은 것이다. 여호와 하나님이 가장 신경 쓰고 관심 갖는 부분이 결코 훼손당할 수 없는 자신의 거룩한 영광이다. 이스라엘 백성들을 시내 광야에서 모조리 죽여 버리면, 이집트 사람들을 비롯한 이방 나라의 사람들이 얼마나 하나님을 비웃고 조롱하며 놀려댈 것인가. 그건 정말 견디기 힘든 수치와 모독이다. 모세는 계속 애원했다. 이번에는 일찍이 하나님께서 이스라엘의 조상들과 맺은 언약에 근거하여 호소했다.

"오, 주님! 주님께서는 주의 종 아브라함과 이삭과 야곱을 기억하소서! 일찍이 주님께서는 그 종들에게 이르시기를 '너희 자손이 하늘의 별만큼 불어나게 하겠노라!' 하고 맹세하시지 않았습니까?"

드디어 하나님께서 침묵을 깨셨다.

"그렇다. 내가 약속했다."

"그때 주님께서 약속하시기를 '너희 자손에게 내가 약속한 땅을 주리니, 그 땅이 너희 자손들의 영원한 기업이 될 것이다.' 하고 말씀하시지 않았습니까? 그러하오니 주님, 그 맹세와 그 언약을 부디 기억하시고, 제발 주의 백성을 향한 진노를 거두어 주소서!"

모세는 울며불며 하나님께 매달려 기도했다. 하나님의 크신 영광과 미쁘신 언약에 기초하여 기도했다. 과연 효과는 있었다. 의인의 올바른 기도는 역사하는 힘이 컸다.

'아, 심히 괴롭도다! 대체 저 백성을 어쩌면 좋단 말이냐? 슬프도다! 참으로 가슴이 아프도다! 저 불순종하는 패역한 백성을 어쩌면 좋단 말이냐?'

모세의 중보 기도를 들은 하나님은 진노 가운데서 긍휼한 마음이 솟아올랐다. 화가 났지만 마음이 쓰라렸다. 결국 하나님은 모세의 중보 기도를 듣고 이스라엘 백성들을 가엾게 여기셨다. 그래서 그들에게 내리려던 무시무시한 재앙을 거두셨다. 그러면서 모세에게 말씀하셨다.

"모세야, 너는 속히 내려가서 이 사태를 얼른 수습하도록 해라!"

모세는 십계명이 기록된 증거판(돌판) 두 개를 양손에 들고 시내산 정상에서 이스라엘 진영으로 급히 내려왔다. 시내산에 오른 지 40일 만이다. 모세가 양손에 들고 있는 증거판 두 개는 하나님이 친히 만드셨다. 그 위에 손수 글자를 새겨 주신 것으로, 증거판 양면에 글이 새겨져 있었다. 모든 율법과 규례와 법령의 핵심이며 근간이라 할 수 있는 십계명이 기록되었다.

그 때에 모세의 보좌관 여호수아는 시내산 중턱쯤에서 모세를 기다리고 있었다. 여호수아도 산 아래에서 시끌벅적하게 떠드는 이스라엘 백성들의 소리를 다 듣고 있었다. 그게 대체 무슨 소리인지 몰라 무척 궁금해 하던 차에 산에서 내려오는 모세를 보고는 반갑게 맞이했다.

"오, 이제 내려오십니까? 그런데 지금 산 아래 백성들의 진영에서는 큰 싸움이 벌어져서 저토록 시끌벅적한 소리가 나는 듯합니다."

여호수아는 나름대로 생각해서 산 아래 소식을 모세에게 전했다. 그 말을 듣고 모세가 대답했다.

"아니다. 싸우는 소리가 아니다. 승리의 노래도 아니고 전쟁에 져서 탄식하는 소리도 아니다. 백성들이 흥겨워서 춤추고 노래하는 소리다!"

모세와 여호수아가 걸음을 재촉했다. 산 아래에 장막을 치고 있던 이스라엘 진영 가까이 다가가 보니, 과연 금송아지 신상 앞에서 음란하게 춤추고 방탕하게 뛰놀며 술에 취해 흥겨워 노래 부르는 무리가 보였다. 모세는 말문이 턱 막혔다.

"아니, 세상에 이럴 수가! 주께서 시내산 위에 강림하여 계신데 어떻게 감히 저런 짓을 할 수 있단 말이냐!"

순간 모세는 너무나 격분한 나머지 양손에 들고 있던 증거판을 산 밑으로 내던져 버렸다. 그러자 증거판은 깨어져 산산조각이 났다. 하나님이 친히 만들어 주신 증거판! 하나님이 손수 십계명을 새겨주신 그 증거판을 땅에 던져 깨뜨린 것이다. 모세는 왜 그토록 소중하고 거룩한 증거판을, 곧 십계명 두 돌판을 땅에 던져 깨뜨렸을까. 그건 엄청난 실수가 아닌가.

실수가 아니다. 시내산 아래에서 자행되는 이스라엘 백성들의 우상숭배 행위는 하나님과의 언약을 정면으로 파기하는 사악하고 패역한 행동이었다. 그 광경을 목도한 모세는 자신의 양손에 든 십계명 돌판이 아무런 의미가 없다는 것을 알고는 의분(義憤)이 솟구쳐 돌판을 깨뜨린 것이다. 모세의 그런 행동은 불타오르는 하나님의 거룩한 분노의 표출이기도 했다.

"앗, 모세가 산에서 내려왔다!"

금송아지 우상 앞에서 흥겹게 춤추며 뛰놀던 백성들은 산에서 내려온 모세를 보고는 깜짝 놀랐다. 한편으로는 얼떨떨한 표정을 지었다. 그들은 두려워 떨었다. 자신들이 자행한 우상숭배 행위가 얼마나 어처구니없는 짓인지 비로소 알게 되었다. 그들은 모세의 눈치를 보며 슬금슬금 자리를 피했다.

"당장 저 금송아지 신상을 제단에서 끌어내리시오!"

모세의 명을 받고 청년들이 금송아지 신상을 끌어내렸다. 모세는 백성들이 만든 금송아지 신상을 지체 없이 활활 타오르는 불 속에 던져 넣었다. 금송아지 우상은 나무로 만들어져 금을 입힌 것이기에 불에 태워질 수 있었다.

그런 뒤 모세는 다 타고 남은 신상 쪼가리를 꺼내 가루가 되도록 철저하게 빻은 다음, 그 가루를 물에 타서 백성들에게 마시게 했다.

우상의 거짓됨과 허망함을 일깨워주기 위함이었다. 한낱 불태워지고 빻아져서 사람들에게 먹히는 금은과 목석(木石)의 우상 따위가 어떻게 사람에게 복을 줄 것이며, 어떻게 백성들의 인도자가 될 수 있겠느냐는 교훈을 생생하게 일깨워준 것이다. 또 불탄 우상의 잔해를 물에 타 먹게 한 행위는 죄를 범한 자가 스스로 책임을 져야 한다는 교훈도 있었다. 이렇게 한 뒤, 모세는 아론에게 성을 내며 말했다.

"대체 이 무리가 어떻게 했기에, 이토록 큰 잘못을 저지르도록 한몫 거들었단 말입니까?"

"그, 그게… 그냥… 내가 외면했으면 분명 폭동이 났을 거야. 그래서 부득이…."

"입 닥치세요! 형님은 저들을 필사적으로 막았어야 옳지 않습니까? 우상숭배가 얼마나 큰 죄악인지 정녕 모르신단 말입니까? 그것도 지금 여호와 하나님께서 시내산에 몸소 강림해 계신 마당에…."

"오, 모세, 나의 주인이여. 화내지 말게나. 이 무리가 얼마나 악에 젖어 있는지는 아우도 잘 알고 있지 않은가? 그들이 나를 위협하며 말하기를 '우리를 인도해 줄 신을 만들어 주시오. 우리를 이집트 땅에서 이끌어낸 모세는 어찌되었는지 깜깜소식이 아니오?' 하였다네. 막무가내로 요구했다네."

"그런 요구가 어찌 한두 번입니까?"

"이번에는 너무 강경했어. 아우가 보지 않아서 그래."

"우리는 그보다 더 위험한 상황에도 잘 견뎌 왔어요."

"물론 그랬지."

"그렇다면, 하나님께서 모든 위험을 막아 주신다는 사실을 벌써 잊으신 건가요?"

"너무 몰아붙이지 말게. 아우가 없는 틈을 타서 그들이 떼거지로 공격하는데 어찌 나 혼자 그 많은 무리를 막겠나. 그래서 할 수 없이 금붙이를 가져오라 했어. 금붙이를 가져왔기에 그것을 모아 불 속에 집어넣었더니 그 불 속에서 금송아지가 나왔다네."

아론이 구차하게 변명을 늘어놓았다. 지도자로서 책임을 회피하고 모든 잘못을 백성들에게 전가하는 비겁한 모습이다. 게다가 금붙이를 불 속에 던졌더니 금송아지가 되었다고 하는, 말 같지 않은 궤변까지 늘어놓았다. 다듬고 새기고 주조하는 과정을 생략함으로써 자기 책임을 면하려 한 것이다.

지금 아론은 지도자의 모습이 결코 아니었다. 무리의 위협에는 속절없이 나약하고, 자신이 저지른 잘못에 대해서는 한사코 책임을 면하려고 하는, 한낱 비겁한 지도자의 전형일 뿐이었다.

"아니, 이럴 수가! 이 판국에도 저렇게 방자하게 굴다니!"

모세가 눈을 돌려 이스라엘 백성들을 바라보았다. 그런데 어떤 무리는 아직도 음란한 광란의 축제에서 헤어나지 못하고 거의 벌거벗은 상태로 제멋대로 뛰놀고 있었다. 그들이 저렇게 방자하게 놀아나는 것은, 아론이 무리를 장악하지 않고 그들의 잘못된 욕구에 편승하여 제멋대로 하도록 내버려둔 까닭이었다. 그래서 이스라엘 백성들은 원수들의 조롱거리가 되고, 그 결과 하나님의 영광이 크게 가려진 것이다.

정말 그랬다. 시내산에서 금송아지 신상을 만들어 섬기는 이스라엘 백성들의 행위는 이집트 사람들의 조롱거리가 되기에 충분했다. 그토록 자신들의 신 여호와를 섬기겠다고 출애굽을 강행한 자들이 기껏 이집트의 우상 '아피스' 곧 금송아지 신상을 섬기다니 그 얼마나 어처구니없는 웃음거리인가.

이런 사실을 알면 이집트 사람들이 낄낄거리며 배꼽 잡고 웃을 일이 아닌가. 여호와 하나님의 이름은 또 얼마나 모독을 당할 것인가. 이 같은 생각을 하면 할수록 모세는 솟구치는 분노를 참을 수가 없었다.

앗, 바로 그때였다! 하나님은 백성들의 지도자인 아론에게 책임을 물어 그를 쳐 죽이려고 하셨다. 하지만 모세의 긴급 중재로 부득이 참으셨고, 그래서 아론은 겨우 목숨을 건질 수 있었다. 그런 와중에도 여전히 방자하게 구는 무리를 바라보게 된 모세는 화가 솟구쳤다. 그래서 백성들의 진영 앞에 서서 크게 외쳤다.

"여러분, 들으시오! 누구든지 지금 여호와의 편에 설 사람들은 다 내게로 오시오!"

"우리는 모두 여호와의 편에 서겠습니다."

모세의 말에 레위 지파의 사람들이 조금도 망설이지 않고 우르르 앞으로 나왔다. 그러자 모세가 레위 지파의 사람들에게 말했다.

"모두 고맙소. 여러분은 이제 내 말대로 행하시오! 이스라엘의 하나님 여호와께서 명하시기를 '너희는 모두 허리에 칼을 찬 뒤 이스라엘 진영 곳곳을 돌아다니면서 금송아지 우상에게 엎드려 절한 자들을 찾아내라. 그자가 누구든, 혹 너희 가족이든 친척이든 친구든 이웃이든 가리지 말고 모두 칼로 쳐 죽여라.' 하셨소. 그러니 당장 그대로 시행하시오!"

"네, 알겠습니다!"

"허리에 칼을 차고 이스라엘 진영 가운데로 들어가서 우상 숭배자들을 과감하게 척살(刺殺)하도록 하시오. 여호와 하나님의 지엄하신 명령이니 지체 없이 그렇게 시행토록 하시오!"

"네, 알겠습니다. 분부대로 그렇게 시행하겠습니다!"

레위 지파의 사람들은 모세가 명한 대로 했다. 처음부터 우상숭배 현장에 있었던 레위 지파 사람들은 누가 적극적으로 선동하고 주동했는지, 또 그때까지도 잘못을 전혀 깨닫지 못한 채 방자하게 구는 자들이 누구인지를 관찰하고 있었다. 그렇게 뚜렷하게 드러난 우상숭배자들을 가려 그들을 가차 없이 칼로 쳐 죽였다. 그 수효가 3천 명쯤 되었다.

이렇게 레위 지파의 사람들에 의해 우상숭배자들이 척살되자, 모세가 레위 지파 사람들에게 말했다.

"참으로 수고하셨소. 오늘 여러분의 형제들과 친척들과 이웃들을 칼로 쳐 죽이면서까지 여러분 자신을 온전히 여호와 하나님께 헌신하였으니, 주께서 여러분들에게 복을 내려주실 것이오."

모세가 레위 지파 사람들을 향하여 하나님께 헌신했다고 한 말은, 하나님의 거룩한 목적을 이루기 위해 스스로를 따로 구별하여 전적으로 하나님을 위해 봉사했다는 것을 뜻한다. 레위 지파 사람들이 비록 동족이요 이웃이며 일가친척이라 할지라도 하나님의 명령에 따라 우상숭배자들을 가차 없이 쳐 죽인 것은, 하나님의 거룩한 일을 수행했다는 의미에서 그들은 여호와께 전적으로 헌신되었던 것이다.

이때 하나님은 모세의 말대로 레위 지파의 사람들에게 복을 베푸셨다. 그 복은 이스라엘 12지파 가운데 레위 지파의 사람들, 곧 레위인들이 선택받고 따로 구별되어 하나님의 성막에서 제사장을 도와 전적으로 성막 관리를 도맡은 것이다. 즉, 하나님의 성막에서 하나님의 거룩한 제사 사역에 참여하고 봉사하는 복을 받았다.

이튿날, 모세가 백성들에게 말했다.

"여러분은 하나님 앞에 정말 큰 죄를 지었습니다. 이제 내가 여호와 앞으로 나아가 여러분의 죄를 용서받을 수 있도록 빌어야겠습니다. 그러니 여러분은 삼가 근신하면서 여기서 기다리도록 하십시오!"

그런 뒤 모세는 다시 여호와 하나님이 강림해 계시는 시내산 정상으로 올라갔다. 올라가는 내내 발걸음이 무거웠고 마음이 아팠다. 백성들이 지은 엄청난 죄를 생각하니 하나님을 뵐 면목조차 없었다. 마침내 시내산 정상에 오른 모세는 무릎을 꿇고 얼굴을 땅에 묻은 채 주께 빌었다.

"오, 주여! 이 백성이 실로 엄청난 죄를 지었습니다. 참으로 배은망덕하게도 그들이 금으로 송아지 신상을 만들어 섬겼습니다."

하나님은 침묵하신다.

"하지만 주여, 저들은 주께서 이집트에서 이끌어내신 주의 백성입니다. 부디 저들의 죄를 용서해 주소서."

하나님은 여전히 침묵하신다.

"만일 주께서 저들의 죄를 도무지 용서할 수 없으시다면, 주께서 기록하신 책에서 차라리 제 이름을 지워 주소서!"

그야말로 자신의 목숨과 영혼을 내건 피맺힌 중보기도였다. '주께서 기록하신 책'이란 주께 구원받을 자들의 이름이 기록된 명부(名簿)를 말한다. 곧 천국에서 영생을 누릴 자들의 이름이 적힌 '생명책'이다. 그 생명책에서 자신의 이름을 지워 달라는 모세의 간구였다. 이스라엘 백성들의 죄 사함을 위해 자신의 영생까지 포기하겠다는 결연하고도 필사적인 간구였다. 그제야 주께서 입을 여셨다.

"아니다. 모세야. 어찌 네 이름을 지울 수 있겠느냐? 누구든지 나를 거슬러 죄를 지은 그자의 이름을 내 생명책에서 지워 버리겠노라!"

모세가 원한다고 해서 어찌 하나님이 모세의 이름을 생명책에서 지워 버리시겠는가. 생명책에 적힌 이름은 상황에 따라 기록되기도 하고 지워지기도 하는 그런 명부가 아니다. 누구든지 한 번 생명책에 그 이름이 기록된 자는 반드시 구원받는다. 다만 그 책에서 이름을 지워 버릴 것이라는 표현은, 본래부터 생명책에 그 이름이 기록되지 않은 범죄자들이 예정대로 영원한 형벌을 받을 것이라는 표현이다. 하나님은 모세에게 계속 말씀하신다.

"모세야, 이제 너는 내려가라! 저 백성을 이끌고 약속의 땅으로 가거라. 내 천사가 앞장서서 너희를 인도할 것이다. 하지만 때가 되면, 내가 저 백성들의 죄를 계산하여 벌할 날이 올 것이다."

모세의 중보기도로 지금 당장은 그들의 죄를 징벌하지 않겠지만, 다시 죄를 범하면 이번 죄까지 합산하여 징벌하시겠다는 뜻이다. 이렇게 금송아지 우상을 섬긴 이스라엘 백성들의 크나큰 죄악은 영육의 목숨을 내건 모세의 간절하고도 필사적인 중재로 겨우 수습되었다.

33
시내산을 떠나라

주께서 동행하시지 않겠다고 하시자
모세가 간절히 매달리네
이 족속을 주의 백성으로 여겨
우리와 같이 올라가소서

이스라엘 백성들의 회개와 만남의 장막 (33:1-11)

'아, 저들이 어찌 내가 시내산 위에 강림해 있는데도 금송아지를 만들어 섬길 수가 있단 말인가! 내가 갖가지 이적을 베풀어 그들을 여기까지 인도해 왔건만 어찌 그럴 수가 있단 말인가!'

하나님의 노여움은 쉽게 가라앉지 않으셨다. 그러니 앞으로는 두 번 다시 용서할 수 없는 법, 다음에 만약 그런 불신앙의 행동을 보이면 도무지 그냥 넘어갈 수는 없다. 하나님께서는 모세에게 폭탄선언을 하셨다.

"모세야, 너는 이 백성을 이끌고 약속의 땅으로 가라! 하지만 나는 너희와 동행하지 않겠다. 그 까닭은, 이 백성이 워낙 완고한 백성이어서, 가는 도중에 내가 그들을 다 없애버리려고 할지도 모르기 때문이다."

금송아지 우상숭배 사건은 모세의 간절한 중재로 넘어갔지만, 이후에 똑같은 사태가 발생한다면 그때는 이스라엘 백성들을 즉각 멸절시킬 수도 있었다. 완악하고 패역한 백성들의 성향으로 보아 충분히 그럴 가능성이 있었다. 이는 하나님이 그들을 믿지 못하겠다는 뜻이다. 따라서 완전한 화해가 이루어지지 않았음을 보여준다. 모세는 시내산에서 내려와 하나님의 이 같은 말씀을 이스라엘 백성들에게 전했다.

"아, 큰일이다. 하나님께서 우리와 동행하지 않으시려는구나. 어떻게 하나님의 동행 없이 우리끼리만 갈 수 있단 말인가?"

모세가 전한 하나님의 말씀을 전해 듣고 백성들은 몹시 당황했다. 가슴 아픈 하나님의 말씀 앞에 모두 통곡했다. 마치 상(喪)을 당한 듯 몸에 아무런 장식품을 걸치지 않았다. 반성과 회개의 의미로 장식품이 없는 수수한 옷을 걸친 채 슬프게 울었다. 그들의 울음소리를 하나님께서 들으셨다.

"모세야, 백성에게 이르기를 '너희는 목을 꼿꼿하게 세우는 완고한 백성이다. 내가 너희와 함께 길을 가다가는 어느 때고 내가 너희를 다 쓸어버릴 것만 같다. 그러니 너희는 어떤 장신구도 몸에 걸치지 마라. 그러면 내가 너희를 어떻게 할 것인지 결정하겠노라.' 하여라."

장신구는 보석류로서 귀걸이, 팔찌, 목걸이, 발찌 같은 것들을 가리킨다. 앞서 금송아지 우상을 만드는 데 사용된 재료로, 하나님이 그것들을 몸에서 제거하라고 명하신 것이다. 우상숭배의 죄를 철저히 회개하고 근신 중에 애통해하라는 의미였다.

고대 근동지방에서 초상을 당해 애도하는 기간에는 몸에서 모든 장신구를 떼어내는 것이 관습이었다. 금은패물의 장신구를 계속 걸치고 있다가는 어느 때고 우상 제작의 재료로 쓰일 수 있었기 때문이다. 그런 사태를 미연에 방지하기 위해 모든 장신구를 제거하라고 명하신 것이다. 그러자 시내산에서 이스라엘 백성들은 몸에 걸친 모든 장신구와 패물을 전부 떼어냈다.

이 무렵, 모세는 이스라엘 진영 밖 멀리 떨어진 곳에 장막을 친 뒤, 그 장막을 '만남의 장막' 곧 '회막'(會幕)이라 불렀다. 그래서 누구든지 주님께 여쭐 일이 있는 사람은 이스라엘 진영에서 멀리 떨어진 회막까지 나가야 했다.

그러나 백성들은 하나님이 두려워 아무도 그 회막으로 나가지 못하고 모세를 통해 하나님과 소통했다. 그들은 자기 장막 문 앞에 서서 모세가 회막으로 들어갈 때까지 지켜보았다. 자신들 스스로는 감히 하나님께 나아갈 수 없다고 생각되어, 모세와 함께 하나님 앞에 나아가는 심정으로 경건한 자세를 갖춘 것이다.

이스라엘 진영 밖 멀리 떨어진 곳에 친 회막은 이후에 건축될 성막과는 다르다. 모세가 진영 밖에 친 회막은 성막을 짓기 전에 임시로 하나님을 만나는 장막이었다. 나중에 성막이 만들어진 후에 성막을 '회막'이라 부르기도 했다. 하지만 나중에 지어진 성막은 이스라엘 진영 한가운데에 있었다.

모세가 회막 안으로 들어갈 때는 시내산 정상의 구름이 내려와 구름기둥 형태로 회막 문 앞에 서서 머물렀다. 그동안 여호와께서는 회막에서 모세와 말씀을 나누셨다. 이때의 구름기둥은 하나님이 거기에 계신다는 것을 보여주는 상징물이었다.

"오, 보라, 저기 구름기둥이 회막 문 앞에 서 있다. 지금 하나님께서 저기 회막에 오셔서 모세에게 말씀하고 계신다."

회막 문에 구름기둥이 서 있는 것을 본 백성들은 거기에 하나님이 내려오신 줄 알고 각자 자신의 장막 문 앞에 서서 주님께 경배를 드렸다. 회막에 내려오신 하나님은 마치 다정한 벗과 이야기를 나누는 것처럼 모세와 마주보고 말씀을 나누셨다. 모세가 이스라엘 진영으로 다시 돌아간 뒤에도 모세의 젊은 보좌관인 눈의 아들 여호수아는 여전히 회막을 떠나지 않았다.

이처럼 회막을 지키는 막중한 임무가 여호수아에게 주어졌다. 그 까닭은, 백성들이 금송아지 우상을 숭배할 때 그는 시내산 중턱에 머물러 있었던 관계로 자신의 몸을 더럽히지 않은 가장 확실한 인물이었기 때문이다.

모세의 간구에 하나님께서 동행을 약속하시다 (33:12-23)

다음날, 모세가 회막 안으로 들어가 주께 간구했다.

"주님, 보십시오. 주께서는 제게 이 백성을 인도하여 약속의 땅으로 이끌어가라고 이르셨습니다. 하지만 누구를 저와 함께 보낼 것인지 아직 알려주시지 않았습니다."

하나님은 듣고 계셨다. 모세는 말을 이었다.

"주께서는 제게 이르시기를 '나는 너를 잘 안다. 너의 이름으로도 너를 알고 또 너는 내 앞에 은총을 입은 자다.'라고 하셨습니다."

하나님은 여전히 듣고 계셨다. 모세는 계속 말했다.

"주님, 제가 주께 간구합니다. 제가 주님 앞에 은총을 입은 자라면 주께서 이 백성을 어떻게 하실 작정인지 제게 알려주십시오."

하나님은 계속 듣고 계셨다.

"이 몸이 주의 목전에 은총을 입은 자라는 사실을 저로 알게 하소서! 주님, 이 민족이 어디까지나 주의 백성이라는 사실을 기억해 주소서!"

하나님은 '그 이름으로도' 모세를 안다고 말씀하셨다. 히브리인들에게 있어 '이름'은 그 사람의 전인격을 의미했다. 따라서 '이름으로도' 안다는 것은 단순히 이름 자체를 안다는 뜻이 아니다. 그 사람과 전인격적으로 아주 친밀한 관계라는 의미다.

하나님은 모세와 아주 친밀한 관계를 유지하면서 그에게 은총을 듬뿍 베푸셨다. 모세는 이스라엘 백성을 약속의 땅으로 인도해 들이는 것과 관련하여 바로 이 같은 사실을 자신에게 확인시켜 달라고 간구한 것이다. 이에 하나님께서 응답하셨다.

"그래, 알겠노라. 내가 너와 함께 가겠노라. 내가 네 마음을 편하게 해주겠노라."

모세와 함께 하시겠다는 말씀이었다. 하지만 모세는 하나님이 자신뿐만 아니라 이스라엘 백성들과도 함께 하시기를 원했다. 그래서 모세가 다시 주께 아뢰었다.

"오, 주님, 만일 주께서 이 백성과 함께 가실 마음이 없으시거든 저희를 이곳에서 떠나게 하지 마옵소서. 주께서 그들과 함께 가지 않으신다면, 저와 그들이 주께 은총을 입었다는 사실을 누가 알 수 있겠습니까? 반드시 주께서 저와 함께 하시고 또한 이 백성과 함께 해주셔야 합니다. 그래야만 저와 백성들이 땅 위의 다른 사람들과 구별되지 않겠습니까?"

모세는 끈질기게 간구했다. 우상숭배라는 끔찍한 죄를 저지른 백성이지만, 그래도 하나님이 이스라엘 백성들과 계속 동행하실 것을 애타게 원했다. 그래야만 이스라엘이 다른 민족들과 구별되는 특별한 하나님의 백성으로 인정받을 수 있기 때문이다.

더구나 당시 가나안 여정 중에 있었던 이스라엘은 앞으로 적대적인 수많은 국가들과 민족들과 부딪혀야 할 운명이었다. 그러니 하나님과의 동행이라는 확실한 보증 없이는 광야를 지날 수 없었다. 하나님의 도우심 없이 가나안 땅을 차지한다는 것은 상상조차 할 수 없었다. 그래서 모세는 끈질기게 간구했고, 결국 이 같은 모세의 애타고 끈질긴 간구에 마침내 주께서 모든 것을 받아들이셨다.

"알겠노라! 잘 알겠노라! 너는 과연 내게 은총을 입은 자니라. 나는 너 모세를 잘 아노라. 그러니 어찌 네 요청을 들어주지 않겠느냐? 너와 함께하고, 또 이스라엘 백성들과 동행하겠노라."

"오, 주님, 감사합니다. 참으로 감사합니다."

모세는 감격스러운 어조로 말하면서 엎드려 주께 감사의 경배를 드렸다. 그런 뒤 한 가지를 더 간청했다.

"주여, 이 몸과 이 백성이 주님께 은총을 입었다면 부디 주님의 영광스러운 모습을 제게 보여주십시오."

모세가 보기 원한 것은 지금까지 본 단편적이고 부분적인 주님의 영광이 아니었다. 여호와 하나님의 영광이 그대로 드러난 온전한 모습이었다.

"주님께서는 이 부족한 종을 친구처럼 대해 주셨습니다. 친구는 비밀을 나누는 사이가 아닙니까? 주님의 영광스러운 모습을 보여 주십시오. 저도 너무 지쳤습니다."

모세의 간청에 주께서 감동을 받으셨다.

"좋다. 모세야. 네 앞으로 나의 모든 영광이 지나가게 하겠고, 그때에 내가 '여호와'라는 이름을 네 앞에 선포하겠노라. 나 여호와는 은혜 베풀고 싶은 사람에게는 은혜를 베풀겠고, 긍휼히 여길 자에게는 긍휼을 베푸는 자니라."

은혜는 조건 없이 베푸시는 하나님의 크신 사랑을 말하고, 긍휼은 어미가 자기 품속의 젖먹이에 대해 갖는 애틋한 정을 말한다. 이 같은 하나님의 크신 은혜와 긍휼로 인해 이스라엘 백성들이 죄 사함을 받고 하나님과 동행할 수 있게 된 것이다. 하나님은 계속 말씀을 이으셨다.

"그러나 모세야, 너는 내 영광의 얼굴을 볼 수 없노라. 누구든지 내 얼굴을 보고서는 살아남을 사람이 아무도 없기 때문이다."

그렇다. 사람은 하나님의 영광스러운 얼굴을 직접 보지 못한다. 에덴동산의 타락 이후, 모든 인간은 죽을 수밖에 없는 육신을 덧입은 죄인이기 때문이다. 죄인 된 사람은 하나님의 영광스런 얼굴, 곧 그분의 본체 전부를 볼 수 없다. 그 이유는 본질적 속성상 하나님의 본체에서 뻗어 나오는 거룩한 영광의 빛을 어떤 사람도 감히 감당할 수 없기 때문이다. 하나님은 계속 말씀을 이으셨다.

"보라, 모세야! 여기 내 옆에 한 장소가 있다. 너는 이 바위 위에서 있어라. 나의 영광스러운 모습이 지나가는 동안, 내가 너를 이 바위틈에 두고 내가 다 지나갈 때까지 손으로 너를 가려 주겠노라. 그런 다음에 내 손을 치우면 너는 내 등을 보게 될 것이다. 하지만 내 얼굴은 보지 못한다."

실제로 모세가 하나님의 등을 보았다는 말이 아니다. 하나님은 영이시기 때문에 눈에 보이는 가시적 형체를 지닌 분이 아니다. 따라서 하나님에게 있어 '얼굴'이나 '손'이나 '등' 같은 표현은 사람의 형상에 빗대어 말한 신인동형동성적(神人同形同性的)인 수사적 표현이다. 다만 사람으로서 모세가 볼 수 있었던 것은 영이신 하나님께서 지나가신 영광스러운 자취의 흔적, 곧 하나님의 본체 영광의 일부분이다.

이렇게 여호와 하나님께서는 모세와 이스라엘 백성들에게 은총과 긍휼을 베풀었다는 사실을 나타내 보여주셨다. 이제 모세는 하나님의 동행을 다시금 확신했다. 그리하여 그는 이스라엘 백성을 이끌고 가나안 여정을 계속 진행할 수 있었다.

34
새 돌판과 언약의 갱신

모세 혼자 시내산에 올라와
새 돌판을 받아가라
40주야 후 산에서 내려올 때
모세의 얼굴에 광채 서리네

모세가 두 번째 언약의 돌판을 마련하다 (34:1-9)

"모세야, 너는 돌판 두 개를 처음 것과 똑같이 다듬어 놓아라. 네가 깨뜨려 버린 돌판들 위에 써 주었던 글을, 네가 다시 다듬은 새로운 두 돌판 위에 다시 새겨 주겠노라."

하나님은 모세의 간절한 중보기도에 응하여 이스라엘 백성들이 저지른 우상숭배의 죄를 용서하고 동행을 약속하셨다. 이제 하나님은 모세가 깨뜨려 버린 십계명 돌판을 다시 만들어 주고자 하셨다. 그래서 십계명을 기록할 돌판을 만들어 산으로 올라올 것을 명하신 것이다. 즉, 앞서 모세가 하나님께 십계명을 부여받고 성막 건축에 관해 지시받은 그곳으로 오라는 말씀이었다.

처음에 십계명을 기록한 두 돌판은 하나님께서 친히 만들어 주신 돌판이었다. 그러나 백성들의 우상숭배 죄로 인해 깨뜨려지고 말았다. 그래서 다시 십계명을 기록할 두 번째 두 돌판은 모세가 직접 돌을 구해 깎고 다듬어야 했다. 모세는 주께서 명하신 대로 돌판 두 개를 처음 것과 똑같이 정성껏 깎고 다듬어 만들었다.

이른 아침, 모세는 자신이 만든 돌판 두 개를 양손에 들고 시내산 정상에 올라가 예전의 그 자리로 나아갔다.

"모세야, 거기 있느냐?"

"네, 주님. 제가 여기에 있습니다."

그때 여호와 하나님은 빽빽한 구름 가운데서 모세에게로 내려오셨다. 모세 앞으로 지나가면서 자신의 거룩한 이름을 선포하셨다. 앞서 모세에게 그런 식으로 나타나서 영광을 보여주셨듯이, 이번에도 하나님은 모세를 바위틈에 두고 그 앞을 지나가면서 말씀하셨다.

"나 여호와는 자비와 은총의 하나님이다. 오래 참고 사랑과 진실이 풍성한 여호와 하나님이다. 나 여호와는 수천 대에 이르기까지 사랑을 베풀고, 사람들의 악과 허물과 죄를 용서하는 여호와 하나님이다. 그러나 죄 있는 자에게는 또한 벌을 내리는 하나님이니, 아비가 죄를 지으면 그 자식의 자식까지 삼사 대에 이르도록 벌을 내리겠노라."

하나님은 징벌보다는 사랑과 용서를 더 즐기는 분임을 알 수 있다. 순종하는 자에게는 수천 대(代)까지 은혜를 베푸시고, 거역하는 자에게는 삼사 대까지 징벌하시겠다는 말씀이 그런 사실을 잘 보여준다. 여기서 생각할 것은 이것이다. 수천 대까지 베푸시는 은혜는 그렇다 쳐도, 어째서 조상의 잘못으로 인해 그의 후손 삼사 대가 벌을 받아야 하는 것일까?

이것은 문자 그대로 아비의 죄에 대해 그의 후손 삼사 대까지 그 책임을 물으시겠다는 뜻이 아니다. 일반적인 현상을 지적하신 것이다. 고대의 전통적인 문화 가운데서 가족이나 가문의 연대성은 오늘날보다 훨씬 강력했다. 따라서 부모나 조상의 행위는 직접적으로, 혹은 간접적으로 후손들에게 지대한 영향을 끼쳤다.

이런 관점에서 아비의 악행은 자연스럽게 후대에 나쁜 영향력을 미치고, 그 결과 그의 자녀나 후손은 그에 따른 고통을 겪을 수밖에 없었다. 이런 점을 말한 것뿐이다. 죄에 대한 성경의 징벌 원칙은 죄를 범한 바로 그자가 자기 죄에 대해 벌을 받는다는 것이다. 아비의 죄로 인해 그의 후손이 그 죄에 대한 징벌을 직접 받지는 않는다. 하나님의 말씀을 듣고 모세가 얼른 땅에 엎드려 경배를 드렸다. 그러면서 아뢰었다.

"주여, 제가 주께 은총을 입었다면 주께서는 부디 저희와 동행해 주소서! 고집 세고 완고한 백성이지만, 주께서는 부디 저희의 허물과 죄악을 용서해 주소서. 그리하여 저희를 영원토록 주의 백성으로 삼아 주소서!"

모세는 이미 주께 동행의 약속을 받았지만 다시금 그 사실을 확인받고자 했다. 이스라엘 백성은 '모세의 백성'이 아니라, 어디까지나 '주의 백성'임을 분명히 하고자 했다. 주께서 끝까지 그들과 동행하셔서 약속하신 바를 온전히 성취시켜 주십사고 아뢴 것이다.

언약의 갱신과 모세의 얼굴에 서린 광채 (34:10-35)

"모세야, 이제 내가 너희와 언약을 맺겠노라!"

앞서 하나님은 이스라엘 백성들과 희생 짐승의 피로써 언약을 맺었다. 하지만 그들이 하나님을 떠나 금송아지 우상을 숭배함으로써 언약을 먼저 깨뜨렸다. 그래서 모세도 언약의 증표인 십계명 두 돌판을 깨뜨려 버렸다.

이후 모세의 중보기도로 백성들을 용서하시고 다시 화목을 이룬 하나님은 언약을 새롭게 하신다. 따라서 갱신된 언약은 이전 언약의 핵심을 강조하며 다시금 일깨우는 것이었다.

"모세야, 내가 장차 크고 놀라운 일을 너희 이스라엘 백성 앞에서 보여주겠노라. 세상 모든 민족들이 나 여호와가 행하는 크고 놀라운 일을 보고 겁에 질려 벌벌 떨게 될 것이니라. 그래서 내가 너희 앞에서 가나안 땅의 족속들을 그 땅에서 쫓아내겠노라."

장차 하나님이 행하실 크고 놀라운 일은 무엇일까? 그것은 이스라엘 백성들이 가나안 정복 과정에서 목도하게 될 초자연적인 놀라운 기적들을 가리킨다. 한창 범람할 시기에 요단강의 물이 갑자기 멈춘 사건, 이스라엘 백성들의 함성에 그토록 견고한 여리고 성읍이 와르르 무너져 내린 사건, 기브온 전투에서 여호수아의 기도로 중천의 태양과 달이 한동안 그대로 멈춘 사건 등등, 이스라엘이 가나안 땅에 정착하기까지는 하나님의 직접적인 개입과 역사가 연이어 이루어진다.

이처럼 약속하신 대로 가나안 땅을 주시겠다는 말씀을 하신 뒤 하나님은 이스라엘 백성들이 가나안 땅을 얻게 되면 반드시 주의해서 지켜야 할 사항들을 단단히 일러주셨다.

"모세야, 너희는 분명히 기억하여 오늘 내가 너희에게 명하는 것을 반드시 지켜 행하라!"

이후 하나님께서 명령하신 내용은 이러하다.

> "너희가 들어가는 땅에 사는 주민들인 가나안 족속과 어떤 형태로든 계약을 맺지 마라. 그들과 계약을 맺게 되면 그것이 올가미가 될 것이다."
>
> "가나안 땅의 주민들이 쌓아 놓은 제단을 모조리 헐어 버려야 한다. 그들이 세운 석상을 부수어 버리고, 그들이 만든 아세라 목상을 찍어 버려야 한다. 너희는 어떤 신상도 부어 만들지 마라!"
>
> "가나안 땅의 사람들과 통혼하지 마라. 너희가 그 땅 주민의 딸들을 너희 아들들과 혼인시키면, 그들의 딸들이 그들의 우상을 따라 섬기고, 결국 너희 아들들까지 그들의 우상을 섬길까 심히 염려스럽기 때문이다."

요약하면, 하나님은 십계명 중 제1계명과 제2계명을 다시금 강조하신 것이다. 오직 여호와 하나님만 유일신(唯一神)으로 섬기되, 어떤 신상도 만들지 말고 숭배하지 말라는 말씀이다. 따라서 거짓되고 헛된 신에 불과한 가나안 땅의 모든 우상들, 곧 그들이 섬기는 석상(石像) 바알과 목상(木像) 아세라를 모조리 부수고 헐라는 말씀이다.

돌로 만들어진 '바알'(Baal)은 비와 우레를 주관하는 신으로 숭배되었는데, 당시 농경문화를 가진 가나안 원주민들의 주신(主神)이었다. 나무 기둥의 형태로 만들어진 '아세라'는 다산(多産)과 성(性, sex)과 풍요를 상징하는 가나안 땅의 여신(女神)으로, 바알 석상과 함께 제단 곁에 세워져 있었다. 이 같은 우상숭배의 길로 접어드는 것을 아예 막기 위해 하나님은 가나안 족속들과의 계약이나 통혼을 일체 금지시킨 것이다. 하나님께서는 가나안 땅의 다른 신들을 일체 섬기지 말라는 엄명과 함께 이렇게 말씀하셨다.

"다른 신들을 섬겨서는 절대로 안 된다. 나 여호와는 질투하는 하나님이니라!"

하나님은 자신을 '질투하는 하나님'으로 소개하셨다. 하나님의 질투는 인간들의 시기, 시샘과는 본질상 다르다. 그것은 마땅히 하나님 한 분께만 돌려져야 할 영광과 존귀와 경배가 헛되고 거짓된 우상에게 돌려질 때, 하나님의 속성상 자연적으로 솟구쳐 나오는 거룩한 분노를 가리키는 말이다.

우상숭배에 대해 단단히 경고하신 하나님은 이어 절기와 안식일과 제사에 대해 간략하게 강조하여 일러주셨다. 그 말씀은 이러하다.

이집트의 초태생들을 모조리 죽인 후에야 비로소 성취시킨 출애굽 구속 사역과 관련해서, 하나님은 그 대가로 이스라엘의 초태생들을 요구하셨다. 이때 사람의 초태생 곧 맏아들일 경우에는 속전(贖錢) 반(半, 1/2) 세겔로 대신했다.

또한 안식일 규례를 준수할 것과 해마다 이스라엘의 3대 절기를 맞이하면 이스라엘의 모든 남자들이 하나님의 성전이 있는 예루살렘으로 올라와 거기서 절기를 준수할 것을 명하셨다. 이스라엘의 3대 절기는 무교절(유월절), 칠칠절(오순절, 맥추절), 수장절(초막절, 장막절)이다. 이스라엘의 3대 절기를 다시금 살펴보자.

■ **이스라엘의 3대 절기**

무교절(유월절): 무교절은 유대 종교력의 첫째 달인 아빕 월 15일부터 이후로 일주일 동안(15~21일) 지킨 절기로, 이집트의 종살이에서 구원받은 사실을 기념하는 절기다. 무교절 전날 밤(1월 14일 저녁)에 지킨 어린양의 의식을 포함하여 흔히 '유월절'이라 부르기도 한다.

칠칠절 (오순절, 맥추절): 칠칠절은 무교절 절기 때 보리의 첫 이삭을 제단에 바친 날로부터 50일째 되는 날에 지킨 절기로, 하나님께 밀 추수의 첫 열매를 봉헌하는 날이다. 일명 '오순절' 또는 '맥추절'로도 불린다.

수장절 (초막절, 장막절): 수장절은 유대 종교력의 일곱째 달인 티쉬리 월(7월) 15일부터 일주일 동안(15~21일) 지킨 절기다. 출애굽 이후 40년의 광야생활을 기념하는 한편, 1년 동안의 추수를 마치고 모든 곡물을 창고에 저장한 것을 감사하는 절기다. 일명 '장막절' 또는 '초막절'로도 불린다.

이어 하나님은 앞서 일러주셨던 법령과 규례를 다시금 일러주셨다. 무교절 때 희생제물의 피를 드릴 때는 반드시 누룩 없는 빵 곧 무교병(無酵餠)을 사용하라고 하셨다. 여기서 '누룩'은 그 부풀어 오르게 하는 성질로 인해 죄와 부패를 상징했기 때문이다.

또 염소 새끼를 삶을 때 그 어미의 젖으로 삶지 말라고 명하셨다. 이런 규례는 무엇보다도 가나안 땅의 사악한 이교도적 풍습을 따르지 말라는 경고였다. 당시에 가나안 사람들은 그렇게 삶은 물을 주술적(呪術的) 용도로 사용했기 때문이다. 하나님은 이어서 모세에게 말씀하셨다.

"모세야, 내가 지금까지 네게 내린 이 명령들을 전부 기록하여라! 내가 이 명령들을 계약 조건으로 삼아 너를 비롯한 이스라엘 백성들과 계약을 맺었노라!"

하나님은 갱신된 법령과 규례로 새로이 언약을 맺은 것이다. 그리하여 이스라엘 백성들의 심각한 죄악에도 불구하고 '시내산 언약'은 파기되지 않고 유효하게 되었다.

모세는 산 위에서 하나님과 40일 밤낮을 지냈다. 40주야 기간 빵도 먹지 않았고 물도 마시지 않았다. 40일 완전 금식이었다. 그래도 모세는 하나님의 은총으로 아무 탈 없이 무사히 견딜 수 있었다. 하나님은 모세가 만든 두 개의 돌판 위에 십계명 말씀을 다시 기록해 주셨다.

"모세야, 이제 너는 산 아래로 내려가 이스라엘 백성들에게 내가 한 말들을 모두 전하도록 하여라!"

모세는 증거판(십계명 돌판) 두 개를 양손에 들고 이스라엘 백성들이 장막을 친 산 아래의 진영으로 내려왔다.

"모세다! 모세가 산에서 내려온다!"

"앗! 그런데 저게 뭐지? 모세의 얼굴에서 광채가 나잖아?"

"정말이네. 얼굴에서 눈부시게 빛이 나네."

"오, 모세님! 빛나는 우리들의 지도자여!"

산에서 내려올 때 모세의 얼굴 피부가 환하게 빛났다. 여호와 하나님과 더불어 40일 밤낮을 지내면서 단둘이 오래 이야기를 나누었기 때문이다. 그것은 모세가 세상과 완전히 단절된 채 40일 동안 오직 영광스러운 하나님과만 깊은 교제를 나눈 결과였다. 하나님의 빛나는 거룩한 광채가 모세의 얼굴에 자연스럽게 반영된 것이다. 모세의 얼굴에 서린 광채는 하나님의 빛나는 영광의 잔상(殘像)이었다.

하지만 모세는 자기 얼굴이 광채를 발한다는 사실을 알지 못했다. 아론과 백성들은 모세의 얼굴에 서린 빛나는 광채로 인해 모세에게 가까이 가기를 두려워했다.

"아니, 왜들 그러시오? 모두 내게로 가까이 오시오. 주님께서 내게 이르신 말씀과 명령을 전부 들려주리다."

모세가 장로들을 장막 앞으로 불러 모았다. 그제야 그들은 주뼛주뼛 모세에게로 가까이 다가왔다. 모세는 하나님께서 시내산의 꼭대기에서 자기에게 이르신 모든 율법과 계명과 규례와 법령을 전해주었다.

그들과 이야기를 마친 뒤 모세는 수건으로 자기 얼굴을 가렸다. 그리고 하나님과 이야기를 나누기 위해 회막 안으로 들어갈 때는 그 수건을 벗었다. 다시 회막 밖으로 나올 때는 수건으로 얼굴을 가렸다. 모세는 밖으로 나와 회막 안에서 주께서 자신에게 명하신 것들을 백성들에게 모두 전달했다.

모세가 백성들 앞에서 자신의 빛나는 얼굴을 수건으로 가린 것은, 자신의 광채 발하는 얼굴로 인해 자신이 이스라엘 백성에게 신격화되는 것을 우려했기 때문이다. 빛나는 자신의 얼굴이 그들의 마음을 현혹하지 않도록 수건으로 가렸던 것이다.

그래서 후일 신약시대의 사도 바울은, 율법 자체에 현혹되어 정작 그리스도의 빛나는 영광을 올바로 깨닫지 못하는 유대인들의 무지한 심령 상태를 지적할 때 이 사건을 비유로 들었다.

35
성막 건축을 위한 준비

주께 바칠 예물과 재료는
성막을 짓고 제사를 위한 것
마음에서 우러나는
예물을 바쳐야 하네

성막 건축과 안식일 준수 (35:1-3)

"모두 내게로 모이시오."

모세는 이스라엘 백성들을 불러 모았다. 그런 뒤 모세는 그들에게 성막 건축에 관한 하나님의 명령을 전달하기에 앞서, 안식일 준수에 관한 규례를 일깨워 주었다. 하나님께서 그렇게 하라고 명하셨기 때문이다.

얼핏 보면 성막 건축과 안식일 준수가 상관이 없는 것 같지만, 그렇지 않다. 이제 성막 건축이 본격적으로 시작되고 모두가 그 일에 바쁘게 매진하다 보면, 자칫 안식일에도 일하는 사람들이 충분히 생겨날 수 있었다. 이런 우려에서 하나님은 성막 건축을 앞두고 안식일 준수의 규례를 특별히 강조하신 것이다.

"모세야, 이스라엘 백성들은 엿새 동안은 열심히 일하면서 살아야 한다. 게을러서는 안 된다."

"네, 주님."

"엿새 동안은 열심히 일하되, 일곱째 날은 너희를 위한 거룩한 날임을 명심하여라. 그날은 나 여호와에게 예배하는 엄숙한 안식일이니, 모든 일을 멈추고 거룩한 날로 지켜야 한다."

"네, 주님."

"누구든지 안식일에 일하는 자는 죽여야 한다."

모세는 죽여야 한다는 말에 가슴이 벌렁거렸다. 안식일 준수에 대해 하나님께서 얼마나 소중하게 생각하시는지 충분히 알 것 같았다. 그래서 하나님은 성막을 건축하는 일에 앞서 특별히 안식일 준수를 강조하셨던 것이다. 성막 건축이 중요하고 요긴한 일이지만, 그로 인해 안식일 준수의 규례를 어겨서는 절대로 안 되었기 때문이다. 하나님은 안식일에 불 피우는 것까지도 금하셨다.

"안식일에는 모든 처소에서 불을 피우면 안 된다!"

그런 동작도 노동이었기 때문이다. 고대 세계에서 새로 불을 피우는 행위는 단순한 취사 차원을 넘었다. 나무를 자르고 나르고 나뭇가지들끼리 서로 비벼야 했기 때문에 상당한 육체적 노동력이 요구되었다. 하나님은 안식일에 이 같은 노동이 요구되는 일을 일절 금하신 것이다. 그래서 이스라엘 백성들은 안식일 이전에 사용하던 불을 꺼지지 않게 잘 보관해 요리나 난방 같은 긴요한 일을 처리해야만 했다. 그래서 안식일에 새로 불을 지피는 일을 하지 말아야 했다.

성막 건축을 위해 바쳐야 할 예물들 (35:4-9)

"여러분, 이제 주께서 우리에게 명하신 대로 성막을 건축하려 합니다."

"와, 드디어 성막을 짓는구나. 주께서 우리 중에 거하실 성막을 본격적으로 건축하는구나!"

모세의 말에 이스라엘 백성들은 크게 기뻐했다. 이때 모세는 백성들을 향해 성막 건축을 위해 주께 예물을 봉헌할 때 어떤 자세로 바쳐야 하는지를 강조했다.

“여러분, 성막 건축을 위해 주께 예물을 바치되 누구든지 마음에서 우러나오는 자세로 예물을 바쳐야 합니다. 억지로 바쳐서는 절대로 안 됩니다.”

“네, 잘 알겠습니다. 우리가 기꺼이 바치도록 하겠습니다. 그러면 어떤 것들을 바쳐야 합니까?”

“좋습니다. 여러분이 성막 건축을 위해 주께 바쳐야 할 물품들은….”

모세는 이스라엘 백성들을 향하여 성막 건축에 필요한 물품들을 자발적으로 바치라고 말한 뒤, 어떤 것들을 바쳐야 하는지를 구체적으로 일러주었다. 그것들은 이러했다.

금, 은, 놋, 청색 실, 자주색 실, 홍색 실, 가늘게 꼰 모시실, 염소털, 붉은 물을 들인 숫양 가죽, 오소리 가죽, 아카시아나무, 등잔 기름, 성별하는 기름에 넣는 향료들, 분향하는 향을 만들 때 넣는 향료들, 제사장 옷을 만들 때 필요한 것으로 에봇과 흉패를 장식하는 데 박을 여러 보석류.

그러니까 모세가 백성들에게 바치라고 언급한 여러 물품들은 앞서 하나님께서 시내산 정상에서 모세에게 일러주신 물품들이다. 즉, 성막과 성막의 각종 기물들과 용품들, 그리고 제사장 의복을 만드는 데 필요한 것들이다.

기술자들이 만들어야 할 성막의 비품들 (35:10-19)

이어 모세는 바쳐진 물품들을 가지고 기술자들이 만들어야 할 성막의 비품들이 무엇인지를 구체적으로 일러주었다.

“여러분, 여러분 가운데 솜씨 좋은 기술자들은 주께서 지시하신 성막의 기물들과 용품들을 만들어야 합니다. 그것들은….”

그러면서 모세는 성막 기술자들이 만들어야 할 성막의 각종 기물들과 비품들을 쭉 열거하였다.

성막의 덮개(앙장), 갈고리, 널판, 가로대, 기둥과 그 밑받침, 법궤와 거기에 딸린 채와 속죄판(贖罪板), 법궤를 가릴 지성소 휘장, 진설병 상(床)과 거기에 딸린 채와 상 위에 놓일 모든 그릇들과 상 위에 차려놓을 빵, 불을 밝혀 놓을 등잔대와 그 등잔대에 딸린 모든 부속품들과 등잔과 등잔 기름, 분향단과 거기에 딸린 채.

성별하는 데 사용할 기름, 분향할 때 사용할 향(香), 성막 문에 드리울 휘장, 번제를 올릴 제단과 거기에 딸린 채와 둘러칠 놋그물과 번제단에 딸린 모든 그릇들, 물두멍과 그 받침대.

성막 울타리에 쓸 휘장과 그 기둥과 기둥의 밑받침, 울타리 문에 드리울 휘장, 성막을 치는 데 사용할 말뚝과 줄, 울타리를 치는 데 사용할 말뚝과 줄, 성소에서 제사장들이 예식 올릴 때 입을 옷, 곧 대제사장 아론이 입을 거룩한 옷과 아론의 아들들이 제사장의 직무를 수행할 때 입을 옷.

만들어야 할 것들이 아주 많았다. 요약하면, 성막과 성막을 구성하는 모든 비품들과 성막 안에 비치될 기물들과 각각의 기물들에 딸린 여러 부속품들, 그리고 성막에서 제사를 담당할 대제사장과 제사장의 의복이다. 이런 것들 중에서도 특히 중요한 기물들을 살펴보면 이러하다.

법궤: 이것은 '언약궤' 혹은 '증거궤'로도 불린다. 성막의 가장 안쪽인 지성소 안에 놓아둘 최고의 성물이다. 법궤 안에는 '증거판'이라 불리는 십계명 두 돌판이 보관되었다.

속죄판: 이것은 법궤를 덮고 있는 뚜껑이다.

분향단: 이것은 지성소 휘장 밖 바로 앞에 위치한 기물로, 향을 불사르는 제단이다. 법궤가 안치된 지성소 밖의 성소에는 분향단, 등잔대, 진설병 상(床)이 놓여 있었다.

진설병 상(床): 이것은 이스라엘 12지파를 상징하는 12개의 떡이 진설되어 있는 상이다.

등잔대: 이것은 일곱 개의 가지 끝에 올려 있는 등잔에서 등불이 타고 있는 촛대다.

번제단: 이것은 성막 뜰에 위치한 기물로, 하나님께 드릴 모든 희생제물을 불태우는 '놋단'이다.

물두멍: 이것은 제사장들이 제사 직무를 수행하기 전에 손발을 씻었던 큰 놋대야다.

덮개: '앙장'(仰帳)으로도 불리는 이것은 성막 본체 위에 쳐진 네 겹의 휘장이다.

거룩한 기름: 이것은 특별히 제조된 성막 용품으로, 제사장들과 성막의 기물들에 발라 거룩히 구별시키는 기름이다.

거룩한 향: 이것 역시 특별히 제조된 성막 용품으로, 오직 분향단 위에서 불사를 용도로 제조된 향이다.

제사장 의복: 이것은 대제사장과 일반 제사장들이 직무를 수행할 때 입은 예복을 말한다. 대제사장인 아론의 옷은 7가지 장식품(에봇, 흉패, 겉옷, 속옷, 띠, 관, 성패)으로 구성되었고, 일반 제사장들인 아론의 아들들의 옷은 단순히 3가지 장식품(속옷, 띠, 관)으로 이루어졌다.

백성들이 기꺼이 예물을 바치다 (35:20-29)

"아무 걱정하지 마십시오. 성막 건축에 필요한 모든 물품들을 우리가 자발적으로 전부 바치도록 하겠습니다."

"네, 성막 건축을 위해 필요한 것들이 무엇이고, 만들어야 할 것들이 무엇인지 잘 알겠습니다. 부족함이 없도록 우리가 기꺼이 모든 예물을 바치겠습니다."

모세의 말이 끝나자, 이스라엘 백성들은 기다렸다는 듯이 하나님의 성막 건축을 위해 물질로, 또는 기술로 헌신하고 봉사할 것을 일제히 약속하고 다짐했다.

금송아지 숭배 사건으로 인해 멸절될 위기에 처했다가 하나님의 은혜와 자비로 죄 용서받고 다시금 새 출발할 수 있게 된 것에 모두가 감사하고 감격했던 것이다. 그리하여 이스라엘 백성들은 어느 때보다 성막 건축에 열심을 냈고 온갖 정성을 다 쏟았다. 너나 할 것 없이 모두가 모세에게 기꺼이 협조했다.

"자, 여기 제가 아끼던 패물이 있습니다."

"저는 청색 실을 가져왔습니다."

"저는 염소 털을 바칩니다."

"이것은 줄마노입니다."

이스라엘 백성들은 마음에서 우러나오는 정성으로 성막을 짓는 데 쓰일 여러 재료들과 제사를 드리는 데 쓰일 온갖 재료들과 제사장의 거룩한 옷을 짓는 데 쓰일 갖가지 재료들을 가져와, 기쁜 마음으로 주께 바쳤다. 빈부귀천과 남녀노소를 막론하고 모두가 한 사람처럼 자발적으로 바쳤다.

"어이쿠! 이렇게나 귀한 것을! 감사합니다."

"와, 계속해서 물품들이 밀려드는구나!"

백성들에게서 예물을 받는 관리들은 끊임없이 들어오는 예물에 즐거운 비명을 질렀다. 그래서 하나님께서 모세를 시켜 명하신 대로 성막 건축과 운영에 필요한 갖가지 재료들이 하나도 빠짐없이 수북하게 쌓였다.

당시 이스라엘 백성들은 많은 패물들을 소지하고 있었다. 오래 전에 하나님은 광야에서 많은 패물이 필요할 줄 아시고 이집트에서 나올 때 이스라엘 백성들로 하여금 이집트 사람들에게서 패물을 많이 취하도록 명하셨기 때문이다. 그런 폐물들이 지금 성막 건축의 재료로 계속 바쳐지고 있었다.

성막 건축을 위해 기술자들이 기꺼이 헌신하다 (35:30-35)

"제겐 나무 다듬는 재주가 있습니다."

"저는 길쌈을 잘할 수 있어요."

"금속을 다루는 일이라면 자신 있습니다."

성막 건축에 필요한 재료들은 차고 넘치도록 쌓였다. 이제는 그런 재료들을 가지고 성막의 기물들과 용품들을 실제로 만들 수 있는 기술자들이 필요했다. 그런데 이 문제도 잘 해결되었다. 자신이 가진 재능으로 성막 건축을 위해 헌신하겠다는 기술자들도 속속 모여들었기 때문이다. 어떤 일에 타고난 재주를 지닌 남자들과 여자들은 각자 자신의 재능으로 성막 건축에 기꺼이 일조했다.

"여러분, 보십시오. 하나님은 성막 건축을 위해 일찍부터 브살렐과 오홀리압을 가려 뽑으셨습니다. 그들에게 하나님의 영과 지혜를 부어주셔서, 공교한 솜씨로 성막의 모든 비품들을 잘 만들어내게 하셨습니다. 그러니 여러분은 그들의 말을 잘 듣고, 그들의 말에 따라 성막 일을 차근차근 해 나가시길 바랍니다."

모세는 자원하는 기술자들을 브살렐과 오홀리압에게 보내어 그들을 도와 일하도록 했다. 브살렐과 오홀리압은 성막 건축을 위해 하나님이 시내산 위에서 직접 지명하여 부르신 인물들이다. 브살렐은 성막 건축의 실무 책임자였고, 오홀리압은 그를 돕는 부책임자였다. 이들은 성막 건축의 현장에서 많은 기술자들과 봉사자들을 지도하고 감독했으며, 또한 실제 제작에도 직접 참여했다.

성막과 성막에서 사용될 여러 기물들에 관한 구체적인 양식은 하나님이 자세히 일러주셨다. 하지만 실제로 제작하는 데 필요한 세부적이고 기술적인 사항들은 브살렐과 오홀리압의 지혜와 솜씨가 능동적으로 요구되었다.

그래서 하나님은 그들의 그런 지혜와 재주와 솜씨가 충분히 발휘될 수 있도록 하나님의 영 곧 성령을 그들에게 충만히 부어주셨다. 그 결과 브살렐과 오홀리압은 하나님께서 의도하신 본래의 식양대로 한 치의 착오나 다름이나 틀림이 없이 모든 성막 기물들과 용품들을 잘 만들어낼 수 있었다.

성막과 그 기물들을 실제로 제작하는 데 있어서는 세밀한 금속 가공, 목재 가공, 보석류 세공, 천의 도안이나 재단, 염색술, 도금술, 향 배합 기술, 천막 제조 기술 등등이 요구되었다. 이스라엘 백성들은 이집트에서 오랫동안 종살이하면서 당시 다방면에서 최고의 기술을 지녔던 이집트 문물을 습득했다. 그런 뛰어난 기술을 습득하고 갖춤에 있어 단연 브살렐과 오홀리압이 두각을 드러냈다. 브살렐은 보석 세공이나 목공예나 금속 가공 등에 능숙했고, 오홀리압은 직물(織物) 제조 기술이 뛰어났다. 각자 전문 기술 분야가 달랐다. 그래서 둘은 상호 긴밀한 소통과 협조를 통해 성막 건축을 차질 없이 진행시켜 나가야 했다.

36

성막 건축의 시작

브살렐과 오홀리압이
앞장서서 성막을 짓네
성소 입구에 칠 휘장도 만들고
다섯 기둥 만들어 갈고리에 거네

성막 건축의 기술자들과 차고 넘치는 봉헌 예물 (36:1-7)

"자, 성막 건축을 위해 백성들이 주님께 바친 이 예물들을 받도록 하구려. 이것들로써 일을 진행하세요."

모세는 성막 건축의 실무 책임자인 브살렐과 부책임자인 오홀리압에게 성막 기물과 용품을 제작하는 데 소용되는 온갖 예물을 건네주었다. 그 예물들은 이스라엘 백성들이 성막 건축을 위해 쓰도록 주께 기꺼이 바친 물품들이었다. 그 무렵, 백성들은 아침이 되면 갖가지 예물을 계속 가져왔다. 그러자 성막 일을 하는 기술자들이 하던 일을 멈추고 모세에게로 와서 말했다.

"지도자님, 백성들이 예물을 너무 많이 가져옵니다. 주께서 명령하신 성물을 제작하는 데 필요한 것들보다 훨씬 많이 가져옵니다. 지금 예물이 차고 넘칩니다."

즐겁고 행복한 비명이었다.

"그래요? 그것도 고민이겠구려. 허허!"

모세가 웃으며 기쁜 마음으로 이스라엘 진영에 널리 선포했다.

"여러분, 여러분이 정성껏 바친 성막 예물이 이제는 차고 넘칩니다. 이후로 더는 성막 건축에 필요한 예물을 가져오지 마십시오. 그만 가져와도 충분합니다. 정말 고맙습니다."

그제야 사람들은 예물 바치기를 그쳤다. 백성들이 가져온 각양 물품이 아주 넉넉해 성막을 짓는 모든 일에 쓰고도 남았다. 어느 때보다도 주께 대한 이스라엘 백성들의 신앙심이 한껏 고취된 상태였다.

그도 그럴 것이 금송아지 숭배 사건으로 인한 하나님의 진노로부터 죄 사함을 받았고, 신기하게 생긴 십계명 두 돌판도 눈으로 직접 확인했다. 또한 산에서 내려온 모세의 얼굴의 광채는 주께 대한 믿음을 더욱 돈독하게 만들었다. 그래서 백성들은 성막을 짓는 일에 너나 할 것 없이 모두가 뜨거운 열심을 냈던 것이다.

성막 건축: 덮개(앙장), 널판, 휘장을 만들다(36:8-38)

"자, 이제 일을 시작합시다!"

마침내 성막 건축 작업이 본격적으로 시작되었다. 먼저 성막 전체가 어떻게 구성되었는지 일괄적으로 살펴보자.

하얀 세마포 울타리로 빙 둘러쳐진 성막 전체는 '성막 뜰'과 '성막 본체'로 이루어졌다. 성막 뜰에는 번제단과 물두멍이 놓였다. 제사장들은 성막 뜰에 있는 물두멍에서 손발을 씻는 정결의식을 행한 뒤, 레위인들의 도움을 받아 희생제물을 잡아서 번제단 위에서 불사르는 각종 제사를 집행했다.

성막 본체는 다시 '지성소'와 '성소'로 구분되었다. 성막의 가장 깊숙한 곳인 지성소에는 십계명 두 돌판이 들어 있는 법궤(언약궤, 증거궤)가 안치되었다. 그리고 지성소 휘장 바깥의 성소에는 입구 쪽에서 바라볼 때 중앙에는 분향단, 오른편(북쪽)에는 진설병 상, 왼편(남쪽)에는 등잔대가 놓였다.

"모두들 수고하는구려. 자, 우리 주님의 집을 짓는 일인 만큼 힘들 내시구려!"

모세는 점심도 거른 채 두루 돌아다니며 성막 건축에 땀 흘리는 성막 기술자들과 봉사자들을 격려하고 독려했다. 브살렐과 오홀리압도 부지런히 일하면서, 수하의 기술자들을 지도하고 독려하고 있었다.

성막 건축은 성막 본체를 덮는 앙장(仰帳) 곧 덮개를 만드는 것으로부터 본격적으로 시작되었다. 성막 일을 하는 기술자들 가운데 직물(織物) 제조 솜씨가 뛰어난 이들은 덮개를 만들었다.

그들은 오홀리압의 지도와 지시 하에 청색 실, 자주색 실, 홍색 실, 가늘게 꼰 모시실로 그룹(천사) 무늬를 정교하게 수놓아 가며 덮개를 짰다. 하나님이 시내산 정상에서 모세에게 일러주신 식양(式樣) 그대로 한 치의 오차 없이 성막 덮개를 제조했다. 오홀리압이 기술자들에게 지시했다.

"자. 내 말을 잘 들으세요! 성소 본체 위에 쳐야 할 덮개는 모두 네 겹입니다.

"제일 안쪽의 제1덮개는 성소에 출입하는 제사장들의 눈에 보이는 곳에 있기 때문에 청색 실, 자색 실, 홍색 실, 가는 베실로 아름답게 수놓아야 합니다."

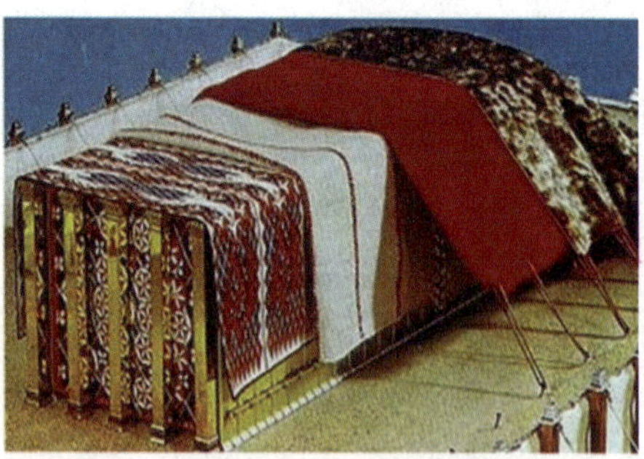
▲ 네 겹으로 이루어진 성막 덮개

"우리 주님이 영광을 받으소서!"

"그 위를 덮은 제2덮개는 염소 털로 만들어야 하

고, 제3덮개는 붉은 염료로 물들인 숫양의 가죽으로 만드세요. 그리고 성막 본체의 가장 위를 덮고 있는 제4덮개는 오소리 가죽으로 만들어야 합니다. 특히 제3덮개와 제4덮개는 짐승의 가죽으로 더욱 튼튼하게 덮어야 합니다. 그래야 비바람과 모래 먼지를 막는 동시에 습기를 방지할 수 있습니다."

"네, 잘 알겠습니다!"

성막 건축은 차질 없이 진행되었다. 기술자들은 성막 본체를 덮는 4겹의 앙장(덮개)을 제작한 뒤, 아카시아나무로 성막 본체를 세울 널판을 만들었다. 성막 본체의 뼈대를 이룰 널판이었다.

성막의 본체(성소와 지성소)를 형성하는 데 모두 48개의 조립식 널판이 필요했다. 성막의 좌우 벽을 이루는 남편과 북편을 위해 각각 20개씩, 성막의 뒤쪽인 서편을 위해 6개, 그리고 좌우의 널판과 뒤편의 널판이 만나는 두 모퉁이 부분을 견고하게 덧대기 위해 2개가 필요했다.

모두가 구슬 같은 땀방울을 흘리고 있었다. 여느 때였으면 왜 이런 일로 지체하느냐고 불평을 늘어놓았을 텐데, 지금은 그렇지 않았다. 주께서 거하실 성막을 짓는다는 기대감에서 불평이 아니라 가슴이 설렜다. 그때 브살렐의 큰 목소리가 들렸다.

"널판의 숫자들이 정확한지 확인해 보세요!"

"숫자를 확인하며 제작하고 있습니다."

"성막 동편은 출입구이기에 벽을 만들 널판이 필요 없습니다. 거기는 그냥 두세요."

"네, 알고 있습니다."

브살렐과 오홀리압, 성막 기술자들은 손발이 척척 맞았다. 널판 한 개의 크기는 길이가 10규빗(약 4.5m), 너비가 1규빗 반(약 67.5m)이었다. 모두 아카시아나무를 사용하여 만든 뒤 금으로 입혔다. 아카시아나무는 시내 반도에서 쉽게 구할 수 있었고, 재질이 단단하고 벌레에도 강하며 내구성을 지니고 있어서 목재로 매우 적합했다.

48개의 널판을 견고하게 고정시키는 촉꽂이와 은 밑받침을 만들었다. 널판 하나마다 각각 2개씩, 촉꽂이 96개와 은 밑받침 96개를 만들었다. 또 아카시아나무로 가로대를 만들었다.

가로대는 채와 비슷한 긴 막대인데, 성막 본체를 이루는 48개의 널판을 연결해 단단하게 고정시키는 역할을 했다. 동시에 널판을 서로 밀착시켜 널판 사이에 생길 수 있는 틈을 막아 주기도 했다. 가로대는 널판이 필요 없는 동편의 성막 출입구 쪽을 제외하고는 남편과 북편과 서편에 각각 5개씩, 모두 15개를 만들었다.

다음으로 솜씨 좋은 성막 기술자들은 오홀리압의 지도하에 지성소 입구에 매달 '지성소 휘장'과 성소 입구에 매달 '성소 휘장'을 만들었다. 이 같은 휘장은 기둥에 달린 금갈고리에 걸려 아래로 늘어뜨려졌다.

여기서 '지성소 휘장'은 성소와 지성소를 구분하는 휘장이다. 그리고 '성소 휘장'은 성막 뜰과 성소를 구분하는 휘장이다. 이렇게 성막 본체에는 두 개의 커다란 휘장이 있었다. 하나는 성막 뜰에서 성소로 들어가는 입구에 드리워진 성소 휘장이고, 다른 하나는 성소에서 지성소로 들어가는 입구에 드리워진 지성소 휘장이다.

지성소 휘장과 성소 휘장을 짤 때 청색 실, 자주색 실, 홍색 실을 사용했다. 그런 색상은 품위가 있고 고급스러운 왕의 색상으로 매우 귀하고 가치 있었기 때문이다. 따라서 하나님의 성막과 휘장에 그런 색상들을 사용한 것은 지극히 거룩하신 하나님의 고결한 품성과 빛나는 영광을 부분적으로나마 나타내기 위함이었고, 또한 하나님께 마땅히 최고의 경배와 찬양과 영광을 돌리기 위함이었다.

37
지성소와 성소의 기구

조각목으로 법궤 만드네
안팎에 순금 입히네
순금 속죄판도 만들어
장인의 솜씨 한껏 부리네

법궤와 속죄판을 만들다 (37:1-9)

"오, 마침내 성막 본체가 다 만들어졌구나. 모두들 수고 많았소. 주께서 그대들에게 복 내려 주실 것이오."

모세는 성막 본체를 만든 기술자들을 치하했다. 성막 본체는 지성소와 성소로 구성되었다. 브살렐과 오홀리압의 주도하에 여러 솜씨 좋은 기술자들이 협력하여 덮개(앙장), 널판, 가로대, 휘장 등으로 구성된 성막 본체를 모두 제작했다.

이제 성막 기술자들은 지성소 안에 안치될 법궤(언약궤, 증거궤)를 제작하기 시작했다. 그들은 하나님이 시내산 정상에서 모세에게 일러주신 식양(式樣)대로 만들었다.

성막 기술자들은 아카시아나무로 법궤 모양을 만든 뒤, 순금으로 안팎을 입혔다. 크기는 길이 2규빗 반(약 112.5cm), 너비 1규빗 반(약 67.5cm), 높이 1규빗 반(약 67.5cm) 되게 직육면체 상자로 만들었다.

또 이 법궤를 채로 꿰어 옮길 수 있도록 네 모퉁이에 고리를 만들었다.

법궤 안에는 '증거판'이라 불리는 십계명 두 돌판을 넣어 보관했다. 이처럼 증거판(십계명 두 돌판)이 보관된 법궤는 성막의 모든 기물들 가운데 가장 거룩하게 여겨져, 성막의 가장 깊숙한 안쪽인 지성소 안에 안치되었다.

법궤를 만든 뒤 브살렐과 성막 기술자들은 '속죄판'을 만들었다. 속죄판은 쉽게 말해 법궤를 덮는 뚜껑이다. 모세는 설계도를 보면서 확인했다.

"하나님께서 말씀하신 치수대로 정확하게 만들어야 합니다."

"알겠습니다. 길이는 2규빗 반, 너비 1규빗 반입니다."

법궤의 길이에 해당되는 2규빗 반은 112.5cm 정도, 너비 1규빗 반은 약 67.5cm이다. 과히 크지 않다. 그러나 아주 신성한 성물이다.

"브살렐! 속죄판은 법궤를 덮고 있는 뚜껑입니다. 그 뚜껑의 그룹 사이에 주께서 보좌를 마련하실 것이니, 더욱 특별히 정성껏 제작해야 하오."

"네, 기도하는 마음으로 제작하고 있습니다."

"고맙소!"

모세가 특별히 부탁한 속죄판의 그룹은 법궤 뚜껑 위 양쪽 끝에 있는 두 천사의 형상을 말한다. 두 천사는 활짝 편 날개를 서로 맞댄 채 마주 보도록 만들었다. 또 두 천사가 속죄판과 떨어지지 않게끔 속죄판을 만든 금을 계속 두드려 펴서 그 끝에 이어 붙였다. 그렇게 속

▲ 법궤와 그 법궤를 덮고 있는 속죄판

속죄판의 양쪽 끝에 이어 놓은 두 천사는 서로 마주보면서 그들의 얼굴이 속죄판을 향하도록 만들었다.

진설병 상을 만들다 (37:10-16)

지금 성막 기술자들은 성소에 비치할 기물들을 만드는 중이다. 물론 하나님이 시내산 위에서 모세에게 일러 주신 식양대로 만들고 있다. 성소에는 세 개의 주요 기물들이 비치되었다. 분향단, 등잔대, 진설병 상이다.

먼저 기술자들은 12개의 빵을 차려놓는 진설병 상부터 만들었다. 길이 2규빗(약 90cm), 너비 1규빗(약 45cm), 높이 1규빗 반(약 67.5cm) 크기였다.

"진설병 상은 성소 우측(북편)에 안치하세요."

"네! 북쪽에 잘 설치해 놓겠습니다."

상 위에는 이스라엘 12지파를 상징하는 12개의 빵이 각각 6개씩 쌓여 두 줄로 차려져 있었다.

▲ 12개의 떡이 두 줄로 진열된 진설병 상

"진설병 상에 딸린 부속품들도 정확하게 제작했나요?"

"네! 대접, 숟가락, 병, 잔 등을 일일이 확인하고 있습니다."

모두 순금으로 만들었다.

등잔대를 만들다 (37:17-24)

진설병 상을 제작한 뒤, 브살렐을 비롯한 성막 기술자들은 계속해서

▲ 일곱 개의 등잔이 있는 등잔대

성소에 비치할 다른 기물을 만들었다. 이번에는 등잔대(燈盞臺)를 만들었다. 하나님이 시내산 위에서 모세에게 일러주신 식양대로 만들었다.

전부 한 덩어리의 순금을 두드려 펴서 만들었고, 가지와 마디와 등잔 모두를 감복숭아꽃 모양의 꽃받침과 꽃잎 모양으로 만들었다. 일곱 등대(촛대) 모양의 등잔대는 받침과 가운데 줄기를 중심으로 좌우 세 쌍이 서로 대칭을 이루도록 만들었다. 이 기물은 진설병 상과 마주보도록 성소 안의 좌측(남편)에 비치되었다.

등잔대의 용도는 밤 동안에 등잔불을 켜서 아침까지 성소 안을 환하게 밝히는 것이다. 성소 안은 낮 동안에는 출입구를 통해 빛이 들어와 밝았지만 밤에는 깜깜했다. 그래서 제사장들은 매일 밤에 등잔불을 켜고 또 아침에는 등잔불을 껐다.

등잔대를 제작한 뒤 성막 기술자들은 등잔대에 딸린 부속품도 만들었다. 등잔 일곱 개, 부집게, 불똥 받는 그릇 등이다. 모두 순금으로 만들었다. 등잔대와 등잔대에 딸린 부속 기물을 만드는 데 순금 1달란트가 사용되었다.

달란트는 고대에 중량의 최대 단위로, 금 1달란트의 무게는 약 34kg이었다. 금 1달란트의 화폐 가치는 은 22,500세겔에 해당된다. 은 1세겔의 가치는 노동자 4일치의 품삯이다. 장정 노예 한 사람의 몸값은 은 30세겔이다. 따라서 금 1달란트의 가치는 장정 노예 750명을 살 수 있는 몸값이다. 또 노동자 9만 명에게 품삯을 지불할 수 있는 큰 액수다.

법궤, 속죄판, 진설병 상, 등잔대 등에서 보듯이 성막 안의 주요 기물들은 순금으로 만들어지거나, 또는 아카시아나무로 만든 뒤 순금으로 덧입혔다. 그 이유는 순금이 갖는 가치와 상징성 때문이다.

순금은 세상에서 가장 가치 있는 금속 가운데 하나다. 그것은 순결, 명예, 고상함, 영광 등을 상징한다. 무엇보다도 순금은 변질되거나 녹슬지 않는다. 성소의 주요 기구들에 순금을 사용한 것은 그러한 순금의 특성을 반영한다.

분향단을 만들다 (37:25-28)

브살렐을 비롯한 성막 기술자들은 성소에 비치할 기물을 제작하느라 바빴다. 오늘은 '분향단'을 제작하는 날이다. 분향단은 하나님께 향을 피워 올리기 위한 제단이다.

"분향단은 제사장님들이 우리를 위해 향불을 피우며 기도하는 제단입니다. 더욱 기도하는 심정으로 만들어 주십시오."

"우리 주께서 영광을 받으소서!"

"크기도 정확해야 합니다."

"꼼꼼히 잘 재고 있습니다. 가로와 세로가 1규빗(약 45cm), 높이가 2규빗(약 90cm)입니다."

분향단은 아카시아나무로 그 모양을 만든 뒤 순금으로 쌌다. 주위에는 금테를 빙 둘렀으며, 사면 귀퉁이에는 뿔을 만들었다. 크기는 가로와 세로가 각각 1규빗(대략 45cm), 높이가 2규빗(대략 90cm)이었다. 직육면체 모양이었다. 놓인 위치는 법궤가 안치된 지성소의 휘장 바깥쪽 바로 앞, 곧 지성소 입구다.

▲ 향을 피우는 분향단

제사장들은 매일 성소 안으로 들어가

아침과 저녁에 분향단에 새로운 향을 피워 올려야 했다. 그렇게 해서 1년 365일 24시간 내내 향불이 끊어지지 않도록 관리해야 했다.

거룩한 기름과 순수한 향을 만들다 (37:29)

"자, 이제 기름과 향을 만들도록 합시다!"

이제는 거룩한 기름과 순수한 향을 만들 차례다. 브살렐의 주도하에 만들어졌다. 기술자들은 주께서 모세에게 일러주신 식양대로 사람과 물건을 성별하는 데 쓰일 거룩한 기름을 만들었다. 또 향긋한 향기를 내는 데 쓰일 순수한 향을 만들었다.

특별한 방식으로 제조된 이 거룩한 기름은 오직 성막에서 여러 기물들과 제사장들을 거룩하게 구별하는 용도로만 전적으로 사용해야 했다. 향 역시 분향단에서 하나님께 향을 피워 올리는 용도로만 사용해야 했다.

이 기름과 향이 다른 용도로 사용되어서는 절대로 안 되었다. 그럴 경우에 하나님의 준엄한 징벌을 면치 못했다. 이렇게 브살렐과 오홀리압의 주도하에 솜씨 좋은 성막 기술자들에 의해 성막의 여러 기물들과 용품들이 하나씩 하나씩 제작되었다.

38
번제단, 물두멍, 성막 뜰

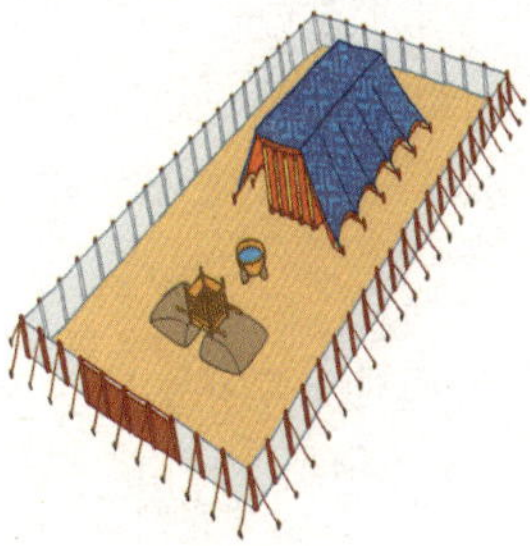

세마포 포장으로 성막 뜰을 만들 때
기둥에 받침 대어 튼튼하게 세우고
갈고리와 가름대로 연결하여
사면에 울타리 만드네

번제단을 만들다 (38:1-7)

"흠, 어디 보자. 덮개와 널판과 휘장을 만들어 성막 본체를 제작했고…, 지성소에 안치할 법궤도 만들었고…, 성소에 비치할 진설병 상과 등잔대와 분향단도 전부 만들었구나. 그렇다면 이제 성막 뜰에 비치할 기물들을 만들어야겠구나. 자, 여러분, 계속 힘을 내어 나머지 성막 기물들도 정성껏 만들도록 합시다!"

모세는 두 책임자와 함께 중간 점검을 해보았다. 성막 본체를 비롯해서 지성소에 안치해야 할 법궤와 성소에 비치해야 할 분향단, 진설병 상, 등잔대 및 그것들에 딸린 부속품들과 용품들이 모두 만들어졌다. 이제는 성막 뜰에 비치할 기물들을 만들 차례였다. 그래서 브살렐의 주도하에 번제단이 만들어졌다. 브살렐이 얼굴에 흐르는 땀을 닦으며 감격에 겨워 말했다.

"아, 내 손으로 이렇게 거룩한 번제단을 만들다니! 진정 꿈만 같고

▲ 놋 그물망이 있는 번제단

가문의 영광이로다."

번제단은 하나님께 제사 드릴 때 각종 희생제물을 불사르는 기물이다. 불로 희생제물을 태우는 제단이기에 '번제단'이라 불린 것이다. 또 아카시아나무로 만든 뒤에 놋으로 전체를 감쌌기 때문에 '놋단'으로도 불린다. 번제단은 성막 뜰의 중앙에 비치되었다.

성막 기술자들은 먼저 아카시아나무로 번제단 모양을 만든 뒤 놋으로 전체를 감쌌다. 하나님이 일러주신 대로, 길이 5규빗(대략 2.25m), 너비 5규빗(대략 2.25m)으로 네모반듯하게 만들었다. 높이는 3규빗(대략 1.35m) 되게 만들었다.

또 번제단 윗면의 네 귀퉁이에는 뿔을 만들어 번제단과 한 덩어리가 되도록 붙였다. 또 그물 모양의 망을 놋으로 만들어 번제단의 네 옆면에 붙였다. 그 놋 그물망은 번제단의 중간까지 닿도록 했다. 그리고 번제단을 옮길 때 사용할 채도 만들었는데, 아카시아나무로 만들고 놋으로 감쌌다. 그 채들을 꿸 수 있도록 번제단의 양쪽 옆구리에 고리도 만들었다. 하나님이 모세에게 일러주신 대로 만들었다.

또 번제단에 딸린 여러 기구들도 만들었다. 재 담는 통, 재를 긁어모으는 부삽, 희생제물의 피를 담는 대야, 희생제물을 번제단 위에 고르게 펴는 고기 갈고리, 번제단의 불을 담아 성소 안의 분향단으로 가져가는 화로(火爐) 등이다. 이것들은 모두 놋으로 만들었다.

물두멍을 만들다 (38:8)

번제단과 더불어 성막 뜰에 비치할 또 다른 기물이 있다. '물두멍'이다.

그래서 이번에는 브살렐의 지도 하에 성막 기술자들이 물두멍을 제작하였다. 이것은 받침대에 받쳐진 것으로, 둥글게 생긴 큰 대야 모양이다. 이런 물두멍을 만드는 데는 또 다른 특별한 헌신자들이 있었다.

"지도자님! 물두멍의 재료는 성막 여인들이 봉헌했습니다."

브살렐이 모세에게 보고했다.

"아니, 가난한 그 여인들에게 어떻게 놋이 있었지?"

모세가 놀라서 물었다.

"자신들의 놋거울을 바쳤습니다."

"놋거울이라니, 거울은 여성들에게 꼭 필요한 필수품이 아닌가?"

모세는 여인들의 정성에 감동했다.

"네, 여인들은 얼굴의 아름다움을 꾸미는 일보다 하나님의 성막이 아름답게 꾸며지기를 위해 희생했습니다."

브살렐이 대답했다.

"오, 참으로 갸륵한 마음이오. 주께서 여인들의 집에 은총을 베푸실 것이오. 내 말을 꼭 전달하시오!"

모세가 여인들을 위해 축복을 빌었다. 이때 물두멍을 제작하는데 쓰인 놋은 성막 문에서 봉사하는 여인들의 놋거울을 녹인 것이다. 성막 문의 여인들은 하나님께 자신을 헌신하여 성막의 허드렛일을 수행하는 여인들이다. 이스라엘의 절기 때는 춤추고 노래하는 역할을 맡기도 했다. 이런 여인들에게는 놋거울이 필수품이다. 그럼에도 여인들은 하나님의 성막을 위해 자신들의 아름다움을 내려놓은 것이다.

▲ 받침대 위에 올려진 물두멍

물두멍의 용도는 제사장들이 희생 제물을 바치기 전, 또는 성소에 들어가 제사장의 직무를 수행하기에 앞서, 정결 의식으로 손발을 깨끗하게 씻는 데 사용되었다. 제사장들이 물두멍의 물로 손발을 씻는 정결 의식을 행하지 않고 부정한 상태로 직무를 수행하면 하나님의 진노를 사서 죽임을 면치 못했다. 거룩하신 여호와 하나님이 그런 부정한 상태를 절대로 용납하시지 않기 때문이다. 물두멍이 놓인 위치는 성막 뜰 안의 번제단과 성소 입구 사이였다.

성막 울타리에 둘러칠 휘장을 만들다 (38:9-20)

"자, 이젠 성막을 빙 둘러칠 휘장을 만들도록 합시다!"

성막 기술자들은 브살렐과 오홀리압의 지도로 성막 울타리 휘장을 만들었다. 하나님이 모세에게 일러주신 식양대로 가는 모시실로 만들었다.

남쪽 울타리는 성막의 왼쪽으로 휘장의 길이 100규빗(약 45m), 휘장을 걸칠 기둥을 20개, 기둥을 받칠 밑받침도 20개를 만들었다. 기둥과 밑받침은 모두 놋으로 만들었고, 기둥에 달 갈고리와 고리는 은으로 만들었다.

북쪽 울타리는 성막의 오른쪽으로 휘장의 모든 것은 남쪽과 같았다. 서쪽 울타리는 성막의 뒤편이다. 휘장의 길이가 50규빗(약 22.5m), 휘장을 걸칠 기둥도 10개, 기둥을 받칠 밑받침도 10개 만들었다.

동쪽 울타리는 해 뜨는 쪽인 성전의 정면이다. 길이가 50규빗 되게 만들었다. 성막 울타리를 빙 둘러 세울 기둥에 붙일 고리와 갈고리는 모두 은으로 만들었고, 기둥 밑받침은 모두 놋으로 만들었다.

이렇게 성막 울타리는 길이 100규빗(약 45m), 너비 50규빗(약 22.5m), 높이 5규빗(약 2.25m)이 되게 만들었다.

성막 울타리 휘장은 하나님이 임재하신 거룩한 구역과 일반 백성들의 구역을 구분 짓는 휘장이다. 그래서 성막 울타리 휘장 안에는 성막 뜰이 있다. 성막 뜰 사방에 이처럼 하얀 커튼을 둘러친 것은, 성막을 외부로부터 구분하여 거룩한 것과 속된 것, 성결한 것과 부정한 것을 엄격히 구별하기 위해서다.

성막 뜰은 성소와 지성소로 이루어진 성막 본체를 둘러싼 성막의 마당이다. 하얀 세마포 휘장으로 빙 둘러쳐져 일반 백성들의 구역과 경계를 이루었다. 성막 뜰의 크기는 남북의 가로 길이가 50규빗(약 22.5m)이고, 동서의 세로 길이가 100규빗(약 45m)이었다.

이렇게 세마포 휘장으로 구분된 성막 뜰에서는 희생 제물로 바쳐질 짐승을 대기시키거나 그 짐승을 잡았다. 제사 후에는 제사 드리고 남은 화목제 예물의 고기를 함께 이 뜰에서 나누어 먹기도 했다. 성막 뜰에는 번제단과 물두멍이 비치되었다.

또 브살렐과 오홀리압은 바깥에서 성막으로 들어가는 출입구인 성막의 정문도 만들었다. 우측에 밑받침 세 개를 놓고 그 위에 기둥 세 개를 세운 다음, 거기에 15규빗(약 6.75m) 길이의 세마포 휘장을 쳤다. 이와 똑같이 좌측에도 밑받침 세 개를 놓고 그 위에 기둥 세 개를 세운 다음 15규빗(약 6.75m) 길이의 세마포 휘장을 쳤다.

출입구 중앙에는 길이가 20규빗(9m)이 되게 청색 실, 자주색 실, 홍색 실, 가늘게 꼰 모시실로 무늬를 수놓아 만든 휘장을 쳤다. 이 중앙 휘장은 4개의 밑받침 위에 세워진 4개의 기둥에 의해 드리워졌다.

성막 건축에 소요된 비용을 계산하다 (38:21-31)

"보십시오. 이제 성막의 기물들과 용품들을 전부 만들었습니다. 저희에게 일러주신 식양대로 다 만들었습니다."

성막을 둘러칠 울타리 휘장의 제작을 끝으로 브살렐과 오홀리압은 성막 일이 종료되었음을 모세에게 보고했다. 성막의 기물들은 이러했다. 성막 덮개, 널판, 휘장, 법궤(언약궤, 증거궤), 진설병 상, 등잔대, 분향단, 번제단, 물두멍, 성막 울타리 휘장 등이다. 성막 용품은 성별용(聖別用)

으로 쓰일 거룩한 기름, 분향단 전용으로 쓰일 순결한 향 등이다.

"수고했소! 주께서 기뻐하셔서 여러분에게 복 내려 주실 것이오. 모두 정말 수고가 많았소!"

"우리 주님이 영광을 받으소서!"

브살렐과 오홀리압, 그리고 성막 기술자들은 모든 영광을 하나님께 돌렸다.

모세는 제작 완료된 성막 기물들과 용품들을 보고는 가슴이 벅찼고 마음이 뿌듯했다. 성막 건축의 실무 책임자인 브살렐과 부책임자인 오홀리압을 비롯하여 성막 제작에 자발적으로 참여한 솜씨 좋은 기술자들의 정성과 노고를 진심으로 치하했다.

"자, 그러면 이제 이다말은 레위 사람들과 함께 성막을 짓는 데 소요된 물자와 비용을 계산해 보도록 하시오!"

이다말은 대제사장 아론의 넷째 아들로 나답, 아비후, 엘르아살과 함께 제사장으로 위임받은 자다. 제사장 이다말은 레위 사람들을 지휘하고 감독하여 성막 건축에 소요된 물자와 비용을 일일이 계산했다. 결과는 이러했다.

먼저 백성들에게서 거두어들인 은의 총량은 100달란트 1,775세겔이었다. 인구조사를 할 때 당시 20세 이상 된 남자들의 수효는 60만 3,550명이었다. 이들 모두에게서 은 1베가씩, 즉 성소에서 쓰이는 세겔로 반(1/2) 세겔씩 거두어들인 액수였다. 1베가는 2분의 1세겔이다. 이렇게 거두어들인 근거는 생명의 속전(贖錢)이었다. 생명의 속전은 이집트의 종살이에서 구원받은 데 대한 대가였다.

성막을 세우는 데 사용된 금은 성소에서 쓰이는 세겔로 계산하여 29달란트 730세겔이었다. 1달란트는 34kg 가량, 1세겔은 11.4g 가량이므로, 합산한 무게는 약 1톤(1,000kg)이다.

성막의 뼈대인 널판을 받칠 밑받침과 휘장을 칠 기둥의 밑받침 100개를 부어 만드는 데 은(銀) 100달란트가 들었다. 밑받침 하나마다 은이 1달란트씩 든 셈이다. 또 기둥갈고리와 기둥머리를 씌우는 덮개, 그 고리를 만드는 데 1,775세겔의 은이 들었다. 따라서 성막을 세우는 데 소용된 은은 모두 100달란트 1,775세겔이었다. 즉 3,420kg 가량 들었다.

이스라엘 백성들이 예물로 바친 놋은 모두 70달란트 2,400세겔이었다. 즉 2,400kg 가량이다. 이 놋으로 성막 문의 기둥 밑받침, 놋 번제단, 놋 그물, 번제단에 딸린 모든 놋 기구를 만들었다. 또 울타리 사면의 기둥 밑받침, 울타리 정문의 기둥 밑받침, 성막의 모든 말뚝, 울타리 주변에 박는 말뚝도 놋으로 만들었다.

성막 건축에 소요된 비용을 모두 합산하면 이렇다. 금이 29달란트 730세겔(약 1,000kg) 들었고, 은이 100달란트 1,775세겔(약 3,420kg) 들었다. 그리고 놋이 70달란트 2,400세겔(약 2,400kg) 들었다.

성경 시대에 무게와 화폐의 기본 단위는 '세겔'이었다. 무게로 계산하면, 1세겔은 대략 11.4g이었다. 달란트(Talent)는 당시에 최대의 무게와 화폐 단위인데, 무게로 계산하면 대략 34kg이었다. 화폐로 계산할 경우에 은 1세겔은 당시 노동자 4일치의 품삯이었다. 은 30세겔은 장정 노예 한 사람의 몸값이었다.

금(金) 세겔은 은(銀) 세겔에 비해 15배의 가치가 있었다. 은 1달란트는 은 1천 500세겔의 가치가 있었고, 금 달란트는 은 달란트에 비해 15배의 가치가 있었다. 따라서 금 1달란트는 은 2만 2,500세겔의 가치에 해당되었다. 이렇게 계산해 보면, 성막 건축에 소요된 총 비용은 놋을 제외하고 은으로만 따져 80만 4,275세겔이다.

39
제사장의 예복과 성막의 완성

제사장들이 입을 예복 만드네
에봇을 만든 것과 같은 솜씨로
가슴받이에 열두 가지 보석 박아
정교하고 거룩하게 만드네

대제사장과 제사장의 의복을 만들다 (39:1-31)

"자, 이제 마지막으로 성막에서 제사 사역에 봉사할 대제사장과 제사장의 예복을 만들도록 하시오! 이것 역시 하나님이 일러주신 대로 만들어야 합니다. 모두 조금만 더 힘을 내도록 하시오!"

모세는 브살렐과 오홀리압에게 다시금 지시했다. 제사장 예복은 대제사장과 제사장들이 지극히 거룩하신 하나님을 섬기는 직무에 어울리는 거룩한 옷이다. 그래서 제사장의 의복 제작은 성막의 기물이나 용품 제작 못지않게 세심한 주의와 정교한 솜씨가 요구되었다.

모세의 지시를 받은 브살렐과 오홀리압은 솜씨 좋은 성막 기술자들을 지도하고 감독하여 제사장의 예복을 만들기 시작했다. 그들이 만들어야 할 대제사장 아론의 의복은 7가지 장식으로 구성되었다. ① 에봇 ② 흉패 ③ 겉옷 ④ 속옷 ⑤ 관(冠) ⑥ 띠 ⑦ 성패(聖牌).

이처럼 대제사장의 의복은 하나님의 위엄과 영광과 거룩함을 대변해야 했으므로 아주 정교하고 아름답게 만들어졌다. 대제사장 아론과는 달리, 아론의 네 아들을 위해 만들어야 할 일반 제사장의 의복은 단순히 3가지의 장식으로 구성되었다. ① 속옷 ② 띠 ③ 관. 그들은 먼저 에봇(Ephod)부터 만들었다.

▲ 대제사장의 예복

1. 에봇: 에봇은 조끼처럼 팔 부분이 없으며 앞치마처럼 무릎까지 내려오는 옷이다. 가슴에 붙이는 가슴받이 곧 흉패(胸牌) 바로 밑에 입었다. 에봇의 어깨끈(견대) 위에 박힌 2개의 보석(줄마노)에는 이스라엘 12지파를 상징하는 12아들의 이름이 그들의 나이 순서대로 적혀 있었다.

보석 하나에 6명(르우벤, 시므온, 레위, 유다, 단, 납달리), 또 다른 보석 하나에 6명(갓, 아셀, 잇사갈, 스불론, 요셉, 베냐민)의 이름이 적혀 있었다. 이것은 대제사장이 이스라엘 12지파의 백성들을 대표하여 하나님께 나아간다는 상징적인 의미를 지녔다. 그들은 주께서 모세에게 이르신 그대로 에봇을 만들었다.

▲ 일반 제사장의 예복

2. 흉패: 에봇 다음으로 '흉패'를 만들었다. 흉패는 일종의 '가슴받이'다. 성막 기술자들은 대제사장이 에봇 위 가슴 부위에 매도록 네모반듯한 장방형 패를 만들었다.

흉패의 네 모퉁이는 고리로 에봇에 견고하게 부착시켰다. 위쪽의 두 고리는 어깨끈(견

▲ 12개의 보석이 박힌 흉패

대)의 양 고리에 사슬로 맸고, 아래쪽의 두 고리는 에봇의 띠 위편에 달린 사슬로 맸다. 또 흉패 주머니를 만들어서 그 안에 하나님의 뜻을 묻는 일종의 제비뽑기 도구인 '우림'과 '둠밈'을 넣었다.

흉패 주머니 바깥쪽에는 가로 3줄과 세로 4줄로 모두 12개의 보석을 물렸다. 그 12개의 보석 위에 이스라엘 12지파의 이름을 나이 순서대로 하나씩 새겨 넣었다.

첫째 줄에는 홍옥수와 황옥과 취옥을 끼워 박고 르우벤, 시므온, 레위의 이름을 새겨 넣었다. 둘째 줄에는 홍옥과 청옥과 백수정을 끼워 박고 유다, 단, 납달리의 이름을 새겨 넣었다. 셋째 줄에는 풍신자석과 마노와 자수정을 끼워 박고 갓, 아셀, 잇사갈의 이름을 새겨 넣었다. 그리고 넷째 줄에는 감람석과 줄마노와 벽옥을 끼워 박고 스불론, 요셉, 베냐민의 이름을 새겨 넣었다.

이 같은 흉패는 대제사장이 하나님 앞에서 이스라엘 온 백성의 중보 사역을 수행함을 나타낸다. 또한 하나님이 언약 백성 이스라엘 12지파를 잊지 않고 항상 기억하고 돌보신다는 것을 뜻한다. 브살렐과 오홀리압은 주께서 모세에게 지시하신 그대로 이 같은 흉패를 만들었다.

3. 겉옷: 흉패 다음으로 '겉옷'을 만들었다. 겉옷은 에봇 안쪽에 받쳐 입는 옷으로 무릎 아래까지 내려오는 긴 옷이다. 성막 기술자들은 청색 옷감으로 겉옷을 만들었다. 옷감 한가운데에 머리를 집어넣을 수 있도록 구멍을 냈고, 그 구멍 가장자리를 갑옷 깃처럼 누벼서 찢어지지 않게끔 했다.

또 청색 실, 자주색 실, 홍색 실을 엮어 석류 모양으로 술을 만들어,

그 겉옷 가장자리에 돌아가며 달았다. 또 금방울을 만들어 석류 모양의 술 사이사이에 달았다. 금방울과 석류 술을 금방울 하나, 석류 술 하나, 금방울 하나, 석류 술 하나 방식으로 겉옷 가장자리를 교대로 빙 돌아가며 달았다.

대제사장의 예복에 금방울을 매단 까닭은 이러하다. 대제사장이 성소 안에서 몸을 움직일 때마다 옷에 매달린 금방울에서 소리가 울리게 함으로써 경건하고 신중한 자세로 실수 없이 제사를 집전하도록 항상 경성시켜 주기 위해서다. 또 성소 바깥의 사람들은 성소 안에서 울리는 금방울 소리를 통해 대제사장의 움직임을 확인할 수 있었다. 브살렐과 오홀리압은 주께서 모세에게 지시하신 그대로 이 같은 겉옷을 만들었다.

4. 속옷 : 겉옷 다음으로 '속옷'을 만들었다. 성막 기술자들은 가는 모시실로 속옷을 짰다. 속옷은 겉옷 아래 받쳐 입는 흰 세마포 옷이다.

5. 관 : 또 성막 기술자들은 가는 모시실로 관(冠)을 만들었다. 관은 대제사장이 머리에 쓰는 터번 모양의 흰 세마포 모자다.

6. 띠 : 이어서 성막 기술자들은 수를 놓아 허리띠를 만들었다. 허리띠는 말 그대로 허리에 두르는 끈으로서, 옷이 내려오거나 흐트러지지 않도록 고정하는 역할을 했다.

7. 성패 : 허리띠에 이어 성막 기술자들은 순금으로 성패(聖牌)를 만들었다. 성패는 대제사장이 쓰는 관 전면에 부착된 순금 패다. 그들은 하나님이 모세에게 일러주신 식양대로 성패 위에다 '여호와께 성결'이라는 글귀를 새겨 넣었다. 그런 다음, 이 성패를 청색 실로 꼰 줄에 묶어 관 앞면에 붙였다.

이처럼 '여호와께 성결'이라는 글귀가 새겨진 성패를 관에 붙여 대제사장 아론의 이마에 있게 한 것은, 대제사장이 여호와께 성결한 자로 구별되었다는 것을 의미한다. 동시에 대제사장이 드리는 모든 제물이 여호와 앞에 성결하게 되어 여호와께서 기쁘게 받으시기에 합당한 제물이라는 사실을 의미한다. 이렇게 브살렐과 오홀리압은 주께서 모세에게 일러주신 대로 성패를 만들었다.

마지막으로 성막 기술자들은 고의(袴衣)인 '속바지'를 만들었다. 속바지는 하체(아랫도리) 맨살을 가리는 옷이다. 그들은 가는 모시실로 허리부터 넓적다리까지 닿는 속바지를 만들었다. 대제사장 아론과 제사장인 그의 아들들은 성막으로 들어갈 때나 성막에서 일을 보려고 제단 가까이 다가갈 때, 반드시 이 속바지를 입어 하체 맨살이 드러나지 않도록 해야 했다.

그 이유는, 인류의 조상 아담의 타락 이후 부패한 인간이 지극히 거룩하신 하나님 앞에서 '수치'를 상징하는 하체의 벌거벗음을 드러내서는 안 되었기 때문이다. 속바지 제작을 끝으로, 브살렐과 오홀리압은 시내산 정상에서 주께서 모세에게 일러주신 대로 대제사장의 의복과 제사장의 의복을 전부 만들었다.

성막 건축의 일이 모두 마무리되다 (39:32-43)

"보라, 모든 일이 끝났다!"

성막 건축의 공사가 모두 끝났다. 하나님이 모세에게 지시하신 것을, 모세가 성막 건축의 실무 책임자인 브살렐과 부책임자인 오홀리압에게 그대로 일러주었다. 두 책임자는 솜씨 좋은 성막 기술자들을 지도하고 감독하여 실제로 하나하나 작업했다. 그리하여 마침내 하나님이 시내산 정상에서 모세에게 일러주신 식양대로 성막의 모든 기물들과 용품들, 그리고 제사장의 거룩한 예복을 다 만들었다.

이스라엘 백성들은 출애굽 원년(주전 1446년경) 1월 15일에 이집트에서 나왔고, 출애굽한 지 만 2달 뒤인 그해 3월 15일에 시내산에 도착했다. 그리고 마침내 성막을 세운 날은 그로부터 9개월 15일이 지난 후인 다음해(주전 1445년경) 1월 1일이었다. 그 어간에 모세는 하나님의 부르심을 받고 시내산 정상에 올라가 40일 동안 두 번씩 지내며, 십계명을 비롯한 여러 법령과 규례를 부여받았다. 또한 성막 건축에 관한 계시를 받았다.

여기에 시내산에 오르기 전에 준비한 성결 기간이 있었다. 이스라엘 백성들과 언약을 체결한 기간, 금송아지 숭배 사건을 수습한 기간 등이 있었다. 이런 사실을 전부 고려하면, 브살렐과 오홀리압이 성막 기술자들과 함께 성막의 여러 기물들과 용품들, 그리고 제사장의 거룩한 예복을 제작한 기간은 대략 6개월이 소요된 셈이다.

"자, 보십시오, 저희에게 일러주신 대로 성막의 기물들과 용품들과 제사장의 거룩한 예복을 전부 만들었습니다. 이제 저희가 제작한 모든 것들을 살펴보시기 바랍니다."

브살렐과 오홀리압과 성막 기술자들은 자신들이 제작한 성막의 기물들과 용품들과 그것들에 딸린 갖가지 기구들, 그리고 제사장의 거룩한 예복을 모세에게로 가져왔다. 그들이 6개월 동안 힘써 제작한 성막의 기물들과 용품들과 그것들에 딸린 갖가지 기구들은 이러하다.

우선 성막과 성막 안 성소에 있는 성물이다. 갈고리, 널판, 가로대, 기둥, 기둥 밑받침, 붉은 물을 들인 숫양 가죽으로 만든 덮개(앙장), 오소리 가죽으로 만든 덮개, 법궤, 법궤를 덮는 뚜껑인 속죄판, 법궤를 가리는 휘장, 채, 진설병 상과 그것에 딸린 기구들과 제사에 쓸 빵, 순금 등잔대와 거기에 올려놓는 등잔과 등잔대에 딸린 기구들과 등잔 기름, 금으로 만든 분향단, 성별하기 위해 머리에 붓고 기물에 바르는 거룩한 기름, 좋은 향내를 풍기는 향, 성막 문에 드리우는 휘장이다.

이제는 성막 밖 뜰에 있는 성물들이다. 번제단(놋단), 놋 그물망, 채와 번제단에 딸린 갖가지 기구들, 놋 물두멍, 놋 받침대, 울타리에 드리우는 휘장과 기둥, 그 밑받침과 울타리 정문에 드리우는 휘장, 휘장을 치는 데 사용할 줄과 말뚝, 이 밖에도 성막에서 쓸 모든 기구들이다.

다음은 제사장의 의복들이다. 제사장이 성소에서 제사 의식을 수행할 때 입을 예복, 곧 대제사장 아론이 입을 거룩한 옷과 아론의 네 아들이 제사장의 직무를 수행할 때 입을 옷들이 식양대로 한 치의 오차나 다름없이 정확하게 제작되어 있었다. 모든 것들이 완벽했다.

"음, 어디 보자…."

모세는 성막 기술자들이 만든 기물들과 용품들과 그것들에 딸린 기구들과 거룩한 제사장의 예복을 찬찬히 살펴보았다. 하나님이 일러주신 식양과 다른 점은 없는지 하나하나 꼼꼼하게 점검했다.

과연 브살렐과 오홀리압을 비롯한 성막 기술자들은 하나님이 시내산 정상에서 모세에게 일러주신 그대로 성막의 모든 것들을 한 치의 틀림이나 다름없이 그대로 만들었다.

"오, 좋소. 좋습니다. 참으로 수고했소. 그동안 최선을 다해 열심히 일해 주어 정말 고맙소. 주께서 수고하신 여러분의 손길 위에 큰 복을 내려주실 것이오."

"우리 주님께서 영광을 받으소서!"

모두들 기뻐했고 주님께 감사했다. 모세는 크게 만족했다. 성막의 모든 것들이 하나님이 일러주신 대로 완벽하게 제작되었기 때문이다. 모세는 오랫동안 수고한 성막 기술자들을 진심으로 치하하고 그들에게 복을 빌어 주었다.

자, 여기서 주목할 사항이 있다. 성막에 관한 내용이다. 성막의 여러 기물들과 용품들과 제사장의 예복 등이 계속해서 반복적으로 언급된다는 사실이다. 어쩌면 지겨울 정도다. 왜 그렇게 계속 반복해서 말하고 있는 것일까?

그 이유는, 그것들이 그만큼 중요하기 때문이다. 성막은 단순한 예배처소 이상의 중요한 의미를 지닌다. 성막에 관한 반복적인 묘사가 지루하게 느껴질 수도 있지만, 놀랍게도 그 속에는 인류가 하나님께 나아가 구원을 얻는 생명의 진리가 포함되어 있다.

이 같은 구원 계획을 세우신 위대한 건축가 하나님은 마치 빛나는 보석처럼 성막의 요소요소에 놀라운 구원의 비밀을 숨겨 놓으셨다. 그래서 성막은 후일 신약 성경의 저자들에게 깊은 영적 교훈을 제공해 주었다.

요컨대 성막을 통해 꾸준히 암시되는 것은 장차 오실 메시아(그리스도)와 그의 교회에 대한 영적 비유다. 구약시대의 성막은 메시아와 교회에 대한 그림자로서 오늘날 참된 실체에게로 인도하는 가이드 역할을 한다. 그래서 거듭거듭 반복된 것이다.

40

성막 봉헌

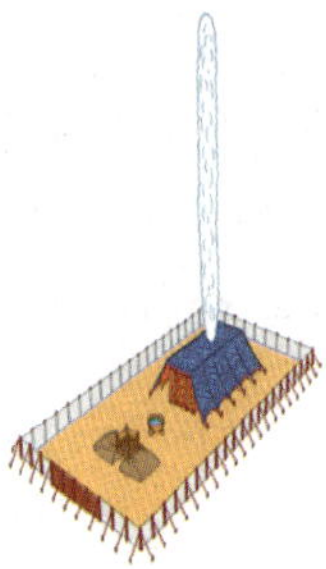

출애굽한 지 제2년 정월 초하루
모세가 성막 세워 주께 봉헌하네
구름기둥 모양으로 주께서 임하시니
주의 영광이 충만하네

성막의 준공식과 봉헌식 (40:1-33)

"모세야, 너는 정월 초하루에 성막을 세우도록 하여라!"

성막 준공식에 대한 명령이다. 성막은 출애굽 제2년(주전 1445년경) 정월 초하루(아빕월 1월 1일)에 세워졌다. 이때는 이스라엘 백성들이 이집트에서 나온 지 정확하게 11개월 15일이 지난 때였다. 그리고 그들이 시내산에 도착한 지는 9개월 15일이 지난 때였다.

시내산에 도착한 후, 모세는 두 번에 걸쳐 40일 동안 시내산 정상에 올라가 하나님께 율법을 부여받았다. 또한 성막에 관한 여러 계시를 받았다. 그 뒤 준비 기간을 거쳐 비로소 성막을 짓기 시작했다.

그러므로 본격적으로 성막을 짓기 시작한 날로부터 6개월 후쯤에 성막이 최종 완공되었다고 볼 수 있다. 그 6개월 동안 브살렐과 오홀리압을 비롯한 성막 기술자들이 최선을 다해 땀 흘려 성막 일에 매진한 결과였다. 그때 하나님께서 말씀하셨다.

▲ 성막 본체와 기물들 (법궤, 분향단, 등잔대, 진설병 상)

"모세야, 너는 지성소 안에 법궤를 들여놓고 휘장으로 그 법궤를 가려라. 그런 다음에…."

하나님은 지성소와 성소에 들여놓을 기물들에 관해 말씀하셨다. 그 말씀에 따라 지성소에는 법궤(증거궤, 언약궤)를 안치해야 했고, 성소에는 분향단과 등잔대와 진설병 상을 안치해야 했다. 그리고 지성소와 성소는 지성소 휘장을 쳐서 구분해야 했고, 성소와 성막 뜰은 성소 휘장을 쳐서 구분해야 했다. 이어서 하나님은 또 말씀하셨다.

"모세야, 이제 너는 번제단을 성막 문 앞에 갖다 놓아라. 또 물두멍을 번제단과 성소 사이에 갖다 놓고 거기에 물을 채워라. 그리고…."

하나님은 이제 성막 뜰에 놓일 기물들과 성막 사방을 둘러칠 울타리 휘장에 관해 말씀하셨다. 그 말씀에 따라 성막 뜰에는 번제단과 물두멍이 놓여야 했다.

즉, 성소 휘장의 입구에는 물두멍을 놓아야 했고, 그 물두멍 뒤인 성막의 동쪽 정문 앞에는 번제단을 놓아야 했다. 그리고 울타리 휘장을 사방으로 둘러쳐서 성막 뜰을 일반 백성의 구역과 구분 지어야 했다. 하나님은 또 말씀하셨다.

"모세야, 이번에는 성별을 위해 만든 거룩한 기름을 가져다가 성막과 그 안에 있는 모든 기물들에 발라서 그것들을 거룩하게 구별하여라."

거룩한 기름은 하나님의 지시에 따라 특별한 방식으로 제조한 향(香) 기름이다. 이 기름을 성막과 그 안에 있는 모든 기물들과 그것들에게 딸린 갖가지 기구들에게 바르라는 명령이다. 그 까닭은, 이제부터 그 모든 것들이 오직 하나님의 거룩한 목적을 위해서만 사용되도록 특별히 구별되었음을 표시하기 위해서다. 하나님은 또 말씀하셨다.

"모세야, 너는 아론과 그의 아들들을 성막 문으로 불러내어 그들을 씻긴 다음에 아론에게 거룩한 대제사장의 의복을 입히고 기름을 부어 거룩하게 구별하여라. 그리고…."

이번에는 제사장 예복의 착의식(着衣式)에 관한 말씀이다. 아론은 이스라엘의 초대 대제사장이 되었고, 그의 네 아들(나답, 아비후, 엘르아살, 이다말)은 첫 번째 제사장들이 되었다.

성막 기술자들은 이들을 위해 대제사장의 의복(에봇, 흉패, 겉옷, 속옷, 띠, 관, 성패)과 제사장의 의복(속옷, 띠, 관)을 제작하였는데, 이제 그 의복을 입히고 거룩한 기름을 부어 구별하라는 말씀이다.

모세는 주께서 지시하신 것을 하나도 빠지거나 다름이나 틀림이 없이 그대로 전부 시행했다. 이처럼 성막과 성막에 딸린 모든 기물들 및 제사장의 의복은 사람의 생각과 계획에 의해 이루어진 일은 하나도 없다. 처음부터 끝까지 100% 하나님이 모세에게 지시하신 그대로 제작되고 구별되었다.

"모세야, 모든 준비가 다 되었느냐? 그러면 이제는 내가 네게 지시한 대로 성막의 모든 기물들을 제자리에 들여놓고, 성막 울타리를 쳐서 성막을 세우도록 하여라. 그런 다음, 그 성막을 내게 봉헌하도록 하여라."

"네, 주님! 분부대로 시행하겠습니다."

마침내 모세는 성막을 세웠다. 준공식을 행한 것이다. 때는 출애굽 제2년(주전 1445년경) 정월(아빕월) 초하루였다. 이때는 이스라엘 백성들이 이집트 땅에서 나온 지 11개월 15일이 지난 때였다. 만 1년에서 보름(15일)이 빠진 때였다.

성막을 세울 때, 모세는 가장 먼저 밑받침을 아래에 놓았다. 널판을 그 위에 끼워 맞춘 뒤 가로대를 꿰고 기둥을 세웠다. 그런 다음 성막 본체(지성소와 성소) 위로 두 겹의 천막(앙장)을 펼쳐서 치고, 또 그 위에 두 겹의 덮개를 씌웠다. 그래서 성막 덮개는 모두 네 겹이었다.

모세는 십계명 두 돌판을 법궤 안에 들여놓고, 그 법궤에 채를 꿰어 들 수 있게 했다. 법궤 위에는 속죄판을 얹었다. 법궤를 지성소 안에 안치한 뒤 지성소 휘장을 드리워 가렸다. 주께서 모세에게 지시하신 대로였다.

지성소 안에는 십계명 두 돌판이 보관된 법궤(증거궤, 언약궤)가 안치되었다. 법궤에 십계명 두 돌판을 넣고 채를 법궤 고리에 꿴 다음, 법궤 위를 궤의 뚜껑인 속죄판으로 덮고 법궤를 들어 옮겨 성막 제일 안쪽의 지성소에 안치시킨 후 휘장을 늘어뜨려 가렸다.

이후로 지성소에는 1년에 단 한 번 속죄일(유대 종교력 7월 10일)에 대제사장이 들어가 속죄 의식을 집행하는 일 외에는 그 누구도 출입이 금지되었다.

모세는 또 성소 안에 진설병 상을 들여 놓았다. 성소 안 북쪽 면으로 지성소 휘장 밖이었다. 진설병 상 위에는 줄지어 12개의 빵을 차려놓았다. 성소 안쪽에 있는 진설병 상의 맞은편, 곧 성소의 남쪽 면에는 등잔대를 들여 놓았다. 그 등잔대에 불을 켰다. 또 금 분향단은 성소 안 중앙에 들여 놓았다. 지성소 휘장 바깥쪽의 바로 앞이다. 분향단 위에 향기로운 향을 피워 올렸다.

성소 입구에는 휘장을 쳐서 성소 내부를 가렸다. 그러니까 성소 안에는 세 개의 주요 기물이 안치되었다. 분향단, 등잔대, 진설병 상이다. 지성소를 가리는 휘장 바깥의 바로 앞 성소 중앙에는 분향단이 놓였고, 성소의 북쪽(성소 입구에서 오른쪽)에는 진설병 상이 놓였으며, 진설병 상의 맞은편인 성소의 남쪽(성소 입구에서 왼쪽)에는 등잔대가 놓였다.

모세는 또 주께서 지시하신 대로 성막 문 앞에 번제단과 물두멍을 안치했다. 번제단과 물두멍이 놓인 성막 뜰은 성소와 지성소로 이루어진 성막 본체를 둘러싼 성막의 마당이다. 이 성막 마당에 놓인 번제단은 하나님께 드려지는 모든 희생 제물을 불로 태우는 제단이다. 그 위에서 번제물과 곡식 제물을 바쳐 태웠다.

물두멍은 제사장들이 제사를 집례하기 전에 정결 의식으로 손발을 씻는 큰 대야다. 번제단과 성소 입구 사이에 갖다 놓고, 그 물두멍에 손발을 씻을 물을 담아 두었다. 그런 뒤 모세는 자신도 씻고, 아론과 그의 아들들로 하여금 그 물에 손발을 씻도록 했다.

이후로 제사장들은 성소 안으로 들어갈 때나 번제단에 가까이 나아갈 때, 먼저 그 물두멍의 물로 자신들의 손발을 반드시 씻어야 했다. 그렇게 하지 않으면 죽임을 면치 못했다.

성막 뜰의 사방 주변에는 하얀 세마포 휘장을 빙 둘러쳐서 일반 백성들의 구역과 경계를 이루도록 했다. 성막 뜰의 크기는 남북의 가로 길이가 50규빗(약 22.5m)이고, 동서의 세로 길이가 100규빗(약 45m)이었다.

이렇게 구분된 성막 뜰에서는 희생 제물로 바쳐질 짐승을 대기시키거나 잡았다. 또 제사를 드린 후에는 남은 화목제 제물의 고기를 함께 나누어 먹는 공동식사 장소로 사용되기도 했다.

이렇게 지성소에서부터 성소를 거쳐 성막 뜰에 이르기까지 모든 기물들을 제자리에 비치한 뒤, 모세는 울타리 휘장을 쳐서 성막 뜰 사면을 둘러쌌다. 성막 입구인 성막의 동쪽 정문을 가리는 성막 휘장을 드리웠다. 이렇게 해서 모세는 성막 공사를 위한 모든 과정을 마쳤다. 처음부터 끝까지 주께서 모세에게 지시하신 그대로였다. 한 치의 오차나 다름이나 틀림이 없었다. 100% 그대로 일치했다. 모세는 이 성막을

▲ 성막의 전체 구조 (성막 뜰에는 번제단과 물두멍이 놓였다)

주님께 봉헌했다.

"주여! 주께서 지시하신 대로 성막을 세우고, 그 성막 안에 모든 기물들을 제자리에 들여 놓았습니다. 이제 이 성막을 주님께 바치오니 기쁘게 받아 주옵소서. 이 성막에 항상 임하셔서, 불꽃같은 눈동자로 주의 백성을 다스리시고 보살펴 주옵소서."

주께서 성막에 임하시므로 성막이 인준되다 (40:34-38)

"오, 보라! 주여!"

그때였다! 모세의 봉헌 기도가 끝나자, 갑자기 빽빽한 구름이 성막에 덮이고 여호와의 영광이 성막에 가득 찼다. 성막은 그 성막에 임한 하나님의 충만한 영광으로 인해 찬연히 빛나는 구름으로 뒤덮여 있었다. 그 광경이 하도 장엄하고 엄위해서 심지어 모세조차도 성막 안으로 들어갈 수 없었다. 지극히 크고도 거룩하신 하나님의 영광으로 인해 휘황하게 빛나는 빽빽한 구름이 성막을 온통 휘감고 있었기 때문이다.

성경에서 '구름'은 종종 하나님의 임재를 나타내는 상징으로 쓰였다. 여기서도 성막 준공과 봉헌 후에 찬란한 빛을 발하는 구름이 성막을

▲ 성막의 구조 (지성소에 구름기둥 모양으로 임하신 여호와 하나님)

온통 뒤덮었다. 그것은 분명 여호와 하나님께서 성막에 임하셨음을 가시적 형태로 보여준 것이다. 또한 그것은 여호와 하나님이 그 성막을 기꺼이 기쁘게 받으시고 인준하셨음을 의미한다.

"오, 주님, 이스라엘의 하나님 여호와시여!"

모세와 모든 이스라엘 백성들은 그 놀랍고도 장엄한 광경 앞에 모두 두려워 떨며 땅에 바짝 엎드렸다. 멀리 시내산 정상에 강림하셨던 여호와 하나님을 이제 가까이에서 보게 된 이스라엘 백성들은 일제히 엎드려 주님께 경배했다. 너무나 장엄한 임재의 광경이었다.

이후로 성막을 뒤덮은 그 구름이 성막 위로 높이 떠오르면, 이스라엘 백성들은 자신들의 장막을 거두어 가나안 땅을 향해 길을 떠났다. 하지만 구름이 성막 위로 떠오르지 않고 성막 위에 그대로 머물러 있으면, 이스라엘 백성들은 구름이 떠오르기까지 길을 떠나지 않았다.

이스라엘 백성들이 약속의 땅 가나안을 향해 행진해가는 동안 이렇게 낮에는 하나님의 구름이 구름기둥의 형태로 성막 위에 머물렀고, 밤에는 불이 그 구름 가운데서 빛나므로 불기둥 형태가 되어 그들의 앞길을 환히 밝혀주었다.

이렇게 하나님의 영광으로 충만한 성막 위의 구름은 이스라엘 백성들의 광야 생활 내내, 곧 가나안 여정 내내 그들을 인도하고 지켜준 안내자요 길잡이가 되었다. 따라서 이 구름은 하나님의 임재와 인도와 동행과 보호를 뜻하는 가시적 상징물이었다. 이스라엘 백성들은 하나님을 직접 볼 수는 없었지만, 이 구름을 통해 하나님의 영광의 형태를 똑똑히 볼 수 있었다.

여기서 주목할 사항이 있다. 똑같은 구름이 낮에는 구름기둥의 형태로 나타났고, 밤에는 불기둥의 형태로 나타났다는 사실이다. 시원한 그늘을 드리우는 구름기둥은 작열하는 햇볕으로 말미암는 광야의 찌는 듯한 낮 더위를 막아주었고, 따뜻한 열기를 뿜어내는 불기둥은 큰 일교차로 인해 급격히 추워지는 광야의 밤 추위를 막아주는 역할을 했다.

당시의 광야 환경을 고려할 때 낮의 구름기둥과 밤의 불기둥은 이스라엘 백성들을 향한 하나님의 세심한 배려와 자상한 돌보심을 가장 뚜렷하게 보여주고 있는 은혜로운 이적 현상 가운데 하나라 할 수 있겠다.

"오, 성막을 덮고 있는 구름이 그대로군!"

휘황하게 빛나는 빽빽한 구름은 여전히 성막을 온통 휘감고 있었다. 그 광경은 성막에 여호와 하나님이 임하고 계심을 보여주는 광경이었다. 동시에 이스라엘 진영을 이동시키지 말고, 시내산 아래의 평지에 그대로 머물러 있으라는 신호이기도 했다.

그렇다. 성막을 세운 이후로 이스라엘 백성들은 시내산 평지에 계속 머물면서 레위기에 언급된 모든 율법을 부여받고, 또한 민수기 초반부에서 보듯 대대적인 제1차 인구조사를 실시한다. 그 인구조사는 200만 이스라엘 백성들을 군대 조직으로 편성하기 위한 것이다. 이제 그들은 더 이상 이집트의 노예 민족인 오합지졸들이 아니라, 약속의 땅 가나안을 정복하러 가는 여호와 하나님의 당당한 군대였기 때문이다.

그리하여 이스라엘 백성들은 출애굽 제2년 1월 1일에 성막을 세운

후로도 시내산 아래의 평지에서 50일 정도를 더 머물게 된다. 그런 뒤, 마침내 출애굽 제2년째 되던 해(주전 1445년경)의 2월 20일에 장막을 거둬 시내산을 떠나게 된다. 그 날에 구름이 성막 위로 높이 떠올랐기 때문이다.

"보라, 오늘도 빽빽한 구름이 성막을 뒤덮고 있고, 구름기둥은 그대로 있구나!"

시내산 아래의 이스라엘 백성들은 오늘도 성막의 구름기둥을 바라본 뒤 새로운 하루를 시작했다.

성경 말씀을 흥미진진한 이야기에 담아 우리네 일상의 삶에 자연스럽게 녹아들게 하려는 획기적이고 참신한 교육적 시도!

민영진

감리교신학대학교 교수 역임

대한성서공회 번역실장, 총무 역임

세계성서공회연합회 번역컨설턴트 역임

일반적으로 학구적인 사람들은 성경을 원어(히브리어, 헬라어, 아람어)로 읽어보려는 시도를 한다. 비록 원어까지는 아니어도, 주석이나 강해를 보면서 성경본문을 연구하는 탐구적 자세로 접근한다. 또 더러는 여러 언어들의 번역을 비교하거나, 같은 언어의 다른 여러 번역본을 비교해 가면서 읽기도 한다. 휴대폰에 장착할 수 있는 여러 종류의 모바일 성경이 출현되었을 뿐만 아니라 접근성 역시 아주 쉬워졌기 때문에, 이러한 시도는 마음먹기에 따라 얼마든지 실천할 수 있다.

그러나 단순히 성경본문의 내용이 어떤 것인지, 우리네 삶과 어떤 관계가 있는지, 특히 유대교와 기독교와 이슬람교가 함께 큰 의미를 부여하고 있는 "모세"가 어떤 인물인지를 알고 싶어 하는 일반 독자들을 고려한다면, 말씀 전달의 가장 효과적 방법 중에서 아직도 가장 선호할 수 있는 것은, 지금도 가장 편리하고 재밌는 소통 방법인 "이야기"가 단연 으뜸일 것이다.

출애굽기에 관해서는 독자에 따라서는 이미 찰턴 헤스턴과 율 브리너가 주연을 맡았던 할리우드 대작영화 <십계(十誡)>(1956)를, 그리고 한참 후에 나온 미국의 애니메이션 뮤지컬 드라마 영화 <이집트 왕자>(1998)를 기억하는 이들도 있을 것이다. 그처럼 감동적인 드라마의 원 자료가 바로 구약성서 안의 『출애굽기』다.

<십계>나 <이집트 왕자>의 배경과 원 자료가 되는 『출애굽기』를 아주 쉽고 재밌게 읽어 볼 수 있는 책이 있다. 바로 성경찬송의 명가인 '성서원'이 창립 48주년을 맞아 야심차게 출간한 『스토리텔링 성경 2 : 출애굽기』가 바로 그것이다. 영화나 애니메이션은 그것들대로 공헌한 바가 있지만, 어디까지나 그 자체가 "성경"은 아니다. 그러나 『스토리텔링 성경 2 : 출애굽기』는 성경에 기록된 출애굽기의 모든 내용, 곧 출애굽기의 전 장(章) 전 절(節)을 하나도 빠짐없이 그대로 전달할 뿐만 아니라, 일반 개혁주의적인 주석과 강해가 언급하고 있는 공통된 해설을 발췌하여, 주석과 강해마저 이야기 형식에 담아 독자들에게 제공한다.

일찍이 유대교에서는 성경과 주석을 같이 편집한 『큰 성경』을 출판한 바 있다. 이제 성경을 이야기 형식으로 상세하게 풀어쓴 또 다른 확대성경 『스토리텔링 성경 2 : 출애굽기』! 과연 이 책은 우리를 생명과 구원으로 이끄는 하나님의 말씀을 우리에게 친숙한 "이야기"란 그릇에 담아, 우리네 삶에 자연스럽게 녹아들게 하려는 또 다른 획기적이고 참신한 교육적 시도로 높이 평가될 수 있다.